戦後保育は
いかに構築されたか

福岡県における昭和20年代の保育所・幼稚園

清原みさ子
豊田和子
寺部直子
榊原菜々枝

新読書社

凡例

・漢字の旧字体は新字体に改めた。
・引用は誤記と思われるものも含めて原文通りとしたが
　言葉の繰り返しの記号は文字に置き換えた。
・手書き資料の文字は、近いと思われる表記にした。
・年号表記は、元号を用いたが、節の下にあたる項の最
　初のみ西暦を（　）に入れて表示した。長い場合は適
　宜補った。

はじめに

　私たちのグループでは、1980年代の初めから名古屋市の保育史研究に取り組んできて、2003年に『戦後保育の実際　昭和30年代はじめまでの名古屋市の幼稚園・保育所』（新読書社）を出版した。これに続けて、昭和30年代の保育の研究を進めてきた。特にこの地域は、1959（昭和34）年に甚大な被害が出た伊勢湾台風に見舞われたので、災害と保育という問題を考える上で当時の状況を明らかにしておくことは意味があると思って取り組み、その成果を日本保育学会で発表してきた。

　その私たちが福岡県の戦後保育史研究を始めたのは、清原が入手していた御幸保育園関連の諸資料から、福岡県では保育所の質の向上を目指してモデル保育所事業が取り組まれていたことがわかり、地域の保育史研究として、本格的に取り組む価値があると考えたことによる。御幸保育園の資料を分析して、『愛知県立大学児童教育学科論集』第41号に「福岡県における戦後モデル保育所に関する研究―御幸保育園の事例から（1）―」として共同でまとめた。翌2008年度から、科学研究費の助成を受けて、「福岡県における戦後のモデル保育所に関する実証的研究」に、3年間取り組んだ。この過程で収集した資料から、福岡県では戦後すぐから幼稚園と保育所が一緒に活動していたことがわかり、さらに2011年度から3年間「福岡県における占領期の保育―保育先進県における戦後保育構築に関する実証的研究」に、同様に科学研究費の助成を受けて、取り組んだ。これらの研究は、科学研究費の助成がなければ、愛知県在住の私たちが取り組むのは難しかった。

　先の名古屋市の研究でも、保育内容・方法の実際がどのようであったか、聞き取り調査と資料収集により明らかにすることに取り組んできたが、今回の福岡県の幼児教育・保育史研究でも、同様に資料を発掘し、保育の実際を明らかにすることを目指してきた。戦後70年が経過し、その当時保育に携わっていた

戦後保育はいかに構築されたか

人々は亡くなっている場合が多く、聞き取り調査は、わずかしか行えなかった。資料の発掘も困難で、福岡県立図書館、福岡市立総合図書館をはじめ、各地の図書館に所蔵されている地方史から、郡や市町村の状況を拾い出すことも行った。当時の新聞から、幼児教育・保育に関する記事を探すことも行った。また、国立国会図書館のプランゲ文庫所蔵の占領期の資料にも目を通した。共同募金に関しては、中央共同募金会が保管している年報（CDになっているもの）から、配分状況を確認した。

本書は、この6年間の資料収集と聞き取り調査、科学研究費の研究成果報告書を基にしている。さらに、研究の進展に合わせて6回にわたりグループで分担しながら、『愛知県立大学児童教育学科論集』『愛知県立大学教育福祉学部論集』にまとめてきたものも本書の下敷きになっているが、1冊の本としてまとめるにあたり、構成を考え、分担し直して、大幅に書き換えている。共同研究として取り組んできたのであるが、メンバーの入れ替わりもあり、執筆に当たっては、各々が責任を持って分担している。

3年前には、本としてまとめ、出版する予定であったが、書き直しに思いのほか時間がかかり、次の科学研究費による課題「終戦前後の幼児教育・保育に関する実証的研究」への取り組みと同時進行になってしまい、福岡県の保育の研究を始めて、10年という年月がかかってしまった。

福岡県は、歴史的に保育所普及の先進県の一つである。常設保育所数を見ると、1933年、44年とも全国で4番目に多かった。1944年の保育児数は、全国5位であったが、3歳未満は839人で全国合計の8,394人の1割を占め、最も多かった（日本社会事業協会社会事業研究所編・発行『日本社会事業年鑑昭和二十二年版』、1948年）。児童福祉法施行後、保育所の認可・設置が急速に進む中で、保育の充実に向けてどのような取り組みが行われていたのか、地方の実態に即してまとめることは、戦後日本の保育がどのように築かれていったのか明らかにしていくことにつながると考える。地方史研究の進展により全国的な幼児教育・保育の歴史研究が充実することに、本研究が寄与できれば幸いであ

4

る。

　聞き取り調査と資料収集には、多くの保育所・幼稚園にご協力をいただいた。巻末に記して、皆様に感謝申し上げる。

2019年3月
「保育の歴史」研究会代表　清原みさ子

目 次

はじめに……………………………………………………………………3

序章　前史　福岡県における保育施設の誕生と戦前の保育状況………8

第1節　幼稚園、保育所・託児所の開設状況………8
第2節　保育の状況………13
第3節　戦時中の保育………26
第4節　保姆養成と北九州保育会………29

第1章　戦後復興と保育………38

第1節　敗戦後の子どもを取り巻く社会状況………38
第2節　昭和20年代の保育の概況………43
第3節　保育所への補助………61
第4節　保育団体・組織と研究………73
第5節　保育者養成………84

第2章　保育所の実際………94

第1節　沿革・保育理念………94
第2節　施設・設備………104
第3節　保育内容・方法………111
第4節　運営・保育者の状況等………124

目 次

第3章　幼稚園の実際 135

第1節　園の沿革・保育理念 136

第2節　施設・設備 144

第3節　保育内容・方法 150

第4節　運営・保育者の状況等 156

第5節　その他 162

第4章　カリキュラム・指導計画 165

第1節　保育所の事例から 165

第2節　幼稚園の事例から 176

第5章　保育記録にみる保育の実際 186

第1節　保育所の事例から─木屋瀬保育園、御幸保育園 186

第2節　幼稚園の事例から─市立小倉幼稚園 219

第6章　福岡県の保育の特徴 241

第1節　共同募金等の支援が果たした役割について 241

第2節　福岡県の保育団体について 243

第3節　保育の実際について 245

おわりに 255

資料編 260

7

戦後保育はいかに構築されたか

序章　前史
―福岡県における保育施設の誕生と戦前の保育状況―

第1節　幼稚園、保育所・託児所の開設状況

　明治、大正、昭和戦前期の福岡県に、何ヵ所の幼稚園や保育所・託児所があったのかに関しては、福岡県の統計資料と、各市が出している市史等で記述が異なる場合も多い。また、県の統計資料同士でも、資料の種類や年度によって食い違いがみられる。さらに、施設が開設されたことはわかっても、いつまで存続したか不明の場合もあるので、何年には何ヵ所あったと確定することは、困難である。こうした状況を念頭に置きながら、開設状況をたどることとする。

(1) 明治時代の幼稚園、保育所・託児所の開設

　福岡県に最初の幼稚園ができたのは、明治21（1888）年のことである。これは、9年に東京女子師範学校附属幼稚園が開設されてから、鹿児島、大阪、仙台等、各地に幼稚園が開設されたことから考えると、決して早くはなかった。九州内でも、長崎県、熊本県の方が先に開設されている。この私立博多幼稚園は、翌年に福岡市上呉服尋常小学校の附属となった[1]が、29年には廃園になっている。二番目は、北九州の小倉幼稚園で、23年に開設された。小倉高等小学校長でもあった杉山貞が中心となり、私立として発足する。『小倉市教育沿革史』[2]によると、発足時は「園児七十五名、園長杉山貞、保姆熊谷たけ子、助手内村おふさ子」で、「共立幼稚園」の開園式を行ったという。翌年には室町

8

に移転し、園長は小倉西尋常小学校長大森小平太が兼任する。31年には室町尋常小学校舎の一部に移転し、同校の附属となり、町立になる。33年、市制施行と共に全部市費を以て維持され、市立となる。39年には、室町二丁目に移転して、小学校より分離する。

明治30年代には、若松幼稚園、福岡幼稚園、博多幼稚園が、いずれも私立で設立されている。40年度には、これらに加えて、久留米幼稚園、久留米鐘紡幼稚園を合わせた6園があったと思われる。40年代には、門司幼稚園、高野山附属幼稚園が、同様に私立で開園され、44年度には公立1、私立6となっている[3]。

保育所・託児所は、鉱山・工場附属の施設を除いて、明治時代に設立されていたのは、全国的にみて15ヵ所であった[4]。福岡県では1ヵ所のみであったが、炭鉱地帯を抱えていたこともあり、鉱山附属の託児所の設置は盛んであった。明治30年代の終わりから40年代にかけて、三井田川鉱業所が後藤寺町（現・田川市）に開設した託児所をはじめ、蔵内鉱業所、貝島鉱業所等、炭鉱に託児施設が開設されている。三井田川鉱業所の託児所ができたのは39年で、41年から45年の間に4ヵ所設置されている[5]。炭鉱以外では、39年に愛国婦人会福岡県支部が、保育所を開設している。

(2) 大正時代の幼稚園・保育所

大正時代には、全国的には幼稚園の数が増え、幼稚園関係者の熱心な運動によって幼稚園令が勅令で制定される。『福岡県統計書』[6]によると、大正2（1913）年度に12園（市立1、私立11）、8年度には16園、15年度に公立1、私立19の20園があったが、全国的に見ると多い方ではなかった。

大正4年に久留米市で設立された日善幼稚園は、「日本福音ルーテル久留米教会の附属で、キリスト教主義の下に幼児を保育」していた[7]。同年に設立認可を受けた直方町の大和幼稚園は、大和裁縫女学校の前に開園し、同校校長が園長を兼任していたという[8]。9年には飯塚幼稚園、10年に京都幼稚園、12年に前原幼稚園、13年に赤池鉱業所の炭坑幼稚園が開設される。京都幼稚園は、

真宗の説教所に京都郡仏教連合会有志が開き、昭和7年に移転して行橋幼稚園となっている[9]。前原幼稚園は、キリスト教の園で保育園として県社会課の認可を受けたという[10]。炭坑幼稚園は、従業員の子弟を対象としていた。

託児所・保育所は、大正14年に16ヵ所で、加えて鉱山等会社経営のものがあった[11]。この時代には市立託児所・保育所も開設されている。

福岡県内で最初に開設された公立保育所は、大正11年6月設立の若松市保育園で、続く8月には戸畑市託児所が設立されている。14年12月には、八幡市立尾倉託児所も設置されている。戸畑市託児所は、安川、松本両家の寄付を基に開設されていて[12]、戦後は戸畑市立初音保育園になり、モデル保育所の一つであった。

この時代には、炭鉱以外の保育所が毎年のように設立されている。大正8年には、門司市で浅野セメントが浅野保育所を開設したのを初め、翌9年には、小倉市で愛国護法永照寺婦人会の託児所が、10年には門司市で本願寺託児所が設立されている。門司市には、11年に大里育児園、13年に大里幼育園、14年に門司保育園も設立されている。浅野セメントが設立した保育所は、「両親共稼（会社に関なくとも可）」[13]となっていて、対象を自社の関係者に限らず、一般に開いていたことがわかる。

『本邦社会事業概況』[14]によると、大正15年と思われる施設数は、福岡県は公営3、その他17の20ヵ所で、東京の72、大阪の23に次ぐ数で、全国的にみて多い方に入っている。

(3) 昭和戦前期の保育所・幼稚園

『社会事業統計要覧』[15]から福岡県の昼間保育所（託児所）の数をみていくと、大正12（1923）年には5ヵ所しかなかったが、5年後の昭和3（1928）年度に14ヵ所、8年度には22ヵ所というように増えていった。特に福岡市では、4年に3ヵ所、6年に2ヵ所設立され、この間に設置が進んだことがわかる。

昭和13年には40ヵ所で、東京、愛知、大阪に次いで4番目に多く、19年3月

序章／前史—福岡県における保育施設の誕生と戦前の保育状況—

にも、常設保育所は108ヵ所であり、やはり4番目に多かった。保育児数は、合計では全国5位であったが、3歳未満は839人で、全国合計の8,394人の1割を占め、最も多かった[16]。

昭和に入り、保育所・託児所の数が増えていくだけでなく、1ヵ所の幼児数も増加する施設が多かったと思われる。それは、門司市にあった保育施設の昭和2年と6年の在籍児数をみると、大里育児園では128名から145名に、浅野保育所が150名（定員）から262名になっていることからもうかがえる[17]。八幡市立託児所の「幼児一日平均出席数」は、大正15年中は21名であったのが昭和2年中は33名、5年の5月までは第一が48名、第二が53名と増加している[18]。福岡市でも、8年に福岡婦人会によって開設された福岡幼児園が、園児が急増して園舎が狭くなり、11年に新築移転している[19]。この園は戦時には経営が困難になり15年に市に移管された。

県内の農村地帯では、農繁期託児所も設置されていた。わが国の農繁期託児所は、鳥取県で明治23（1890）年に筧雄平が開いたといわれるが、その後広がることはなかった。山中六彦の『保育事業と農繁託児所』には、「中央社会事業協会の調査表によれば三重県神前村洗心保育園が大正五年農繁期託児に従事したことを我国斯業の嚆矢と記してある」と書かれていて、その後しばらくは少ししか増えないが、大正時代の終わりから増え始め、昭和に入って急増する。大正15年に全国で268ヵ所であったのが、昭和2年には549ヵ所、3年に921ヵ所、5年に1,964ヵ所、8年に5,745ヵ所というように、毎年大幅に増加している[20]。このように増加した要因の一つとして、山中六彦は「農村経済保護」を挙げ、「農村の実情に即して緊要の機関」であるという[21]。8年の中央社会事業協会の季節託児所調査によると、最も多い兵庫は735ヵ所、次いで山口の481ヵ所、三重423ヵ所で、福岡県では153ヵ所であった[22]。その後、12年に266ヵ所、14年に322ヵ所、16年に674ヵ所、18年に1,774ヵ所と増えていて、この年度は、全国で多い方から5番目であった[23]。このように、農繁期託児所の普及率が高いことも、福岡県の特色である。

11

戦後保育はいかに構築されたか

　福岡県で多かった理由として、『九州社会福祉事業史』には、福岡県は「基幹産業を中軸とする産業先進県であるのみならず、筑後川に沿う穀倉地帯を有するわが国有数の農業生産県であることから、農繁期託児所（季節保育所）の設置は、農村における児童福祉と経済保護の上から重要で」あり、昭和2年度以降その開設に要する経費の約半額を県が負担して設置を奨励していたことがあげられている[24]。その結果、8年度には194ヵ所開設されたという。8年には、県の補助は事業費の二分の一、16年には新増設に対して1ヵ所30円以内の創設費を補助することになっていた。

　こうした季節託児所、農繁（期）託児所から、戦後、保育所になったところも少なくない。常設託児所から、戦後幼稚園となったところもある。たとえば、久留米市で昭和12年に開設された聖母託児所は、22年に聖母幼稚園となっている[25]。また、幼稚園と託児所を折衷したという太田幼稚舎も、5年に福岡で開設されている[26]。

　幼稚園はどうであったのか。昭和6年度に29、11年度に38、16年度に45と増加している[27]。公立は小倉幼稚園1ヵ所のみであったので、私立が増えている。6年度から16年度の10年間に1.6倍ほどになっていて、この増え方は、全国と比較して多い。前年度より減っている年もあるが、10〜11年度にかけては5ヵ所増えている。それでも、幼稚園修了率は全国平均より低かった。

　昭和に入り、それまで幼稚園がなかったところでも開設されている。筑後地方の私立吉井幼稚園は昭和3年に円応寺本堂で保育を開始し、7年に園舎を新築し、定員80名とする[28]。豊前地方の吉冨町でも、この一帯で最初の幼稚園が、3年に宝福寺本堂の中に開園した[29]。

　久留米市では、昭和5年に聖心幼稚園（カトリック）、6年に日本聖公会附属幼稚園が開設される。キリスト教の幼稚園のみでなく、12年には真宗大谷派久留米教務所長が園長になって大谷幼稚園が開設される[30]。

　企業の幼稚園としては、昭和4年に田川郡に開設された発電所幼稚園や、17年に篠栗町に開設された高田鉱業所幼稚園等があった[31]。

園数の増加に伴い園児数も増加し、先述と同じ10年間に1.77倍になっていて、園数の増加を超えている。保育所・託児所と同様、1ヵ所の園児数も増えている。小倉幼稚園では、昭和5年度に198名であったのが、10年度には255名に、15年度には291名になっている[32]。門司市の門司幼稚園では、2年度に100名であったのが、7年度には136名になり、クラス数も3から4に増えている[33]。その後10年度には減るが、15年度には150名になっている。

第2節　保育の状況

明治から昭和戦前期までの保育の実際をうかがうことができる資料は多くはない。特に、明治時代のものは、多くの資料が残されている小倉幼稚園以外の状況がわかるものはわずかである。

⑴ 明治時代の幼稚園、保育所・託児所の内容

若松幼稚園は、明治33 (1900) 年1月に設立許可を受けて、町有家屋一棟を無償で譲り受け増築している。それに先立ち、29年11月に私立の幼稚園として開園するが、維持費不足等で困難になり、改めて幼稚園として始め、39年には町費の補助を受けるようになる[34]。

明治40年4月開設の久留米幼稚園は、38年12月に久留米婦人協会が設立を発案し、福岡県教育会久留米支会に管理を委嘱する契約で、建物、敷地は市から無料で借り入れ、日露戦争による貧困遺児、障害者家族は無月謝で、3年保育であったという。保姆と助手は、教育会員と協会員の中から選任し、設備費と経常費は婦人協会主宰者の星野フサが負担することになっていた[35]。

久留米の鐘紡幼稚園は、明治39年8月に市内篠山町の鐘淵紡績の支店寄宿舎内に作られ、久留米支店勤務者の子どもを対象に3年保育であった[36]。

『写真集福岡100年』[37]には、明治40年頃の福岡幼稚園の遊戯の写真が紹介されている。園庭で、幼児たちが二重の輪になって遊戯をしている。服装は着物

の子が多いが、洋服の子も混じっている。44年頃の住吉幼稚園（福岡市博多区）の西公園（中央区）へ遠足に行った写真、大牟田第二尋常小学校併設幼稚園の集合写真が掲載されている。

　小倉幼稚園は、第1節で述べたように共立幼稚園として発足するが、その前年の明治22年12月に創設趣意書が出される。これについては、小倉幼稚園のあゆみは勿論、いくつかの著書・論文等で紹介されているので、ここでは、植物の成長やフレーベルの幼稚園について言及しながら、幼児の養育を怠らないように開園するとされていたことを述べるに留める。明治時代の保育状況に関しては、『小倉幼稚園九十年のあゆみ』[38]（以下『九十年のあゆみ』）の中で、当時園児だった人が思い出を語っている。通園に当たっては、店の者に負われて行ったり、友達3人で行って帰ったり、乳母に連れて行ってもらったりしたという。保育期間は2年間だった人も、3歳くらいから通った人もいる。運動会があって、室町小学校と一緒にやり、合間に幼稚園の幼児が出ていたという。豆細工が当時の遊び道具であったという話もなされている。オルガンを扱って先生から叱られた話、お弁当の時にみんなのお弁当を広げて、おかずの多い人が少ない人に分けてやる話も、思い出として語られている。

　託児所の状況に関しては、三井田川鉱業所託児所[39]は明治39年に設置され、その理由は坑夫不足であった。「後山は主として女坑夫」で「乳児哺育のための休業」が多く「後山が不足しひいては先山までが休業する状態」への対策として、「生後百日以上六歳未満」のものを託児した。「哺母は乳児三人に対して一人」で、「これを看護婦に監督させ」た。開設時に出された「田川炭礦乳児哺育所規程」には「哺育ノ方法」についての項目もあり、哺乳瓶等の洗浄や練乳の配合等の記述がみられる。40年に本坑の哺育所は新築建物に移転したが、「玩具を備えて幼児の手遊びに供し浴場を設けて清潔を保たしむる」ように、改良された。43年に「乳児依託料を一人一回金八銭」とし、二人目からは半額でよいことにしたという。

14

序章／前史─福岡県における保育施設の誕生と戦前の保育状況─

(2) 大正時代の保育所・託児所、幼稚園

　『門司市教育史』には、幼稚園1ヵ所、保育所・託児所4ヵ所の大正時代から昭和の初めの状況が紹介されている[40]。ここからわかる目的、保育時間、施設設備、保育内容等についてみていく。4ヵ所すべてで、全部の項目がわかるわけではない。また、『福岡県社会福祉事業史』には、愛国護法永照寺婦人会託児所、大里育児園、戸畑市博愛保育園の規則等が紹介されているので、これも合わせてみていく[41]。

　浅野保育所では、「労働者の幼児を受託保育し、安んじて其の職務に就かしむると同時に、幼児の自然的発育を助長し、其心身の能力を練磨し、純正なる心情と善良なる習慣とを涵養し以て家庭教育を補導す」と、その目的が記されている。私立大里育児園は、「直接には幼児の保育、間接には家庭経済の援助」を、大里幼育園は、「家庭養育の補助機関」「父、母、兄の労働能率を向上しむる」ことを、目的としている。こうした目的であるので、保育時間は当然のことながら長い。浅野保育所と葛葉託児所は、午前6時から午後6時までである。私立大里育児園は少し短くて、午前6時半から午後4時である(『福岡県社会福祉事業史』では開所が午前6時半から午後4時半までとなっている)。

　施設が詳しく記されているのは浅野保育所で、「事務室（食堂、午睡室）遊戯室、病室、保姆室、小使室、炊事場、浴場、押入、遊園、砂遊場、水遊場等」があげられている。

　保育対象は、浅野保育所では満2歳から学齢までで定員は150名、葛葉託児所は3歳からであったが4～6歳が多く、在籍数は148名である。私立大里育児園は満3歳から学齢までで在籍数は128名である。大里幼育園も含めた4ヵ所とも保姆は3名である。愛国護法永照寺婦人会託児所は満3歳から満6歳で、家庭の事情やむを得ない場合は満2歳から、戸畑市博愛保育園は満3歳から学齢までである。

　経費は、大里幼育園が出席の日の間食料として5銭、葛葉託児所は一日4銭

15

である。大里幼育園では大里町の夜警を請け負い経常費の一端を補ったり、葛葉託児所では慈善演芸会を行って「修繕及運動具保育費を補充」したりしている。愛国護法永照寺婦人会託児所は、保育料は無料だが昼食のお茶代と間食代で1日5銭、戸畑市博愛保育園は1ヵ月1円50銭であった。

保育内容は、「遊戯、唱歌、談話、手技及環境科、自然科」（浅野保育所）、「皇室遥拝並に仏前礼拝」「園唱歌」「訓話」「遊戯」「手工」（大里幼育園）、「唱歌遊戯」「手工、自由画」（葛葉託児所）であった。愛国護法永照寺婦人会託児所では、保育4項目をあげ「遊戯を主」としている。戸畑市博愛保育園では、「遊戯唱歌談話手技及ヒ製作」となっていた。日課がわかる私立大里育児園では、10時までが自由な遊び時間で、10時から11時まで遊戯、11時から12時まで歌とお話、正午に弁当で、午後2時まで「自由な遊び時間。（或は手工）」、2時に間食、3時から4時まで「遊戯とお話」で、4時に退園となっている。行事が記されているのは大里幼育園で、「園終了証書授与式及春季運動会」「演芸会」「儀式挙行」となっている。

休日は、浅野保育所は毎月第一、第三日曜、8月14〜16日、12月28日〜1月4日で、葛葉託児所では正月5日間以外は休日がなく、日祝日は正午までとなっている。休日が少なく、保育時間も長かったことがうかがえる。

保護者の職業が記述されているのは葛葉託児所で、「職工、仲仕　三分の二」「女工、商業、官公吏　三分の一」となっている。保護者との連絡では、「隔月母姉会」（浅野保育所）、月1回「親の会」（私立大里育児園）、「毎月定日父兄会」（葛葉託児所）というように、保護者会が行われている。その内容として、「保育、保健及び家庭生活等につき、講話、懇談」（私立大里育児園）や、「父兄中より役員七名を選び、会の催し及び意見交換」「役員は他園の視察をなし、一般父兄会の時長短所につき発表し、保育方法の研究をなす」（葛葉託児所）ことがあげられている。愛国護法永照寺婦人会託児所では、年3回程度の母姉会と家庭訪問が行われている。戸畑市博愛保育園でも、「時々来園の上保育の実況を参観」「保護者の会合等を催す場合には可成出席の上、保育上の効

序章／前史─福岡県における保育施設の誕生と戦前の保育状況─

果を大ならしむる様協力」することが求められている。この園の方針の中には、家庭との連絡と共に、「小学校トノ連絡ヲ注意ス」ということもあげられている。

　大正時代には、企業の保育所・託児所も開設されるが、保育の実際に関する資料は少ない。大正8（1919）年に開設された山田町の古河下山田幼児保育所は、坑夫娯楽場を利用して4〜7歳を対象にしていた[42]。

　明治鉱業所の幼児保育部の規程では[43]、「満四歳以上ヨリ就学ノ始期ニ達スル迄」で、保育時間は朝8時から午後3時まで、弁当を持ってくる。3期に分けて「訓育」と「学習」が記されている。「訓育」では、「清潔」「出入室」等、「挨拶」「言葉遣ヒ」、「戸障子開閉」「物品授受　学習ノ躾」となっている。「保育時数」の表もあり、午前中4目、午後3目記入されている。月曜日は、「御話」「遊」「唱」「遊戯」「昼食」「恩物　折紙」「遊戯」「唱歌　帰宅準備」で、内容が変わるのは、午前の1目（火曜日は「訓話」、以下交互）と、午後の1目である。午後は火曜日以降、「恩物　作法」「手工」「躾　折紙」「恩物」「手工」となっている。健康や接し方に関して留意することもあげられている。

　先述の『門司市教育史』には、門司幼稚園についても記述されているが、保育の内容はわからない。大正11（1922）年4月に新築移転して、園舎は100坪、敷地300坪になっている[44]。

　大正2年に設立された南博幼稚園[45]は、博多教会初代牧師であった山内量平が園長になり、その夫人と事務員（いずれも無給）、保姆1名で、園児は24名で始められた。保育料は1ヵ月70銭で、卒園時には「保育證」が渡された。園舎新築移転後の8年ごろには、園庭にブランコ、肋木登りの遊具が置かれ、「ようやく幼稚園としての基礎が定まっていった」という。大正時代に園児だった人の思い出として、「先生から、グッドモーニングやグッドバイを習い」「劇での自己表現の悦び、そして厳しかった躾」「クリスマスには…（中略）…天使の役…（中略）…復活祭には皆で教会に行って美しく色のついたゆで卵をもらった事」「必ず飲まされる十時の牛乳、これはにが手で、お腹が痛いと言

17

っては自宅に戻った事」等が、語られている。通園は子ども同士、姉妹でという話で、送ってもらったという記述はみられない。服装は着物に前掛けだが、男児は大正時代の半ばから、女児は大正10年代以降、洋服の子が増えていくようになる。

大正4年に久留米市で設立された先述の日善幼稚園は、3年保育であった。5年には59名の園児を保姆2名で保育していた。

大正9年11月に開設された飯塚幼稚園は、太養院境内に飯塚町各区長及び明正寺婦人会の後援で開かれ、園長は片峯熊三郎、園児は56名、保姆2名、月謝1円とある。園長が労働による所得金を補給したが、年々園児が増加し維持費の不足額が増大したという[46]。

大正12年9月設立認可の前原幼稚園は、昭和8年に寄付により園舎が建立されるまで教会堂で保育を行っていた。それ以前の昭和6、7年頃までは園児は15、6名であったという[47]。

明治36年に設立されていた福岡幼稚園の大正11年の様子は、修業年限3年で3組、在籍75名、保姆は4名である。保育は、身体の発達に留意し、「年少者には自由遊戯を主とし規律的遊戯においても、意志の実行を練習するとともに、身体の活動を自由ならしむることを主」としていたという。また「晴天には外遊を課し、日光ならびに外気に接触せしめ体質を強健に」することや、毎月2・3回、田園や山林、神社や海浜等に遊んで、「自然界に近接せしむること」もなされていた[48]。

この時代の写真から、卒業のときにはきちんと正座して手は膝の上に揃えて記念撮影していること（若松幼稚園）や、園庭で、円形に椅子を並べて、手に卒園証書を持って座っている様子（しののめ幼稚園）[49]がわかる。この幼稚園は外国人園長で、写っているのは園長のほか幼児34名と保姆と思われる人が3名である。

大正時代の小倉幼稚園に関しては、先の『九十年のあゆみ』に第8代園長の大浦キミが書いた「小倉幼稚園の三十二年間」[50]と座談会[51]の中から、保育の様

子がうかがえる。「音楽は、表情遊戯、律動遊戯などがあり、その日その日の保育を生かさねばならぬ。手技、遊戯、談話も楽しくせねばならぬ。粘土細工などを考えると色々のことがあった。それに根本になる心の教育を怠らないように指導」「粘土細工の時は、つぼから粘土を出して藤棚の下に持ち出し、心行くまで色々のものを作ってみたりして楽しい一時」「お話をクラス単位でする時は、先生の前、後、横と子供を自由に集めて語り合った」「砂場は周囲に柵をおき、柵に腰掛けたり製作品を並べたりして、それは楽しいものであった」「子供の幼稚園に居る間、あれやこれやと保育の楽しみを作り出すのに大変」「この頃から子供の製作するものは細工でなく製作という言葉に改まった。豆細工、紙細工でなく、豆製作、紙製作となり存分に大きい製作を望んだ」「一週間の流れを見ると、月曜は約束日、火曜は自由製作日、水、木曜は各保育室で先生を中心とした教授日」であった。当時の園舎は不便で設備も不完全であった。

　大正4・7年度に入園した人たちの思い出として、「折紙などしまして、幼稚園から頂いたお帳面にはったり」「入園式とか卒業式とかに紅白のおまんじゅう頂いたり」、男と女の列があって「両方から互に歩み来るというような遊戯、オルガンに合わせて踊り」「遊びも、豆細工、針金、粘土遊びなど全部ありましたね。この外に、運動場でフットボールをして遊んだ」こと等が、語られている。歌では「ハトポッポ」「日の丸」や、毎朝の歌、終わった後の歌があげられている。送り迎えは、店の人に連れて行ってもらった人も、自分で歩いて通った人もいた。服装は、洋服の子が出てくるのが男子は大正6、7年、女子は10年で、着物の子の方が多かった。

　小倉幼稚園に保管されている資料の中に、この時代の「経費支出簿」や「備品出納補助簿」がある。大正3年には、「半紙形厚紙」「籤」「豌豆」「画用紙」「糸」「半紙」「摺紙」「縫取台紙」「織紙」「貼紙台紙」「貼紙」「連繋紙」等が購入されていて、従来から行われていた「豆細工、摺紙、縫取、織紙、貼紙」等が手技として行われていたことがうかがわれる。こうした材料は、その後も購

入されているが、大正11年度には、「粘土」や「毛糸」、13年には、「色麦稈」「七夕紙」「組ミ紙」も購入されている。「摺ミ紙」は「円形」「三角形」「方形」と、形の異なるものや、四角の折紙も「五寸」「四寸」「三寸」というように、大きさが異なるものが購入されていた。14年には、「切リ抜キ用紙」や、「花模様」「方形」「三角形」等の「貼紙」のほか、「塗方用紙」も購入され、塗り絵が行われていたと思われる。

「福岡県小倉市立幼稚園一覧表（大正十四年十月改訂）」には、保育方針として「本園ハ学齢前ノ幼児ノ家庭教育ヲ補佐シ其ノ身体及覚官ヲ練習シソノ精神ヲシテ自然的発育ヲ遂ゲシメ他日小学校ニ入ル階梯トナスモノナリ殊ニ身体ノ健全ト良習ノ馴致トニ力ヲ盡セリ」と記されている。保育項目は、遊戯、唱歌、談話、手技で、それぞれ「随意遊戯・表情律動遊戯」「平易ナル歌曲」「寓話・童話・史談・教訓談等」「積木・切リ抜キ、豆細工、粘土製作」があげられている。入園年齢は３歳からで、保育時間は３～６時間、定員160名で４組編成、園長も組を担当していた。保育料は１円であった。「保育要項」の欄をみると、金曜日に打ち合わせをして作成した週案を基に保育をしている。朝会を週２～３回行い、「園ノ統一善良ナル習慣養成ニ注意」する。天気の良い日には「富野練習場等ニ引率シテ郊外保育」をする。遊戯会を毎週１回、各組から遊戯を発表して行う。「科外保育」として、「自然物実物標本絵画等ヲ一定場所ニ出シ自注意観察ノ方法ニ馴レシム」とある。そのほか、年１回の身体検査、睡眠と体重の関係調査、日常衛生、看護についても記されている。儀式は小学校と同様で、節句では雛人形、武者人形を飾ったり、園児も一緒に七夕飾りをしたり、９月９日には海浜保育を行うようになっている。年２回、長距離の遠足がある。母の会も春と秋に１回ずつある。製作品は、学期毎に手技帳を整理して家庭に返すほか、その都度製作したものを与える。保育日誌は、１週間輪番で記入する。園庭には、砂場、積木、円木、滑り台、花園、池等があった。

(3) 昭和戦前期の幼稚園、保育所・託児所

　門司幼稚園の昭和2 (1927) 年4月の在園児数は100名、3組で主任保姆1名、保姆2名である。主任保姆と保姆1名は、小学校本科正教員の資格を持ち、他の1名も準教員の資格を持っている[52]。

　吉冨町の幼稚園は、1年保育と2年保育のクラスがあり、月謝は50銭だったという。園長は住職で、2名の保姆がいた。残されている写真をみると、本堂の前の階段と思われる所に並んでいる50名の幼児が写っていて、男児の方が多い。服装は着物の方が多く、エプロンをつけている幼児もいる。後ろの方に、並んでいない子どももいる[53]。

　昭和3年撮影の飯塚幼稚園の写真から、園庭にはブランコ、滑り台、丸太、小型のボートがあり、こうした遊具で遊ぶとともに、丸くなって遊戯（ゲーム）をしている子どもたちもいたことがわかる[54]。

　小倉市の天心幼稚園の運動会の写真から、洋服でエプロンをつけ、旗（日の丸）を持って遊戯していたことがわかる。地面には白線が引かれている[55]。

　小倉幼稚園のこの時期の保育の様子は、『九十年のあゆみ』からうかがえる。第9代園長の遠藤艶は、昭和2年に小倉幼稚園に赴任している。8年に新園舎に移転するまでの状況として、「保育は健康に注意しながら、手技、製作、絵画、談話、遊戯などで土川五郎先生の表情遊戯、律動遊戯の講習会で大層きたわれた」「制服が無かったので緋の着物、絹のちゃんちゃんこ、洋服、中には人がふじ絹のえぷろんをしているから作ってくれとねだる子もいたようだ」という[56]。

　昭和4年度の卒園生は、「音楽、図工が下手で、特に貼り紙が苦手で、苦労して白鳥を切って、やっとのりづけして行くと、黒木先生が、そこはこうしたらと言われ、はがしているうちに首がとれて、泣き出してしまう」「朝礼の後、講堂で円陣を組んでスキップをしました」「運動会では徒歩競争」「滑り台にろうそくを持って行って、滑りを良くしていましたが、たまたまろうそくの

手持ちがなかったので、クレオンの青色で上から下まで塗りたくった」こと
や、ストーブで弁当を温めたこと等を語っている。10年度の卒園生は、「『兵隊
ごっこ』でよく築山で遊びました。防空演習がよくあって、紙の防毒面をかぶ
ったことをおぼえています」「楽しかったことは、やじろべえを作ったり、え
んどう豆を使って何かを作ったこと」等が話されている。この頃には、すでに
戦争の影響が表れ始めていることがうかがえる[57]。

　昭和８年改新の「福岡県小倉市立幼稚園一覧表」を、先にとりあげた大正14
年のものと比べると、新しい園舎ができて保育室が５室に増え、幼児数が200
名に増加していること以外に大きな変更はみられない。「室内保育」で「週案
ニヨリ」となっていたのが「立案ヲナシ」と変わっていることや、「郊外保育」
のところで、「天気晴朗ノ日ニ広寿山記念碑等ニ引率シテ野外保育ヲナシ自然
現象ノ観察ヲナス」「社会現象ノ観察ヲナス」と行き先が変わり社会現象が加
わっていること等が違いである。それから「節句」のみであったのが「記念会
及節句」となっていて、９月の海浜保育が運動会になり、入園式、天長節、明
治節、建築記念日、年終り、四方拝、節分、送別会、卒業式があげられている。

　小倉幼稚園には、「事蹟留」や「週番日誌」等、書類の名称は異なるが、記
録が残されている。ここでは、昭和４年度と９年度の保育の様子の一端をまと
めてみる。まず、昭和４年度には、４組分の記録が残されているが、具体的な
記入がない時も多い。「一週間分感想、組ノ動静、研究事項」と「保育予定案」
の中から様子を探る。１学期には、春の遠足で妙見山へ歩いて行った時に、心
配した割合によく歩いたが、一人だけどうしても歩かなくて骨がおれたこと、
一週間を通して一番喜ばれたのは豆製作の弥次郎兵衛であったこと、運動会の
練習のための「俵はこび」「だるまはこび」を面白がってやったが泣く子もい
たこと等、記されている。「観察」では、「桜」「山吹」「あやめ」「撫子の花」
のような植物や、クラスによっては「ホタル」や「星」、７月には「小鳥」な
どがあげられている。「談話」では、「太郎の夢」「正直なお爺さん」「ほたるの
家」「七夕の話」等があげられていた。「運動遊戯」では、「桜が咲いた」「鯉の

ぽり」「ハトポッポ」「カケクラ」等、「唱歌」では「タンポヽ」「お日さま」「サヨウナラ」やクラスによっては「夕立」「オモチヤノマーチ」等もあげられていた。「手技手工」では、「レンケイ」「自由画」「ぬりゑ」「豆製作」「キビガラ細工」「たゝみ紙」等が行われ、「七夕の手技」「ハナカゴ」「計数器」「ばら」「勲章」等があげられていた。2学期には運動会があり、綱引きやリレーが行われていた。「観察」では、「ダリヤ」「カキ」「落葉」等、「唱歌」では「マキバノ羊」「コスモス」「カモメ」等、「運動遊戯」では「チョコレート」「すゝむし」等、「手技手工」では「兵隊サン」「オサルサン」等があげられていた。「談話」では、「鶴ニナッタハナシ」「かぐやひめ」等が記されていた。3学期には「雪」や「水仙」等、季節にかかわった「観察」や、「手技手工」でも同様に「さざんか」が、あげられていた。「談話」と「運動遊戯」で「笠」、「運動遊戯」で「汽車とあひる」という記述もみられた。「談話」では「雪姫物語」「天神様」も記入されていた。

　昭和9年度の「週番日誌」は、その日の全体的な様子が記入されているが、「各保育室ニテ立案保育」「各自由保育」「各室組別保育」というような書き方が多く、各組の具体的な保育内容は記入されていない日が多い。この年度には、遊戯室や運動場で、月・火曜日に国旗掲揚式が行われていたことがうかがえる（4月10、23日、5月14、21日、11月12日ほか）。組で国旗掲揚のこともあった。5月4日には、皇太子の初節句で鯉のぼりを新調したこと、5日には全園児が遊戯室に集合して「遥拝　ラヂオ体操（母子）」、その後各保育室で「母子で（黒鯉緋鯉吹流し風車）の共同製作」をし、運動場で記念撮影をしている。5月26日は春季遠足で、9時半に園を出発して広寿山に行き、「本堂礼拝の後廟所礼拝、木のかげで一つ二つ遊戯をして中食」、しばらく遊んで集合して記念撮影の後「附添に子供を渡して一時解散」となっていた。5月28日には海軍記念日の集会、6月4日は虫歯予防デーを行っている。6月5日は「東郷元帥の国葬に付き集会にて元帥のお話」をしていた。6月9日には「各組共置時計を作る」とあり、時の記念日に向けた製作をしていたことがわかる。7

月7日には「各組共さ、に短冊をつけて七夕を祭る」と、七夕祭をしていた。2学期は9月3日の月曜日からで、4日から運動会の練習を始めている。その後も、組別に運動場で練習したり、プログラム通りに練習したりしている。9月26日には運動服着用で小運動会を始めるが雨になったため中止し、28日に行っている。大運動会は10月6日の土曜日で、「午前八時半よりはじまり無邪気な園児の遊戯、競技とす、み期待された後援会母姉の遊戯も好成績にて無事正午終了した」と記されていた。10月には秋の遠足もあり、到津遊園地に出かけている。明治節や紀元節は、前日に練習してから式を行っている。11月16日は新築一周年記念日で、お祝いの式をして、「ペンギン鳥を皆で一生懸命作ってお土産」としている。「御遊戯をしてねずみと猫のお遊びする子供大嬉び」（11月12日）「遊戯室にヒル氏の積木を出したので皆大悦こびで飛行機、汽車を動かしてゐる。さながら楽園だ」（1月14日）という記述もみられた。初雪の日には、外を駆け回り雪合戦の真似事をしている様子や、「談話」で「天下才一の黒馬」や「青い鳥」がとりあげられていたこともわかる。卒業式の前には、1週間ほど卒業式の稽古が行われている。3月19日（火）の午後1時から卒業式が行われ、男児82名、女児98名の計180名が卒業している。

南博幼稚園では、卒園式以外に、花の日、感謝祭、クリスマス会が行われていたことが、写真からわかる。昭和2年には、人形の交換会があった時の写真が残されている。この時人形を受け取った園児だった人は、「アメリカの女の子に日の丸の旗を渡すと、すぐ女の子から金髪のお人形を差し出され、自分の左腕の中で抱えた時、子供でも興奮しましたよ。お人形は少し横にすると、マアーマアーとないた。その声はまだ私の耳に残ったままです」「あの可愛いお人形は私が戴けるのかと思いました」と、後年語っている[58]。

クリスマス会では、聖劇が行われていた。感謝祭では、園児たちが家庭から野菜や果物を持ち寄った。昭和4年の卒業生によると、保育の中で「色紙で織る工作」に夢中で、「色紙が一センチ巾位に切られそれを切り込みの入った白い台紙に一本づつ通して様々な美しい色の模様が編んだ状態で出来上がって」

24

序章／前史―福岡県における保育施設の誕生と戦前の保育状況―

「一人一人色紙の使い方次第で同じものは出来ず、私も毎回違うものが出来て楽しかった」という。「ある雨の日、先生がハンカチで鼠を作られ指の間からチュチュと飛び出して見せられました。可愛いのと不思議だったこと未だに憶えています」「アイ・シイ・ユウのダンスをして遊んだ事」「オーケストラでJOLK に生出演したこと」「フレーベル館のキンダーブックは楽しかった」こと等、5～8年の卒業生の思い出として語られている。通園は人力車で送り迎えをしてもらった子もいれば、定期券を持って電車で通った子もいた[59]。

　保育所・託児所も増えていくが、保育の実際がわかる施設は少ない。公立の託児所以外に、民生事業協会経営のもの（戸畑市の中原保育所）や、小学校内に併置され、学校長が名誉所長になっていた保育所（若松市の石峰保育所）[60]も開設されている。

　昭和4年に添田町で開設された私立添田保育園は、園児は約100名で、保育時間は10時から午後2時頃までで、歌を歌ったり、数や名前が書ける程度の字の指導や、挨拶を中心に躾と行儀を指導していた。子どもは、おやつが魅力だったという[61]。

　同じ4年に開設されたナーランダ園（翌年、ナーランダ学園）では、保育時間は朝7時から夕方6時までで、対象は満3歳から小学校に入るまでであった。保育項目は「遊戯、手技、唱歌、観察、お話等」であった。休みは、3大祝日、どんたく、盆、年末年始の6日間で、保育料は月1円あるいは1日5銭であった。ただし、「町総代等の紹介による極貧者は免除」となっていた。昭和4年頃の外で輪になって遊戯をしていると思われる写真を見ると、着物の子どもも洋服の子どももいて、大部分の子が白いエプロンを着用している[62]。

　この時代には、農繁期託児所が各地で開設される。

　久留米市では、昭和2年に「農繁期に、長門石町処女会員の儀侠に依り」託児所が開設された。4年には鳥飼第三主婦会の事業として、八幡宮境内で開設された。この年には、長門石町では主婦会主催で、3～7歳までの幼児76名を午前7時から午後4時まで、小学校側の教員住宅で、女教員が保姆となり処女

25

会員の援助で、「面白く楽しく嬉戯せしめ其成績良好」であったという。6年には3ヵ所で、5日または10日間開かれ、153〜297名の児童を受託していた[63]。

旧・三潴郡城島町では昭和4年6月に各支会で、女子青年団や主婦会が世話をして、3〜6歳を対象に田植え時期に託児をしている。託児数は422名、経費は128円であった[64]。

糟屋郡新宮町では、立花口区で田植えの時期に4〜5日間、梅岳寺で住職の奥さん、公会堂で独鈷寺の住職、他に数人の補助員で開設されていた。色紙や万国旗も飾られ、オルガンに合わせて歌ったり、遊戯や折紙をした。湊区では昭和初期は幼児を西念寺の住職が世話をし、その後は公会堂で非農家の人に世話を依頼して、開設された。三代区では、小学校の教員が世話をし、校長が巡回したという。原上区では、大正初年頃から、麦刈、田植の約1ヵ月間、寿福院で住職が世話をした。童謡、童話、遊戯のほか、手品も見せたという[65]。

南吉冨村（現・上毛町）では、昭和初期に婦人会の幹部役員が中心になって、「朝小学校まで連れてきて、夕方まで面倒をみて又家に連れて帰」ることを、1週間くらいしていた[66]。

春だけでなく、春秋二期託児所を開いていたところもある。築城町の善隣保育園は、昭和13年から春秋に託児所を始め、14年には県に届け出をし、本堂庫裏で保育をした。16年からは常設の保育所となっている[67]。18年には社会事業法により県から認可を受けている。

第3節　戦時中の保育

今までみてきたように、幼稚園の増加にはキリスト教の幼稚園が果たした役割が大きかった。キリスト教の幼稚園の多くは、戦中には園長が本国に帰国せざるを得なくなる等、様々な困難を抱えることになる。こうした状況下で、どのような保育が展開されていたのであろうか。

太平洋戦争が始まった後も、昭和18（1943）年頃までは、直接的にはそれほ

ど影響がなかったところもある。南博幼稚園で保姆をしていた人の回想[68]では、「昭和十八年頃は、戦時中とはいえまだ平穏で、南博では、伝統的な園児の楽器と先生のピアノ合奏の楽隊がありまして、太鼓・シンバル・タンバリン・トライアングル・カスタネット等々。ＮＨＫ福岡局のラジオ放送に出まして好評でした。又陸軍病院の傷病兵の慰問にも」出かけていた。19年あたりから戦争が激化してきて「警戒警報のサイレンが鳴ると、大急ぎで手分けして園児の家近くまで送って帰宅させ」たが、後半からさらに激しくなり、休園したという。当時の園舎は六角の出窓のある木造で、「スベリ台・ブランコ・四人がけシーソー・ジャングルジム・藤棚の下の砂場・二人がけブランコ」があり、高い木が「かくれんぼうの目かくしをする鬼」の陣地だったという。

　小倉幼稚園では、戦争中は運動場が全部防空壕になったという。空襲警報が出ると、「リュックサックに入れた園籍簿と、出席簿とを大切に全職員がそれぞれ背負って、遠方の園児の手をひき、壕に入る」状況であったが、閉園することなく、最後まで幼稚園で通している。第９代園長遠藤艶の回顧によると、「幼い者たちは生れながらにして尚武の国に命を受け育てられてきたせいか、幼児期の特性もあってか、大なるもの、力へのあこがれが強く騒いでいる時でも"僕は軍人大好きよ"とオルガンが鳴ればすうっと水がひくように静かになって行った」「自由遊びのつど、自分たちが考えた兵隊ごっこの有様は、実に真剣で一体になっての行動には迫力有り汗を流して遊びたりないふうであった」[69]という。

　小倉幼稚園には昭和16年度「週番日誌」、17、19、20年度の「事績留」が残されている。ここでは、保育内容に関わる記述が比較的多い17年度のものを中心にみていく。４月の遠足は到津遊園地であった。４月27日には式の稽古をし、翌日は「日の丸製作」「天長節のお話」、29日に天長節の式を行っている。５月には、陸軍病院に代表の子どもを引率し、「親子協同製作花籠」を持って見舞に行っている。27日の海軍記念日には、「天神様に皇軍武運長久祈願」をしている。６月には足立妙見山へ遠足、時の記念日のお話やお土産の時計を作

ることが行われていた。12月には、8日に「大東亜戦争第二周年記念日に当り全園児園長のお話の後天神様詣で」、9日には「園児のおやつをため」て、市役所へ陸軍墓地建設資金をはじめ、各新聞社へ軍用機の献納等のための献金を行っていた。「皇太子殿下第九回御降誕奉祝式」も行われていた。3月8日も大詔奉戴日で、小倉工廠へ慰問のための遊戯練習をして、15日に20名の園児が慰問に出かけている。保育の中では、「草っぱ原っぱ」の歌、紙芝居やお話、風車、船、凧、相撲、雛段等の製作や自由画が行われている。雪が降った日には、「珍らしい雪景色に大喜びにてダルマさんを作る」（2月1日）こともなされていた。日常的な保育は、変わらない様子がうかがえるが、行事等で武運長久祈願や慰問の様な活動がとりあげられていることがわかる。19年度になると、「警戒警報発令」「疎開退園手続」のような戦時に関わる記述が目立つようになる。12月には3日間「防空非常措置ニ付臨時休園」しているが、保育は続けられた。

　保育所・託児所は、戦時の生産維持のため女性が働くことが奨励されていて、画期的拡充が目指されていた。「寺院の解放」「幼稚園に併設」「市部保育所」の新設や「季節託児所増設」が考えられていた[70]。

　この時期の農繁期託児所は、どのような状況であったのか。『勝山町史　下巻』によると、黒田村の昭和16年度の決算書には「農繁期季節保育所ノ開設。春季ハ六月二十日ヨリ十一日間、秋季ハ十一月三日ヨリ十四日間、村公会堂外三ヶ所ニテ開催シ、農繁期ニ手不足ノ折柄多大ノ効果ヲ納メ」たとの記載があるという。18年度の予算書では、春秋の2回、5ヵ所で開設することとして創設費として県補助費300円、「春季、秋季農繁期保育所経営費」は1ヵ所50円で5ヵ所予算化されていた[71]。

　大野村（現・大野城市）の下大利で昭和16〜19年に開設された記録が、『大野城市史』に紹介されている[72]。期間は年によって若干異なるが早いと6月29日、遅いと7月4日からで、4日ないし5日間であった。19年には11月10日から16日までの秋季にも開いている。場所は16年だけは「坂田観松（下大利班

長）宅」で17年からは「倶楽部」である。炊事場は坂田宅で引き受けていた。子どもの数は、16年は25名、17年は日によって異なるが31〜37名、18年は「子供三十二名　小学生二十五名」で、19年の記録はない。世話をしたのは、16年は坂田に加えて2名で、17年は坂田に加え2名と学校の先生が毎日2名、18年は坂田ほか3名が1〜2日ずつと学校の先生2名が世話をしている。19年は坂田ほか5名が1〜2日ずつ世話をしている。17、18年には給食やおやつにするための材料が記されている。17年には「学校より枕カヤ一ツ　皿五枚　手提げ桶　マクラ　絵本　折り紙　ちり紙二束　オモチャ　ラッパ　湯呑み一〇　ナベ」と記載されていて、絵本を見せたり折紙をやったりしていたことがうかがわれる。

　糟屋郡の季節保育所の昭和19年11月4日の一日の様子は、「出席者調べ」「神社参拝」「どんぐり拾ひ」「お話（桃太郎）」「自由遊戯」「中食」「お宮にて遊戯」「遊戯」「高二女のお話」「砂遊び」「おやつ」となっている[73]。参拝時には、「拝礼作法の指導」が行われている。「中食」では、手洗いや食べ方の指導と共に、挨拶として「兵隊さんありがとう　いただきます　おごちそうさま」をしている。11月6日には警戒警報のサイレンが鳴り子どもたちが騒ぎだしてしまったという記述もみられる。

第4節　保姆養成と北九州保育会

⑴ 保姆養成

　福岡県における保姆養成機関は、西南保姆学院が昭和15（1940）年に開設されたことに始まる。修業年限2ヵ年のキリスト教の学校であった。活水女学校幼稚園師範科を卒業し、神戸で早緑幼稚園を設立していた福永津義が、開設に当たって、主任として就任した。初代の院長は下瀬加守で、創立者のミセスＣ・Ｋ・ドージャーは、副院長であった。最初の入学生は7名で、この頃の教

科は、修身、教育、保育、図画、音楽、体操、心理、保健衛生、社会事業であった[74]。

昭和17年3月、財団法人西南保姆学院の認可が下り、第1回卒業生を出すが、米国南部バプテスト連盟婦人部からの補助金が途絶え、経営的には苦しい状況に陥る。18年3月、第2回卒業生と第1回卒業生の一部が県学務課の幼稚園保姆検定試験を受け、全員合格する。その結果、所定の課程を修了して卒業する者に、卒業と同時に保姆資格が授与されることとなった。19年4月から、校名を福岡保育専攻学校として、福永津義が校長になる[75]。この学校は、戦後の26年3月まで続くこととなる。

福岡県では、保育所の従事者を養成するため、昭和18年に「福岡県保育婦規程」[76]を定めている。これは10条からなるもので、第1条に「保育婦ト称スルハ保育所ニ於テ乳児ノ哺育並ニ幼児ノ保育ニ従フ女子ニシテ保育婦免許状ヲ授ケラレタル者ヲ謂フ」と記されている。保育婦免許状は、「保育婦検定ニ合格」したものに授与し、検定は「無試験検定」である。第5条に、検定を受けることのできる者として、保育婦養成所の卒業、保姆や国民学校訓導等の免許状の保有をはじめ、卒業した学校種別に保育の従事年数が示されている。これに基づき「保育婦養成所」が開かれたようで、19年2月には、養成所卒業生の就職あっせんを通達している。ここから同年4月には第2回卒業生が出るようになっていたこともわかる。22年の「育て津ゝ」[77]は、「第七回生徒募集」が裏表紙に掲載されていて、敗戦を挟んで3年の間に6回の養成が行われたことがうかがえる。

(2) 北九州保育会をはじめとする保育研究会や講習会

ここで用いる資料は、北九州市立小倉幼稚園に保管されている書類の綴りや、「事蹟留」「週番日誌」等である。これらの資料から、北九州保育会の研究会すべてがわかるわけではないが、その概要は把握できる。

北九州保育会が設立されたのは、昭和2（1927）年である。門司市、小倉

市、八幡市、戸畑市、若松市と、企救郡、京都郡、田川郡、鞍手郡、遠賀郡の5市5郡の幼稚園、保育園・保育所・託児所で結成される。

この会の規約があり、それによると、北九州保育事業の進展を図り、各園相互の研究発表をすることを目的としている。事務所は小倉幼稚園におき、会員は会費を出し、研究会当日の費用とする。役員として、会長、幹事長、会計各1名、幹事若干名をおき、役員は4年ごとに改選することとなっている。春秋2回研究会を開き、研究発表をすることとなっていた。この規約は、最初の研究会と同日に行われた協議会で制定された。

最初の研究会は、11月24日に市立小倉幼稚園で開催され、午前中は保育参観、午後は批評意見交換や会則の制定であった。この時の参加は、幼稚園26、保育園・託児所等10で、会員数は120名であった。

第2回の研究会は、昭和3年5月に田川郡の赤池鉱業所幼稚園で開催されている。11月にも八幡市の済世軍第一幼稚園で北九州保育研究会が開かれ、小倉幼稚園からは3保姆が出席し、幼稚園は休園になっている。5年には、戸畑市の博愛保育園で7月に、6年には、5月に八幡市の済世軍第二幼稚園で開催されている。

第6回は昭和7年6月に門司幼稚園で、第7回は同年の11月に小倉市の徳香幼稚園で開かれていて、研究会の様子がわかる。門司幼稚園では、5月23日付けで6月5日の研究会開催の案内を出している。午前に門司幼稚園の保育参観で、「朝会　遊戯発表」「指定保育　坊ちゃんと嬢ちゃん　観察を主としたる手技」「各組ノ自由保育」の参観になっている。この「指定保育」の保育案があり、身体各部を観察させ、絵画に応用して、色彩や形態の概念を与えることを目的としている。観察として「頭（目、鼻、口、耳、髪）胸。腹。手。足。」、形態として「円。方形。三角形。」、色彩として「赤。青。黄。」があげられている。午後の部は「座長選挙」「門司幼稚園長ノ挨拶並ニ保育状況発表」「批評」「協議題　会則一部修正」「次回当番ノ推挙」「一同打連レテ和布刈神社参拝ノ後解散」となっている。第7回の徳香幼稚園では、午前中が「保育ノ実

施」で、9時から順に「礼拝」「挨拶」「談話（全園児ニ）」「自由遊」「手技」があり、手技は、「松組」と「桜組」に分けて、「折紙」と「塗絵」であった。11時から退園準備をして、退園している。午後は「研究及講評」として「徳香幼稚園一般ノ情況」「会員ノ質疑及意見」「会長ノ講評」、「協議事項」として「各園提出事項」「次回当番会場ノ決定」が行われている。

第8回は、八幡市立中央託児所で、昭和8年6月29日（木）に開催されている。第9回は9年9月29日（土）に、直方市の大和幼稚園で行われている。第10回は10年11月に若松市愛国幼稚園で開催され、9時半始まりで、朝の集まりが30分、自由遊戯が30分、手技及遊戯が40分である。一年保育の梅組が「自由剪紙」で、「色紙、鋏、クレヨンニテ各自既有ノ観念ヲ自由ニ表現スルコトニヨリソノ製作欲ヲ満足セシムルヲ以テ目的トス」となっている。一年保育の松組は「遊戯」で、「既習ノ遊戯ニヨッテ適度ノ活動ヲ与ヘ共同アソビモ加ヘテ愉快ナ時間トシテ過サセタイ」となっている。二年保育の桜組は「塗絵」で、「童話ニヨリ本時ノ塗絵ニ対スル興味ヲ誘導シ見物観ニヨリテ其ノ色彩、形態ノ概念ヲ得シメ以テ色彩表現ニヨル発表欲ヲ満足セシメントス」となっていて、三年保育の紅葉組は「自由絵」であった。10年には、北九州保育会の第3回夏季講習会が、及川ふみを講師に開かれている。11年の保育研究会は田川郡の慈光幼稚園で10月31日に開催され、秋季大運動会の参観をしている。

昭和12年には、7月に夏季衛生講習会が、北九州保育会主催で開催された。この年には、幼稚園30園（分園を含む）、保育所・託児所16施設であった。小倉市は幼稚園、門司市は保育所が多く、八幡市はどちらも多かった。13年は5月に行橋幼稚園で保育研究会、8月に夏季講習会を開催している。

昭和14年は11月に八幡市の済美幼稚園で保育研究会を開催し、15年の1月には、北九州保育会小倉支部が、発会式を行っている。北九州保育会園長会や幹事会が行われ、会則改正の会議も開催されている。

昭和15年は4月に北九州保育会小倉支部で、児童体育会や年度行事に関して打ち合わせを行っている。8月には2日間、小倉支部会第1回綜合保育講習会

を開催し、38名の出席者があったという。11月には、『北九州の幼児教育』の「奉祝記念号」が出されている。発足時の5市5郡に直方市、飯塚市、築上郡、嘉穂郡が加わった7市7郡で、55園、147名の会員がいると記されているが企救郡と嘉穂郡の会員は0であった[78]。発足時の2年には36園、12年には46園であったので、増えていることがわかる。参加が多かったのは、小倉市と八幡市で、次いで戸畑市である。

昭和16年には、5月に北九州保育会幹事会、湧金幼稚園で講演会があり、7月には、北九州保育会小倉支部会が開催されている。8月には、全日本保育連盟講習会が、小倉高等女学校で3日間開かれる。続く3日間、小倉支部会主催の音感保育実際指導講習会が、小倉幼稚園で開かれている。敵の飛行機の音を聞きわけるための音感教育が、幼児教育の場にも入り込んでいることがわかる。11月に研究懇談会、12月には小倉支部会の協議会で、北九州保育会との連絡について話している。12月には徳香幼稚園で園長会、小倉幼稚園で保育会も開催されている。

昭和17年には、5月に北九州保育会幹事会が開かれ、新年度の打ち合わせを行っている。6月には、保育会園長会議や、北九州保育会小倉市支会園長会議、7月には小倉市保育会委員会、北九州保育会が開かれている。この年にも音感保育講習会があり、小倉幼稚園からは園長と保姆1名が出席している。日婦[79]主催の錬成講習会が百道であり、これにも小倉幼稚園の園長は出席していた。12月には、小倉市保育会の支部会が挙行され、天心保育園、日赤幼稚園はじめ12園が、小倉幼稚園に集まっている。18年の2月には、小倉市保育報国会結成式が行われている。

昭和19年には、5月に小倉高等女学校で保姆講習会、天心保育園で研究会、6月には富野幼稚園で保育報国会研究会、大黒日の丸保育園で県主催の研究会が開かれている。

このように、北九州保育会の研究会が年1〜2回開催されたのをはじめ、途中からは小倉支部会の研究会も行われるようになっていた。京阪神（関西）連

合保育会のように、雑誌は出版していなかったものの、『北九州の幼児教育』という冊子を発行し、熱心に研究活動を行なっていた。そして、その中心的役割を小倉市立小倉幼稚園や門司幼稚園が担っていたことがうかがわれる。

　福岡市でも、昭和16年8月に市保育協会主催の保育講習が行われ、会長（福岡市長）名で修了証書が出されている[80]。この講習会が、その後も行われたかどうかはわからない。当時の研修は、「律動遊戯や手技が主流」であったという。

　県レベルでも社会事業協会が中心となって研究会が行われていた。昭和2年11月に創立総会を開催した福岡県社会事業協会は、翌年から事業を開始し、昭和5年9月に「ナーランダ園にて第一回保育事業研究発表会」を主催している[81]。

　昭和4年5月には、農繁期託児所講習会が、築上、嘉穂、浮羽、朝倉、糸島、八女、京都の各郡で開催され、その後も、各地を回って毎年のように開催されている。7年には10ヵ所で、8年には9ヵ所で開催されていた。10年には「農繁期託児所経営の苦心に就て」懇談会も、県庁で開催されていた[82]。

　今まで述べてきたように、北九州をはじめとして、幼稚園と保育園・託児所等が一緒に研究活動を行っていたことが、戦後、いち早く幼・保一緒の連盟を発足させ、活動していくことにつながったと思われる。

1　福岡県第一部庶務課統計係『明治二十一年福岡県学事年報』、1889年、13丁、『明治二十二年福岡県学事年報』、1890年、11丁。

2　井手伊親編『小倉市教育沿革史　学制頒布五十年記念』、小倉市役所、1922年、59～60頁。

3　『福岡県統計書』福岡県知事官房統計係、「明治40年第2編学事」157頁をはじめ「明治42年」115頁、「44年」183頁。44年度には、門司幼稚園はあげられていない。

4　社会福祉調査研究会編『戦前日本の社会事業調査』、勁草書房、1983年、193頁。

5　内田守『九州社会福祉事業史』、日本生命済世会社会事業局、1969年、72頁。

6　『福岡県統計書』、「大正2年」171頁、「大正8年」132～133頁、「大正15年」100頁。

序章／前史―福岡県における保育施設の誕生と戦前の保育状況―

7 久留米市役所編・発行『続久留米市誌　上巻』、1955年、640頁。

8 直方市史編さん委員会編『直方市史　下巻』、直方市役所、1978年、685頁。

9 「ふるさと写真集」編集委員会編『行橋市制50周年記念　ふるさと写真集』、行橋市、2004年、203頁。

10 牛原賢二編『福岡県前原町誌』（復刻版）、文献出版、1975年、347頁。ここでは前原幼稚園は「実をいふと保育園である」と記されている。

11 福岡県社会福祉協議会編・発行『福岡県社会福祉事業史　上巻』、1982年、ほか。

12 安川敬一郎は石炭販売、炭鉱経営で財をなし、明治42年には明治専門学校（現・九州工業大学）を開校している。次男の健次郎は松本家を継いでいるが、敬一郎の死後、遺稿を編集している。『安川敬一郎日記　第四巻』（北九州市立自然史・歴史博物館編・発行、2012年）によると、戸畑町託児所は大正11年9月3日に開所式を行っている（56～57頁）。

13 是石慶次郎編『門司市教育史』、門司教育支会、1928年、165頁。

14 社会局社会部『本邦社会事業概況』、1928年、183～185頁。

15 社会局第二部『社会事業統計要覧（大正十二年調）』、1926年、141頁、社会局社会部『第九回社会事業統計要覧』、1931年、15～16頁、内務省社会局『第十四回社会事業統計要覧』、1936年、5～6頁および73頁。

16 日本社会事業協会社会事業研究所編・発行『日本社会事業年鑑　昭和二十二年版』、1948年、187～189頁。

17 是石慶次郎、前掲書、164～165頁および門司市役所編『門司市史』（復刻）、名著刊行会、1974年、548～549頁。

18 福岡県社会福祉協議会、前掲書、726頁。

19 福岡市役所編・発行『福岡市史第八巻　昭和編後編（四）』、1978年、31頁。

20 山中六彦『農村更生叢書　保育事業と農繁託児所』、日本評論社、1934年、96～98頁。

21 同上書、105頁。

22 中央社会事業協会社会事業研究所編・発行『日本社会事業年鑑（昭和十一年版)』、1937年、258～259頁。

23 日本社会事業協会社会事業研究所、前掲書、192～194頁。

24 内田守、前掲書、70頁。

25 久留米市役所、前掲書、641頁。

26 福岡県社会福祉協議会、前掲書、791～792頁。

27 『福岡県統計書』、「昭和6年」92頁、「昭和11年」77頁、「昭和16年」60頁。

28 吉井町史編纂委員会編『吉井町史　第三巻』、吉井町、1981年、599頁。

29 『目で見る行橋・豊前の100年』、郷土出版社、2001年、60頁。

30 久留米市役所、前掲書、640～641頁。

31 赤池町史編纂委員会編『赤池町史』、赤池町、1977年、504頁および篠栗町文化財専門委員会編『篠栗町誌　歴史編』、篠栗町役場、1982年、238頁。

32 北九州市立小倉幼稚園所蔵資料。

33 門司市役所、前掲書、548頁。

34 若松市史第二集編纂委員会編『若松市史　第二集』、若松市役所、1959年、937頁。

戦後保育はいかに構築されたか

35 久留米市史編さん委員会編『久留米市史　第3巻』、久留米市、1985年、909～910頁。

36 久留米市役所編『久留米市誌　上編』、名著出版、1973年、644頁。

37 西日本新聞社「写真集福岡100年」刊行事務局企画・編集『写真集福岡100年』、西日本新聞社、1985年、212頁。

38 北九州市立小倉幼稚園創立九十周年記念行事実行委員会編・発行、『小倉幼稚園九十年のあゆみ』、1980年、56～57頁。

39 福岡県社会福祉協議会、前掲書、331～332頁。

40 是石慶次郎、前掲書、162～170頁。

41 福岡県社会福祉協議会、前掲書、482～487頁。

42 山田市誌編さん委員会編『山田市誌』、山田市、1986年、541頁。

43 福岡県社会福祉協議会、前掲書、487～489頁。

44 是石慶次郎、前掲書、162～163頁。

45 「南博幼稚園84年のあゆみ」を作る会編・発行『南博幼稚園84年のあゆみ』、2002年、39～52頁。

46 嘉穂郡役所編纂『嘉穂郡誌』、1924年（復刻版、名著出版、1972）、719頁。

47 牛原賢二、前掲書。

48 福岡市学校教育百年誌編さん委員会編『福岡市学校教育百年誌』、福岡市教育委員会、1977年、59～60頁。

49 西日本新聞社、前掲書。

50 北九州市立小倉幼稚園創立九十周年記念行事実行委員会、前掲書、8～11頁。

51 同上書、58～61頁。

52 是石慶次郎、前掲書、163頁。

53 『目で見る行橋・豊前の100年』、前掲。

54 飯塚市歴史資料館編『古絵図・写真にみるいいづか—江戸・明治・現代300年』、1993年、22頁。

55 西日本新聞社、前掲書、213頁。

56 北九州市立小倉幼稚園創立九十周年記念行事実行委員会、前掲書、13頁。

57 同上書、65～67頁。

58 「南博幼稚園84年のあゆみ」を作る会、前掲書、37頁、54～55頁。

59 同上書、56～61頁。

60 若松市史第二集編纂委員会、前掲書、939頁。

61 添田町史編纂委員会編『添田町史　上巻』、添田町、1992年、846頁。

62 福岡市保育協会編纂委員会編『福岡市保育のあゆみ』、福岡市保育協会、1987年、122頁。

63 久留米市役所、前掲書36、743頁。

64 城島町誌編纂委員会編『城島町誌』、城島町、1998年、480頁。

65 新宮町誌編集委員会編『新宮町誌』、新宮町、1997年、692～693頁。

66 新吉富村誌編集室編『新吉富村誌』、新吉富村、1990年、593頁。

67 築城町史編纂委員会編『築城町誌　下巻』、築城町、2006年、186頁。

68 「南博幼稚園84年のあゆみ」を作る会、前掲書、13頁。

69 北九州市立小倉幼稚園創立九十周年記念行事実行委員会、前掲書、14頁。

序章／前史─福岡県における保育施設の誕生と戦前の保育状況─

70 福岡県社会福祉協議会、前掲書、1061頁。

71 勝山町史編纂委員会編『勝山町史　下巻』、勝山町、2006年、156頁。

72 大野城市史編さん委員会編『大野城市史　下巻　近代・現代編』、大野城市、2004年、1161〜1163頁。

73 粕屋郡教育研究所編・発行『粕屋郡教育史』、1974年、339頁。

74 文部省教育調査部『調査資料第七輯　幼児保育に関する諸問題』、1942年、57〜59頁。

75 西南学院史企画委員会編『西南学院七十年史　上巻』、西南学院、1986年、463〜464頁。

76 福岡県教育百年史編さん委員会編『福岡県教育百年史　第三巻　資料編　大正・昭和(1)』、福岡県教育委員会、1978年、760〜761頁。

77 『育て津〻　第二巻第三号』、福岡県保育連盟、1947年。

78 松村茂編『北九州の幼児教育』、北九州保育会、1940年、1頁、25〜30頁。

79 昭和17年4月に初の理事会を開いた大日本婦人会福岡県支部のことと思われる。

80 福岡市保育協会、前掲書、142〜144頁。

81 内田守、前掲書、75〜76頁。

82 福岡県社会福祉協議会、前掲書、858〜860頁。

第1章　戦後復興と保育

第1節　敗戦後の子どもを取り巻く社会状況

(1) 福岡県の敗戦後の状況

　福岡県では、昭和19（1944）年6月に八幡市（現・北九州市）が空襲を受けたのをはじめとして、20年に入ると、6月に福岡市が大空襲で、博多港、福岡港から西中洲、大濠公園手前の区域が焦土と化した。その後も門司市（現・北九州市）、大牟田市、8月に入って八幡市、若松市（現・北九州市）、久留米市と大規模な空襲を受けた。この6都市は、戦災都市に指定されていた。聞き取り調査の中でも、戸畑市（現・北九州市）の保育者が、空襲警報が出て子どもたちを防空壕に入れるといっぱいで、仕方なく外にいたら、兵隊から「何で中に入らないのか」と言われたことや、香春町の保育者が長崎原爆投下の日に小倉市（現・北九州市）方面へ飛ぶアメリカ軍機をみていたが、その日は曇っていたため長崎へ向かったと後から聞いたことが話され、戦争に追われた保育者と子どもの姿の一端がうかがわれた。

　このような状況で、博多港への引揚が始まる。昭和20年10月に、GHQから「引揚救援港」に指定される。11月には、引揚救援行政を管轄した厚生省が、全国18ヵ所の港に地方引揚援護局を設置し、その一つとして「博多引揚援護局」が設置された。援護局が22年4月に閉鎖されるまでの引揚者数（軍人の復

第1章／戦後復興と保育

員を除く）は、約97万人であった。敗戦時に海外にいた一般人は約330万人といわれるが、その30％近くが博多港に引揚げたことになり、全国有数の引揚港であった。21年5月に「満州」からの引揚船が入港し、その後、「満州」をはじめ朝鮮半島北部からの引揚者が増加する。着のみ着のまま命がけの引揚で、孤児も増加する。

　空襲の被災者、引揚者とも食糧品や衣類に事欠き、生活必需品の配給が急務であった。それとともに、住宅の確保が最大の問題であった。「罹災都市応急簡易住宅建設要綱」により、先の6都市に住宅復興対策として応急住宅が建設された。これだけではとても間に合わず、既存建物の住宅転用等も行われた。特に引揚者の住宅確保は、緊急の問題であった。使われていない工具宿舎等を改造した転用住宅が、県として筑紫郡内2ヵ所に158戸分、市町として2市1町に56戸分確保されたという。

　福岡市では、昭和20年6月の空襲だけでも被災人口約6万、被災戸数約1万3千という中で、戦災孤児があふれていた。そこへ、引揚による孤児や養育困難による捨て子等が加わり、その保護は緊急の課題であった。引揚孤児は、一時収容して縁故者を探して引き渡したが、その一時収容施設を百道に置いた。縁故者が見つからなかった孤児を収容するため、21年6月に糟屋郡和白村（現・福岡市東区）に青松園が開設された。同年8月には、聖福病院が開設されていた福岡市内の聖福寺の敷地内に、博多引揚援護局により「聖福寮」が開設された。ここに収容された子どもたちは、特に体が弱かったり病気だったりした子とその兄弟であったという。孤児の大半は栄養失調であったが、そのために歩けない5歳の子どもが入寮することもあった。物資がない中で、『婦人の友』愛読者でつくる「福岡友の会」による献身的な奉仕活動により、22年3月に閉鎖されるまでに収容した164名の孤児のうち、亡くなったのは4名のみであった。博多引揚援護局は22年4月には閉鎖されるが、在外同胞援護会救療部と「福岡友の会」の共同経営で「聖福子供寮」となり、27年に「いづみ保育園」となる[1]。

39

戦後保育はいかに構築されたか

　戦災孤児等の収容には、福岡育児院や聖母愛児園等が当たった。これらの施設は、昭和21年10月と11月に生活保護法に基づく児童保護施設として認可された。同年12月には、浮浪児の一時保護施設として百道松風園が開設される。

　また、夫が戦死したり、シベリア抑留されたりして引揚げてきた母子も多かった。乳幼児を抱えて働きに出なければならなかったため、子どもを預かってくれる保育所の必要性は高かった。職安まで出向き、その日の仕事があった母親からその場で乳幼児を預かり、連れて来て保育したという福岡市の松月保育園での聞き取り調査の話からも、保育所が果たした役割の大きさをうかがうことができる。

(2) 当時の子どもたちの生活実態

　国会図書館憲政資料室プランゲ文庫に収蔵されている占領下の福岡県の地方紙には、戦災孤児、引揚孤児、捨て子、浮浪児など当時の子どもたちの困難な生活を報じる記事が数多く掲載されていて、先にあげた聖福寮に孤児を送った記事もあった。

　戦災、引揚で両親が死亡してしまった孤児だけでなく、育児放棄による捨て子も多かった。昭和21（1946）年12月30日付の「福岡タイムズ」には、「多い捨子　福岡市内で毎月三人」との見出しで、月に1件あるか無いかだった捨て子が、急に月2〜3件、多い時には4件に上るという記事が掲載されていた。市内では4月から100名近くの「親知らずの子」がいて、「その赤ちゃんたちは市からねりミルク四くわんに移動証明とつけられて市内の孤児院にもらはれて行くが三名のうち二名までは農家へ行くものが多く中には引揚者なので身よりもない唯一人の人のところへ行くものもゐる」「乳幼児を抱へては働く事の出来ぬ者」「不りんの児の処置と困った者など」捨てられる事情はいろいろであろうが、「赤ちゃんは福岡市鳥飼六丁目福岡保育専攻学院の付属事業早緑国児園では現在男三名女二名計五名の赤ちゃんが預けられてゐる」と、紹介されている。

第1章／戦後復興と保育

　福岡県保育連盟の機関誌である『育てつつ』[2]にも、当時の子どもたちの実態が記述されている。昭和22年1月号の「浮浪児を送りて」には、100名を超える戦争孤児が収容されていた「福岡市百道松風園」には、福岡市社会課職員と婦人警官の手が午前4時から出勤し子どもの行方を確認するのだが、この日は31名しかいない。この時の様子が、次のように書かれている。

　「送られても送られても、幼いジプシーはまたもとの古巣駅頭に戦災跡地の地下室に返って来る。彼等にとっては大人が考えて差しのべる『格子なき牢獄』も所詮は鉄条網にはりめぐらされた束縛の天地としてしか映らないのであろうか」「駅の待合室から連れ出された外の児と一緒に集められたころ、夜もどうやらあけそめた。あかで顔一面に地図ができた児、『どこにつれていくんだ』とどなる児、『飯を喰わせろ』と係員にすがる児、さながら大人の世界の縮図である」。「素足でボロ洋服」の子どもが「市役所屋上で、警察官相手に商売をする姿」などが記されている。「而しながら、外の通りを眺める眼の奥には、戦災でなくなった父母を思い出すのか、口に流行歌を口ずさみながらも美しい童心の一部がのぞいているようである」ともある。

　また、同号最後のページの「浮浪児収容保護」欄には、収容保護は福岡県下一斉に行われ、「長時日の放浪と栄養失調とで、近頃のきびしい寒さに」「駅頭に、公園に、一人二人と死んで行く」とある。これが、占領下におかれた子どものきびしい生活実態の一面である。

　私達の聞き取り調査でも、子ども達の生活状況をうかがうことのできる話があった。

　築上郡の光耀保育園は昭和25年の認可であったが、戦争中から季節託児所として保育をしていた。当時から保育に関わっていた元園長によると、終戦後「昼寝から目が覚めた順におやつとしていたが、一度食べてもまた欲しがる子もいて、食べることへの執着が強く大変だった。その当時の子どもがかわいそうで辛かった事を思い出すと、今でも涙が出てしまう」「当時の園児達は、親が作った藁草履などを履いていた。ズックは配給」「服装はまちまちで、中に

41

は洋服にエプロンという子もいた。食べ物がなく、通園路の野いちご、若竹、桑いちご、イナゴなどを食べていた」「戦中・戦後、人手不足の日常で戦死された家族へは勤労奉仕をしたり皆命がけで頑張った想い出」が沢山あるという。

豊前市の和光保育園では、寺の住職である当時の園長が、自寺を引揚者の宿泊所としていて、自ら駅まで引揚者を迎えに行って寺に連れ帰っていた。宿泊している人の子どもは保育園で面倒をみていた。戦災孤児もいて、園長や保母達の子達をとりわけ可愛がっていたと現園長から聞くことができた。

「夕刊フクニチ」に小倉幼稚園の大浦きみ園長へのインタビューが「落つきのない子らだが時節柄食物にはとても敏感 近頃の幼稚園の姿」という見出しで掲載された。「現在男児173名女児133名計306名の幼児を6人の先生で預かり毎日午前8時半から正午まで」で、「園児は防空下に育っただけに落ちつきがなく静かに物事を見究めるということが全くありません。また大体にボンヤリ育って物事を知らぬ子供が多く、昔にくらべていじけた子供も増加の傾向」で、明治23年の創立以来今日ほどむずかしい時はないという。弁当は偏食矯正、食事作法の修得の上からもぜひ必要なので、食糧事情から一週一度持参し、「この日は病気欠席者でも飛び起きてくるといった有様で、食物に対しては非常に敏感」「また食物を大切にすることは大人の想像以上でこぼしたり食べ残すものは1人も」なく、「ないないづくしの欠けた生活の中から良い習慣」と言っている（21年6月21日）。

昭和20年代の半ばになっても、まだ子どもたちの置かれている状況は厳しかったことがわかる。24年に乳児も預かる保育所として開設された早緑子供の園の様子として、『早緑子供の園三〇年のあゆみ』に、次のような第8代園長中川ノブの回想文が掲載されている[3]。お風呂に入らず、衣服もよごれたままの子ども達が「昼寝している間に、衣類についた蚤や虱に悲鳴をあげながら、それでも、ていねいに一匹ずつとっていた若い先生の姿、一日の労働を終えてこどもたちを迎えに来るモンペ姿の母親、その間に通う感謝といたわりの思い、ありがとうございましたとなんべんもお礼を云い感謝しながら帰る母子の姿

に、よかったと一日の労をお互いにねぎらいながらつとめを終える先生方の姿に、感動した」という。

第2節　昭和20年代の保育の概況

(1) 幼稚園と保育所の数

　昭和20年代の保育所と幼稚園の数[4]は、表1-2-1の通りである。これをみると、20年代は、幼稚園の数は保育所に比べるとかなり少なかったことがわかる。

　全国的な動向と比較すると、昭和23（1948）年度には、保育所の数では、愛知県に次いで全国第2位であり、幼稚園数と保育所数の幼稚園数を1とした保育所の指数は、全国平均が、1.5であるのに対して、福岡県は5.5で、高知の12.0、佐賀の11.3、新潟の5.8に次いで保育所の指数が高くなっている[5]。幼稚園の5歳児就園率は、22年度には、全国平均が7.4％、全国最高の徳島が36.5％であるのに対して、全国最低の1.2％、26年度には、全国平均が12.1％であったのに対し、福岡県では4.4％であった。全国の中では、下から10番目であった。全国の動向と比較しても、福岡県においては、保育所の数が多く、幼稚園の数は少なかった。

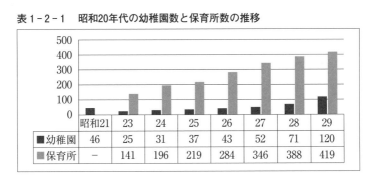

表1-2-1　昭和20年代の幼稚園数と保育所数の推移

	昭和21	23	24	25	26	27	28	29
幼稚園	46	25	31	37	43	52	71	120
保育所	-	141	196	219	284	346	388	419

　また、市部と郡部における幼稚園、保育所の数の割合をみると、昭和23年度

には、幼稚園は、市部に76％、郡部に24％、と圧倒的に市部に多く、保育所は、市部に48％、郡部に52％とその差はそれほど多くはない。昭和28年度になると幼稚園はさらに市部での割合が高くなり、その85％が市部に、保育所は、逆に郡部で64％とその割合が高くなっている。

表1-2-2　昭和23年の市郡別幼稚園・保育所数

市名	幼稚園数	保育所数	郡名	幼稚園数	保育所数
福岡	6	13	糟屋	0	1
若松	1	5	宗像	0	1
八幡	0	6	遠賀	0	11
戸畑	2	3	鞍手	0	3
直方	0	3	嘉穂	0	19
飯塚	0	6	朝倉	0	2
久留米	4	5	筑紫	1	2
大牟田	1	9	早良	0	1
小倉	1	9	糸島	2	2
門司	0	4	浮羽	3	3
田川	4	5	三井	0	6
柳川	0	0	三潴	0	1
合計	19	68	八女	0	3
			山門	0	1
			三池	0	0
			企救	0	0
			田川	0	4
			京都	0	4
			築上	0	9
			合計	6	73

公・私立の数を比較すると、幼稚園では昭和26年まで公立は、小倉市立小倉幼稚園1園だけで、29年になっても8園、割合にすれば6.7％と非常に少ない。

表1-2-3　昭和28年の市郡別幼稚園・保育所数

市名	幼稚園数	保育所数	郡名	幼稚園数	保育所数
福岡	13	29	糟屋	0	16
若松	2	8	宗像	1	4
八幡	8	14	遠賀	1	16
戸畑	3	5	鞍手	0	13
直方	3	3	嘉穂	1	27
飯塚	1	11	朝倉	0	15
久留米	6	8	筑紫	3	16
大牟田	6	23	早良	0	5
小倉	10	13	糸島	2	8
門司	7	10	浮羽	1	14
田川	1	11	三井	0	20
柳川	0	5	三潴	1	10
合計	60	140	八女	1	16
			山門	0	14
			三池	0	0
			企救	0	0
			田川	0	25
			京都	0	7
			築上	0	22
			合計	11	248

戦後保育はいかに構築されたか

保育所は、25年度[6]は、247ヵ所のうち公立が28ヵ所で11.3％を占め、28年度[7]は、388ヵ所のうち94ヵ所で24.2％となり、幼稚園に比べればその割合は高い。

(2) 昭和20年代の保育所

1) 戦前の事業の継承の状況

昭和29年度の419ヵ所の保育所のうち、戦前に事業を開始していると確認できたものは、81ヵ所あった。

そのように事業を継続または再開した保育所が多くあった中、女学校附属の託児所・保育所と炭鉱の託児所・保育所は、継承にあたって困難があった。

女学校の託児所の場合は、学校教育法の施行により女学校という学校そのものがなくなってしまうことになり、その中にあった託児所が行き場を失ってしまうことになった。

例えば、「柳河女学校附属保育所」は、『七十五周年記念誌　福岡県立伝習館高等学校』の「柳河高女沿革」に「昭和十八年　柳河高等女学校補習科廃止、専攻科保育所設置せらる」とある[8]。この女学校は、昭和23年に「福岡県柳河高等女学校は福岡県立柳河女子高等学校と改称さる。柳河高等女学校教員養成所廃止」とあるが、保育所のことは書かれていない。柳川保育園の後身である柳川幼稚園での聞き取りによれば、「女学校の廃止とともに保育所が廃止になって、行き先を失った子ども達とその親が困っている」という話を、現理事長の祖母、瑞松院住職（住職は戦死して寺は無住の状態だった）の妻が聞いて、その子ども達をまるごと引き取って寺で新しく保育事業をスタートした、ということであった。

また、戦前から福岡県に多くあった炭鉱保育所は炭鉱の従業員の為の企業内託児所である場合がほとんどで、児童福祉法の下の保育所としては存続が難しい状況があった。

福岡県保育所連盟による『福岡県保育所名簿』の中で、戦前に事業開始しているとあった保育所のうち「明治鉱業」「三井鉱山」「麻生鉱業」「九州採炭」

46

第1章／戦後復興と保育

等の炭鉱関連の株式会社が設置者となっているものは、19ヵ所あり、それら以外に30年までに認可されているものが、約30あった。

昭和32年版『福岡県年鑑』には、「本県の保育事業は、炭鉱地帯を擁する県の特殊事情を反映して、同地帯に託児所として発達してきた」とし、31年度には「厚生施設であって社会福祉事業とは認められない炭鉱保育所（特殊保育所）も五〇を数え」とある[9]ので、昭和20年代末でも児童福祉施設として認可されないまま「炭鉱保育所」が多数あったことがうかがえる。

2) 戦前の事業中断後の再開の状況

戦中も保育を継続できたところがある一方、空襲による焼失等で、中断を余儀なくされたところもある。

若松市の石峰保育所は、昭和20年8月空襲をうけ一時休所したが、終戦後、地域の要望が高まり、11月に藤木小学校内で再開した。その後、独立園舎を建設するために、母の会、PTA、一般住民の協力によって募金をおこない、24年12月、第一期工事として、共同募金配分600,000円、地元寄附金40,000円で着工、25年3月敷地260坪に61坪の園舎が完成した。25年度の共同募金773,000円の配分をうけ土地104坪を買収、26年度配分500,000円と在園児の寄附100,000円、個人からの寄附100,000円で遊戯室30坪とベランダ・渡り廊下を増築した。27年度配分250,000円で保育室を増築、28年度配分250,000円で西側隣接地100坪を買収した。共同募金から、24年度から28年度までの合計で237万3千円と高額の配分を受けている[10]。

福岡市東区では戦前より地域自治会が中心となって託児所を運営していたが、戦争激化により閉鎖した。戦後、青年団により再開したが、職員の退職で再び閉鎖する。昭和23年松治保育園として児童福祉法により認可され、中本町、通り町、鏡町自治会が共同して24年5月に開園する。29年に福岡市に寄贈され、馬出隣保館保育所と改称した[11]。

47

3）新規保育所増加の経緯

　新たに開設された保育所も多数あるが、これらの保育所はどのような経緯で開設されていったのであろうか。『福岡県社会事業史　別冊』（以下『別冊』）や園の記念誌、市町村史誌等や聞き取りで、その設立の経緯がわかった園についてその特徴をまとめた。特に注のないものについては『別冊』による。

　愛の園保育園は、キリスト教の保育施設を興す必要があるとの思いから、昭和23年10月に始められた。教会関係者の献金とユニセフ、ララ物資の配分を受けていた[12]。この他、キリスト教では福岡市の大濠保育園、仏教では飯塚市のあさひ保育園、明星保育園等がある。

　福岡市中央区の新星保育園は、昭和23年に地域の要望を受け設立された。その経緯は『福岡市保育のあゆみ』に紹介されているが、高宮校区で、母親たちが食糧買い出しや内職に追われる中、託児所が欲しいという声が上がり、はじめ婦人会が開くという話もあったが立ち消え、当時27歳だった蒲池孝子が日本女子大学桜風会福岡支部有志の応援を得て堀川町に堀川保育園を設立したということである[13]。

　民間の有志の団体や民生委員互助会が保育所を設立した後に、市町村に経営移管する例もみられた。

　例えば豊前市にあった三毛門保育所は、昭和23年7月聖徳保育園として設置認可された。当時の経営主体は、三毛門村善正寺婦人会であった。28年経営主体を三毛門村に変更、名称も三毛門保育所に変更した。小郡市の三国保育所は、21年9月に三国小学校内で個人立の事業として開始された。23年に定員90名で認可され、25年3月経営主体を三国村母の会へ変更、28年3月村営に移管された。田川郡糸田町では、22年1月民生委員互助会保育事業を開始した。24年7月糸田保育所として設置認可された際には、定員100名で、糸田町が経営主体となった。鞍手郡では、24年4月に、三菱鉱業株式会社が設置、水摩源造が経営していた保育所を、27年4月剣町社会福祉協会の設置及び経営に変更した。30年4月合併により成立していた鞍手町の町立剣第一保育所となった。

第1章／戦後復興と保育

4）幼稚園だったところを戦後に保育所に変更して設立

　昭和20年代の前半には、公的な予算の少ない中で、共同募金、ララ物資など
の補助があった保育所に対して、そのような補助のない幼稚園の経営は困難
で、保育所へ認可変更したところもいくつかあった。

　『田川市史　下巻』[14]によると、大正6（1917）年9月設立の歓喜幼稚園は、
昭和23（1948）年7月に児童福祉法による歓喜保育園として設置認可された。
大正12年6月設立の淳風幼稚園も昭和23年7月に児童福祉法により無量寺保育
園として認可された。また、11年に有光寺境内及び本堂を開放して慶興幼稚園
が設立されたが、23年4月幼稚園を保育所経営に変更し、7月児童福祉法によ
る認可がなされた。この他に、戦前に幼稚園だったものを保育所にしたものと
して、慈光保育園もあった。

　福岡市中央区の城北保育園は、海龍幼稚園から海龍保育園となり城北保育園
と名称変更している。

　田川郡福智町金田の大正14年4月開設の金田幼稚園は、昭和24年4月に金田
保育園として設置認可されている。この保育園では、共同募金の配分により25
年7月に園舎の大修繕、27年8月に給食室新築が行われている。

　戦前に幼稚園で、戦中に一時閉園していて、戦後保育所として再開したとこ
ろもある。

　行橋市の行橋保育園は、大正10年幼稚園として開設されていたが、昭和18年に
類焼により一時廃園となる。19年から町内寺院3ヶ所に分かれて保育を行ってい
た。24年に共同募金により園舎着工し、25年9月に保育所として認可される。

　浮羽郡吉井町（現・うきは市）にあった吉井幼稚園は、昭和3年に円応寺本
堂で保育を開始したが、20年3月に閉園している。21年4月から幼稚園を再開
し、27年4月に吉井町に施設設備を移管し、吉井保育園として発足、30年4月
若葉保育園と改称している。

　浮羽郡田主丸町（現・久留市）の田主丸保育園は、昭和12年4月田主丸幼稚
園創設と同時に託児所も併設していたが、23年3月に幼稚園を廃止し、10月に

49

私立田主丸保育園として設立認可された。

『浮羽町史』には、久留米市で経営していた幼稚園が空襲によって全焼し浮羽町に疎開していた女性が個人宅を園舎として開園した「幼稚園」が、昭和23年からアメリカ進駐軍の大佐から、「保育園なら米国の物資（ララ物資）があげられるから」と言われ一時的に保育所に認可変更していた、という話が紹介されている[15]。

(3) 増加した保育所の質の向上をめざす取り組み

1) モデル保育所の指定

前項にみるように、様々なかたちで多くの保育所が開設されていった福岡県でも、その施設設備が設置の最低基準を満たしていないものが多くあった。また、その保育内容についても不十分ではないのかと不安視する声も少なからずあった。

昭和26（1951）年の福岡県議会6月定例会議事録に、白石俊三郎議員の発言として「児童福祉施設の最低基準がでまして、約二ヶ年半になりまするが、現在県下三百の保育所中大多数の保育所が、最低基準にすら達していないというのが実情」と記録されている[16]。また、同議員は「最低基準をわれわれが論ずる場合、ただ単に設備の面のみではなく、保育内容自体のことについても、考えなくてはならない」と論じ、「はたして県当局は最低基準に達するために、いかなる指導または措置を講ずる用意あるや、お伺いしたい」と問いただしている[17]。

これに対して、当時の県知事が「本県は十ヶ所のモデル保育所を全県下に作って」この問題に対処したい旨を答弁している[18]。

この答弁に先立って、民生部から出されたモデル保育所通知書によれば、その趣旨は「その設備並びに運営については児童福祉施設最低基準に従うことは勿論より以上に向上させるよう努力せられたい」ということであった。

同年6月20日にモデル保育所打ち合わせ会が県児童課で開催され、「モデル

第1章／戦後復興と保育

保育所における生活訓練用具購入費」として、県共同募金委員会から特別交付
金が、施設配分額の中に加えて配分されることが通知されている。「モデル保
育所機材所要調書」には、「貴施設配分金五万円の備品費はモデル保育所とし
て配分されたもので左記のものの内貴施設で最も必要とされるものを購入され
たい」として、一覧表が掲げられていた。（資料編参照）

　昭和26年6月26日の朝日新聞（西部版）では、「県は、保育所の質的向上と
保育指導の徹底を期すため、県下11ヶ所にモデル保育所を選定し、中心となっ
て連絡、改善等に努力する」として、指定された保育所名と所在地を紹介して
いる。

　このモデル保育所は、その設置地域をみると、福岡県の郡市別に指定された
ようで、各保育所の所在地、定員、設置者、研究発表会の日程は次の表のとお
りである（各園・所の沿革は第2章参照）。

表1-2-4　モデル保育所一覧

保育所名	関係市郡 （当時）	所在地 （現在）	定員	公私 （宗教等）	研究発表会 の開催
光応寺保育園	福岡市内、 糸島早良、筑紫	福岡市 博多区	80	私立（仏教）	昭和26年 8月25日
大善寺賢志保育園	粕谷・宗像	福津市	不明	私立（仏教）	昭和27年 5月24日
木屋ノ瀬保育園	遠賀、鞍手、 直方	北九州市 八幡西区	100	私立（仏教）	昭和26年 10月
初音保育園	戸畑、若松、 八幡	北九州市 戸畑区	106	公立（寄附を 元に開設）	不明
三萩野保育園	小倉、門司	北九州市 小倉北区	80	私立（社会事 業協会）	不明
友枝村保育園	築上、京都	築上郡	80	公立（友枝村）	昭和27年 5月
香春町保育園	田川市、 田川郡	田川郡	50	公立（香春町）	昭和27年 6月

51

あさひ保育園	飯塚、嘉穂	飯塚市	70	私立（仏教）	昭和26年7月20日
上広川幼児園	久留米八女	八女郡	100	私立（仏教）	昭和27年2月
御幸保育所	朝倉、三井浮羽	うきは市	150	私立（仏教）	昭和27年6月30日
小浜保育所	大牟田、三池、三潴	大牟田市	40	私立（民生委員会）	昭和26年10月6日

保育所名はモデル保育所指定時のものである、定員は認可時（初音保育所のみ昭和26年時）

　モデル保育所11施設のうち、3施設は公立、2施設は協会や委員会立で、残りの6施設は私立であるが、村長が設立にかかわっているところもある。私立の6施設はすべて仏教の寺院を団体とするものであり、そのうちの4施設は、戦前から保育事業を行っていた。公立1施設と、協会立の保育所も戦前に設立されている。

　このようにみてくると、モデル保育所に指定された施設は、一定の保育経験の蓄積があり、経営基盤もしっかりしたところであると判断される。こうした施設に、戦後の新しい保育所のモデルとしての社会的役割を期待したといえよう。

2）モデル保育所研究発表会の開催

　モデル保育所に指定されたところでは、保育の実際を公開し、研究発表を行うことが義務付けられていた。

　昭和26年10月6日に研究会を開催した小浜保育所では、午前10時から保育の参観を行い、午後1時から研究会を開いている。その様子が、翌日の「大牟田日日新聞」に簡単に紹介されている。「モデル保育所視察研究会」という見出しで、「福岡県南久留米、大牟田及び各郡の、モデル保育所視察研究会はきのう（十月六日）午前十時から大牟田市小浜田の保育園並びに母子寮で、県から原田係官以下、各市郡の保育関係者凡そ百名が出席」し、「午前中は保育所の

第1章／戦後復興と保育

経営実態について視察を行い、引つゞいて午後は母子寮で研究発表」を行った
とある。

　昭和26年度中に未開催のところもあり、県民生部長名の27年5月13日付の
「モデル保育所研究会開催について」という通知には、友枝保育所で研究会が
開催されることになったので「最小限、園長、主任　保母は何れかの研究会に
是非出席願ひたい。尚六月中に御幸と香春両園も計画されたい」と記されてい
る。

　昭和27年6月30日に御幸保育園で開催された研究会については、県民生部長
名の通知が6月18日に出されている。出席者は「施設長、主任保母但しできる
だけ多数出席が望ましい」とされ、「午前中保育の実際を視察し、午後一時よ
り研究発表会をする予定」と書かれている。

　この御幸保育園の研究会の時の来園者名簿を見ると、60を超える保育所か
ら、130名余りの保育者が参加していた。地元の浮羽郡、隣接の朝倉郡、八女
郡、三井郡からの参加者が多かったが、福岡市や柳川市、戸畑市、宗像郡、糸
島郡などからも参加者もあった。

　ここから、この研究会には、モデル保育所に指定された保育所以外からも多
くの保育所関係者が参加していたことがわかる。

3）モデル保育所研究発表会の内容

　26年10月に開催された木屋瀬保育園、27年2月の上広川幼児園、同年6月の
御幸保育園の研究発表会については当日配布された資料や当時の保育日誌、当
時の保育者への聞き取りなどから、その内容を知ることができた。

①木屋瀬保育園

　木屋瀬保育園は、「健康保育」をテーマに研究発表会を開催した。この年度
には、ほぼ毎月、当園から他のモデル保育所へ視察に行ったり、研究会に参加
したり、また他の保育園からモデル保育所である当園に視察に来ている。

　研究会当日の配布物によれば、当日は午前中が公開保育で、園外保育を公開

53

している。

　午後からの研究会では、開会の挨拶を園長が行い、「1.信条　2.日常保育　3.運営について」の説明をしている。それに引き続き、　3名の保母による発表が行われた。その発表内容は以下の3つであった。クラス名や発表者の名前は記述がない。

　　発表1　保育計画と指導

　　　1.登園児のお迎え（充分練られた保育案、園内清掃・整備、

　　　　　登園状況、整理）

　　　2.保育時とお遊び時（職員一同の一致、楽しさ・規律・生活体験の 指導、

　　　　　取扱ひ）

　　発表2　規律整頓について

　　　1.規律整頓について（よい子供と悪い子供をよく観察する、よい子供、悪い子供）

　　　2.規律整頓と健康の関係について

　　発表3　給食について

　　　1.幼児に限らず正しい栄養を摂る事が健康に大切であること

　　　2.給食しながら気付いたこと

　　　3.何でも食べる子供

　　　4.健康児はどうして

②上広川幼児園

　上広川幼児園の研究会での配布物が御幸保育園に保管されていた。配布物の目次は以下の通りであった。

　　第一節　上広川村の自然的環境

　　一、位置　　二、地勢　　三、気象

　　第二節　上広川村の歴史的概要

　　第三節　上広川村の社会的環境

　　一、人口・戸数　　二、交通　三、産業状況

第1章／戦後復興と保育

第四節　上広川幼児園の概要

一、本園の沿革　　二、関係役所事務担当者の役職名　　三、財団法人役員

四、職員一覧表　　五、過去三ヶ年以内に転出した職員の氏名

六、母の会　　七、給食運営委員会　　八、設備

第五節　本年の保育計画上必要とした当初及び中間の調査に依って家庭と園児の実態をみる（園児全員）

第六節　本年度の運営状況

一　昭和二十六年度運営計画表　二　経理面の現況　三　本園の一日

　目次には入っていなかったが、2月のカリキュラム表と当日の保育計画表も掲載されていた（この二つに関しては、第4章でとりあげる）。他のモデル保育所と同様に、午前中は公開保育で、午後が研究会であった。公開保育の内容は、お店屋さんごっこ、お客さまごっこであった。

③御幸保育園

　御幸保育園の研究会当日の配布資料は「浮羽町御幸保育園概要」と表紙に記されたもので、目次に「一．施設　一．沿革一．　事業計画　一．役員　一．設立経費　一．補助並寄付　一．職員」と章立てされて書かれたものの後に、「御幸保育園平面図、定員数、在籍数、保育方針、保育目標、年間行事計画（園児、母の会）、運営上希望する諸点、財団法人役員数、保育園職員数、母の会役員、浮羽町保護法適用者数、本年度園児両親関係（両親アリ、両親ナシ、父ノミ、母ノミ、園児二名の家庭）、園児家庭状況、一日の保育プラン、本日の保育内容、個別知能テスト（田中式）、カリキュラム実施目標水準幼児の能力とその種類、保育園に於ける問題の子供、月ごとの保育到達目標（食事、衣服、整理、排便、社会、規律、健康の項目）」が附されていた。計画、当日の様子は、第4・5章でとりあげる。

　福岡県の保育所の保育内容のレベルを引き上げる為に、このモデル保育所の

55

戦後保育はいかに構築されたか

指定は一定の貢献をしたものと考えられる。

(3) 昭和20年代の幼稚園

前項にみたように、戦前からの幼稚園の存続は難しく、戦後の新設はさらに困難であった。そのような状況下でも、幼児教育の必要を感じた人々、団体、自治体によって、経営存続、新設のための様々な試みが行われた。この項では、『昭和三十四年度私立学校要録』[19]（以下『要録』）、と昭和33（1958）年発行の『福岡県私立学校総覧1958年』[20]（以下『総覧』）を手がかりに、昭和30年3月末までに開園した幼稚園について設立の経緯をまとめた。

1）戦前からの事業を継承した幼稚園

昭和27（1952）年4月に田川市立後藤寺幼稚園が開園するまでは、戦後福岡県唯一の公立幼稚園であった小倉幼稚園は、戦時中は「幼稚園を閉園した園が多い中に最後まで幼稚園」[21]として保育を続けていた。

設立当初は託児所でも戦前に幼稚園となったところで、かつ戦後も様々な経緯はありつつ、幼稚園であった園は、29園であった。

このうち、幼稚園として継続してきた園（戦中・戦後に中断した園も含めて）は、福岡市の南博幼稚園、福岡幼稚園、大濠幼稚園、恵泉幼稚園、戸畑市（現・北九州市）の明泉寺幼稚園、戸畑天使園、久留米市の聖心幼稚園、大谷幼稚園、日本聖公会附属幼稚園（昭和24年に聖使幼稚園と改称）、大牟田市の三川幼稚園等であった。5年に設立された甘木幼稚園も20年に休園したが、21年には再開している[22]。このうちの多くはキリスト教や仏教の国であった。

天心幼稚園は、小倉市（現・北九州市）で昭和9年に幼稚園として設立されたが、16年に天心保育園となり、29年に幼稚園設置再認可を受けた。戦後再開時に保育所となり、のちに幼稚園に再認可された園には、福岡市の春吉幼稚園などがある。

戦前に保育所・託児所として発足し、戦後幼稚園になったところもある。前

56

第1章／戦後復興と保育

原幼稚園（現・糸島市）や、久留米市の聖母幼稚園は、昭和22年に幼稚園になっている。いずれもキリスト教の園である。27年に幼稚園になったのは直方市の立正幼稚園、28年になったのは福岡市の若葉幼稚園、金龍幼稚園である。

戦争の激化に伴って、あるいは終戦直後の混乱の中で休園を余儀なくされ、再開に至るまでに様々な経緯を辿っている園も多い。久留米市の日善幼稚園（昭和26年再開）、大牟田市の天使幼稚園（23年再開）、福岡市の舞鶴幼稚園（21年閉園、25年に西南短期大学附属幼稚園として再開）などである。8年に設立された宝福寺幼稚園は、18年に「八幡製鉄所に強制買収されて」閉園を余儀なくされたが、戦後26年に製鉄所から払い下げを受け、28年に幼稚園を再開している[23]。

2）戦後から昭和25年度までに設立された幼稚園

昭和21年から26年3月までに設立された幼稚園として、21年には、浮羽町（現・うきは市）の二葉幼稚園（認可は26年）がある。23年には八幡双葉幼稚園、小倉カトリック幼稚園、津屋崎の聖愛幼稚園、大牟田市のめぐみ幼稚園が設立されているが、八幡双葉幼稚園以外はキリスト教の園である。

昭和24年になると、キリスト教の園として北九州の神愛幼稚園、筑後の和泉幼稚園、大牟田市の光の子幼稚園、仏教の園として愛光幼稚園、萬徳寺幼稚園、木町幼稚園、花園幼稚園が設立されている。

昭和25年には福岡市の大名幼稚園[24]、直方幼稚園、平和幼稚園、北九州の若松天使園が設立された。

以上のように、終戦後の厳しい社会状況の中で、設立・経営存続できた幼稚園の多くはキリスト教・仏教の園であった。

なお、『若松市史』には、昭和24年、25年から、地元住民の発意で当時の若松市立小学校の一室を「幼稚園」としたという例が、2例紹介されている[25]。両者とも、『要録』『総覧』の発行以前に廃止されているため、その詳細は不明である。

57

戦後保育はいかに構築されたか

　また、この時期に幼児園・保育園等として設立され、昭和30年代に入ってすぐに幼稚園に変わったところもあった。八女市の福島幼稚園、太宰府市の天満宮幼稚園、大牟田市の円光寺幼稚園等である。

3）昭和26年度以降に設立された幼稚園

①公立幼稚園

　福岡県では、昭和26年度末まで幼稚園の数は、保育所に比べて圧倒的に少ないばかりでなく、公立園は、小倉幼稚園1園のみという状態が続いた。

　昭和25年頃から、このような事態に対処しようとして、県立のモデル幼稚園を作ろうとする動きがあった。西日本新聞の昭和25年7月6日付の記事で「県立のモデル幼稚園」が高校などに付設して4校設置されることになったとあったが、この計画は実現をみることはなかった。

　小倉幼稚園に次ぐ、二番目の公立幼稚園として誕生したのは、田川市立後藤寺幼稚園で、昭和27年のことであった。後藤寺小学校の校舎の一部を転用しての開設であった。28年には、定員80名に対し、入園希望者は230名となり、入園希望者の保護者全員での話し合いの後、全員の入園を求めた。市議会等に陳情書提出して再三の交渉の末全員が入園することになったが、費用は父兄側で全額負担することになった[26]。

　次いで公立幼稚園が設立されたのは八幡市（現・北九州市）であった。市長が「当時の世相を深く顧みて、家庭教育、学校教育、社会教育の一貫性に心を留められたのである。特にアメリカ視察を終えられて、社会教育とともに幼稚園教育の重要性を痛感」[27]したということで、公民教育と幼児教育を両立させようという意図から、各中学校区に幼稚園を併設させた公民館を一つずつ作ろうという構想で事業に着手した。この構想は後に「八幡方式」と呼ばれ、全国の注目を集めた[28]。市議会の決議をうけて、昭和28年には、熊西、枝光、大蔵の3つの市立幼稚園が誕生した。それぞれ設立当初は寺院や小学校に間借りしてのスタートで、新園舎の完成までには半年から2年かかっている。

58

第1章／戦後復興と保育

昭和50年発行の『飯塚市誌』には、公立幼稚園として幸袋幼稚園、幸袋幼稚園庄司分園、目尾幼稚園が28年9月1日開園となっている[29]。38年までこれらの幼稚園があったのは嘉穂郡幸袋町であったので、この3園は福岡県の郡部において初めてできた公立幼稚園である。

認可幼稚園設立までにはいたらないまでも、公立の小学校が主導して小学校内や地域の公民館を利用して幼児学級を設置する動きもみられた。後述するような幼稚園不足が深刻化する昭和29年には、福岡市内の四校で幼児学級を設置していたという記録がある[30]。原小学校では幼児数150人、指導者2人、週2回、長尾小学校では、200人、2人、2回、三宅小学校では179人、1人、1回、花畑小学校では181人、3人、3回ということであった。

また、郡部の糟屋郡の山田小学校では、昭和22年に県教育委員会より3年間の「新しい教育研究」実験校に指定され、重点の一つとして「生活環境過渡期における幼児教育の実験」を掲げた。その過程で24年2月から各地区公民館で小学校入学前の幼児集めて小学校の教師が幼児教育を行うこととなった[31]。その内容は次のように定められた。

　一、週三回、太鼓の合図で集合する。

　一、教師は小学校一年生担任二人で、一年生放課後公民館に出かける。

　一、遊びの内容は、紙芝居・人形芝居・童話・絵本・歌・遊戯・製作等とする

昭和24年の9月からは、1年生の放課後、学校に召集して幼児教育を実施、小学校の運動会にも参加した。25年5月には小学校講堂で入園式を行い、放課後1年生の教室で週3日間指導した。その間村費で遊具・オルガンを購入する。保護者の奉仕作業によって小学校運動場の一隅に、幼児の遊び場をつくった。26年も小学校の空教室で前年同様、放課後の指導を続ける。福岡県教育研究集会で「山田小学校に於ける幼児教育の実際」を発表、翌年は県代表として「小学校教師にできる入学前の幼児教育」を発表した。28年4月から村費による幼児指導補助教員を置き、全幼児毎日朝から登園させることになった。20年代には、幼稚園として認可されることはなかったが、31年4月に山田幼稚園と

改称、32年に久山町立となった。

　隣接の立花村でも、「住民から幼稚園設立の要望が出され」「山田村の幼稚園を視察し」、昭和28年8月に「同じ形式で一年制として開園」し、同様の幼児教育が行われていた[32]。

②私立幼稚園

　昭和26年度から29年度末までに設立された私立幼稚園のうち、確認できた102園の半数をこえる56園が、宗教団体の関係するものであった。仏教が27園、キリスト教が26園、神道が3園であった。

　その他に、地域の自治会や有志、婦人会が中心となって設立にこぎつけた園、青年団が主催する子ども会が母体となった園などもいくつかあった。

　福岡市では、地域住民の要望で小学校に付設した公立幼稚園の設立をめざす動きがおこり、箱崎小学校や奈良屋小学校に作られるが、運営資金は地域の婦人会等が負担するという私立幼稚園であった。

　福岡市立女子高校にも附属幼稚園が保育科生徒の教育実習の場として設立されるが、市立幼稚園ではなかった。「同校父母教師会が、その設置に要する資金全額を負担、現赤坂小学校の校地の東北部（市有地）495㎡を借用、園舎及び附属施設を新築」して、「私立赤坂幼稚園」として発足した[33]。福岡市立に移管されたのは、昭和36年であった。

　このように、福岡市においては、公立学校の敷地内に、市有地を借用するというかたちで幼稚園は誕生したものの、運営資金は、地域の住民や高等学校の父母教師会が負担するという私立幼稚園であった。市内には、昭和20年代には公立園は設置されなかった。

4）昭和20年代末の幼稚園不足問題の諸相

　昭和23年には、25園だった幼稚園は、27年には、約2倍の52園、28年には、約3倍の71園、29年になると分園もふくめ5倍近い120園へと増加していくが、入園を希望する子どもをすべて受け入れることができなかったり、希望者

第1章／戦後復興と保育

増を見越して幼稚園を設立したが、意外に入園者が少なかったり、と様々なことがあり、28年頃から、幼稚園の「狭き門」を問題視する報道が増加する。

「県下定員5千名に対して約2倍の1万名ははるかに超過、福岡市の幼稚園の場合、競争率は平均以上だと推定している。採用側の幼稚園は、家庭状況、徒歩距離15分以内、健康児である3条件を一般的な採用標準にとっているが、縁故入園もやむを得ないことと言っている」というような記事もあった（朝日新聞、28年2月6日）。

公立幼稚園の設置に積極的に取り組んだ八幡市では、「市立幼稚園4園は定員528名に対し応募者は約2倍だが、民間は定員を割ったところもあり、募集競争のはげしさを物語っている」[34]という状況も紹介されていた。

第3節　保育所への補助

昭和20年代の福岡県の保育所への補助には、共同募金の配分金をはじめ、ユニセフやララ物資の支援などがあり、保育所の拡充に果たした役割は大きかった。ここでは、「共同募金」「ユニセフ物資とララ物資」「その他の補助」に分けてみていく。

(1) 共同募金

福岡県では共同募金は、昭和22（1947）年8月に共同募金中央委員会が発足したのを受け、11月に県委員会が設立されている。11月25日から1ヵ月間、全国一斉の共同募金運動が実施された。23、24年度は、共同募金と日赤で、合同募金を行なっており、25〜28年までは、年賀はがきの募金が、26年以降は歳末たすけあいの募金も共同募金の実績に組み入れられている。

この共同募金の昭和20年代の保育所への配分については、『福岡県統計年鑑』と『共同募金年報』（以下『共募年報』）では数値が異なっている場合が多いが、ここでは『共募年報』による数値をとる。

61

戦後保育はいかに構築されたか

　共同募金からの福岡県の保育所への配分は、他県と比較すると多かった。『共同募金二十周年記念誌』によれば、昭和22年度から40年度までの通算の配分総額は、福岡県は東京、大阪、愛知等についで全国6位であるが、保育所への配分額は東京についで2位であった。配分率の平均は18％である。保育所への配分率が高いのは、富山、三重、京都、長崎、大分、岩手、青森、岐阜などであるが、福岡県はこれに次いでいる。京都府以外はいずれも配分総額が少ない県である。福岡県で保育所への配分が比較的多かった理由の一つには、その独自の配分方法があったと思われる。

　「昭22．12．10社発第1701号社会局長通牒」『共募年報1号』（昭和22年度）によれば募金の配分対象は以下の通りであるとされていた。

　　1　原則として既設の私設社会事業施設の経常費たらしめること。

　　2　新増設、補修改善其他臨時支出は、経常費を支出して余剰のあった場合に限らせること。尚新設はその付近に同種の事業がなくまたは現状では間に合わず、緊急に必要ある場合に限らせること。

　　3　官公の施設は含ましめないこと。但しこれらの施設に収容されるものに、直接その処遇改善のために、他の民間団体を通じて援助することは差支えないこと）

　　（以下　略）

　この年度の福岡県の配分は、「児童保護事業」の4施設に合わせて300万円のみであった。保育所を含む「育児事業」への配分はなかった。

　昭和23年度は、上記の「1」のような原則があるにもかかわらず、配分の報告があった25都府県のうち臨時費に対して17府県が配分を行なっている。その中でも、臨時費に主として配分した宮崎県をのぞけば、その割合が87％で一番多かった。全国平均は、経常費60％、臨時費40％であった。

　福岡県の配分の内訳をみると、総額約4041万円のうち、40％が児童福祉事業に対するものであり、そのうち保育所への配分は、63施設へ約884万円で、児童福祉事業への配分の半額を超え、全体に対する割合は22％であった。児童福

祉事業についで配分が多かったのは生活困窮者越年資金や養老院、ろうあ者等の授産施設などに補助する生活保護事業で32％、引揚者や生活困窮者のための授産所や援護所など経済保護事業が15％、医療保護事業が12％、社会教化事業が１％であった。これに対して、全国統計をみると、報告のあった16都府県全体の配分総額は、約７億3815万円で、配分額の割合は、生活保護事業40％、児童福祉事業26％、経済保護事業６％、医療保護事業６％などであった。

福岡県で配分された保育所の設立年月日を見てみると、大正６（1917）年設立の歓喜保育所をはじめとして戦前、戦中から保育事業を行っている保育所が数多く見受けられる一方、昭和23、24年に新設という保育所もあった。

このうち、昭和26年にモデル保育所に指定された御幸保育園については、24年10月４日の西日本新聞朝刊に、保育所のある「浮羽郡御幸村」の共同募金委員会が初日に目標を達成したことが報じられ、その理由として「これは昨年共募で御幸保育所が開設され、古賀委員長の不断の努力に村民が感激して実を結んだもの」とあり、福岡県において、保育所が「緊急に必要ある」ものと認識されていたことがうかがわれる。

また、同じくモデル保育所であった木屋瀬保育園には、後援会作成のものと思われる、昭和23年４月付の共同募金委員会の委員長宛の「嘆願書」及び署名用紙が残されている。「園の今日迄の歩みを見ますとその経営は洵に多難を極め、よくぞこれまでつづけられたことと長嘆久しく」「殊に年々の園児の増加は現在の寺院本堂兼用の保育室では今や全く賄ひ得ないのみではなく色々な点に於て不都合な事は現状を一見すれば看取せらるるところ」との現状を打破すべく「園舎の新築施設の完備」を計画したが、自分たちの力だけでは「如何とも成し難い」ため、共同募金からの配分を乞うというものであった。

昭和24年６月20日には各都道府県民生部長宛の厚生省児童局、同省社会局から「共同募金の目標額決定に関する私人の設置する児童福祉施設の設備について」という通知を受けて中央共同募金委員会事務局長から、都道府県委員会事務局長宛に、同年６月24日「児童福祉施設の最低基準達成のための臨時費に関

する件」と題して「私人の経営する児童福祉施設」が最低基準に達するため、「経営者の自己負担のみにては到底実施困難な修理、改善、増築を行うに要する経費等の臨時費に対する配分」を「配分計画に加え、目標設定額の根拠とすることは差支えない」という内容の文書が出された。

昭和24（1949）年度には、101の保育所が配分をうけた。前年度と合わせると配分をうけた保育所は108所で、県内全保育所177所のうち約6割が配分をうけていたことになる。福岡県の配分がほとんど臨時費であったことから鑑みて、これらの配分は、児童福祉施設最低基準達成の為の施設設備費であったと思われる。

また、昭和25年度共同募金の配分からは、全国に先駆けてＡ、Ｂ制配分方式を実施した。これは、県内全般を対象とした施設・団体の配分をＡとし、保育所など市町村の小地域の社会福祉を目的とした施設・団体への配分をＢとするものである。Ｂの計画は当該地域で自主的に立てるとともに、その必要額は当該地域のみで募金することを原則とする仕組であった。

この方式により、共同募金がより地域のニーズのある事業へ配分されることになり、この後、いくつかの地域では、共同募金によって施設の充実をはかるばかりでなく、新しい保育所を設立しようとする動きがより顕著にみられるようになった。

その動きは、従来から季節託児所や簡易保育所として保育が行われていた施設を更に拡充して保育所としていくというばかりではなく、新しく保育所をつくろうとする場合もあった。この中には民営の保育所ばかりでなく、村立、町立などの保育所を設立する準備として「民生助成会」等の組織をつくり、募金の配分を受け民営の保育所を設立し、その後村営、町営に移管するというものもあった。

鞍手郡宮田町（現・若宮市）では、昭和24年度に「宮田町保育園」に57万円、25年度には「第三保育園」に40万円、26年度には「第四保育園」に21万円、28年度には「第二保育園」に30万円、29年度には「第五保育園」に20万円

第1章／戦後復興と保育

の配分をしている。当時の新聞記事には、「赤い羽根共同募金で建築していた鞍手郡宮田町大ノ浦二坑内の宮田第三保育園が完成、15日落成式を兼ねて開園式を行った。総工費113万円、保育室、室内遊戯場、給食場、医務室などに分れ、建坪95坪、収容園児は100名。第四保育園を長井鶴大ノ浦六坑附近に計画、候補地を物色している。（「赤い羽根三つ目の保育園完成」毎日新聞筑豊版26年11月15日）」と紹介されている。これらはすべて、当時は町営ではなく「宮田町教育民生助成委員会」の運営によるものであった。

　昭和30（1955）年8月4日に、「宮田町保育所設置条例」が施行され、第一から第五までの保育所はすべて町営となった[35]。

　また、昭和27年11月設置認可の粕屋町の仲原保育所は、『別冊』の沿革によると、開設当時の設置経営主体は仲原婦人会であった。26年度に91万円、28年度に92万円と配分された保育所の中でも群を抜く額を配分されていることから、地域の有志が、共同募金を主たる原資として保育所を設置したことがうかがわれる。40年に町立になっている。

　木屋瀬保育園をはじめとする昭和26年6月に指定されたモデル保育所には、県共同募金委員会から特別の交付金が施設配分額に加えられていた。

　昭和28年には、「社会事業従事者養成社会事業研究事業」として、「福岡保育研究会」に4万円の配分が行われている。この事業については、昭和20年代に配分があったのは、この年度だけであった。モデル保育所事業に加えて、保育内容研究事業への援助も行われていたことがわかる。

　昭和23年度から29年度までの共同募金の保育所への配分をまとめると次の表の通りである。保育所の全施設数は福岡県保育所連盟が34年に発行した『福岡県の保育事業の概況』によった。

　各年度の最高額を配分されている園のうち、24年度の小浜保育所と29年度の三萩野保育所は、モデル保育所に指定されている。

　配分を受けた313施設については『別冊』、『福岡県保育所名簿』、各市町村史等で、設立の経緯や昭和20年代の設置者等を出来る限り確認した。昭和29年か

65

戦後保育はいかに構築されたか

表1−3−1　昭和23年〜29年度までの福岡県の保育所への共同募金配分まとめ

全国共同募金会「共同募金年報」2号〜8号から作成

年度（昭和）	23	24	25	26	27	28	29	計
配分総額（千円）	40,410	61,747	59,748	58,314	57,114	59,353	44,300	380,986
保育所への配分（千円）	8,785	17,242	10,309	15,967	14,462	10,830	7,475	85,070
割合	21.7	27.9	17.3	27.4	25.3	18.2	16.9	22.3
配分施設数（全施設）	67 (141)	101 (196)	91 (219)	157 (284)	173 (346)	156 (404)	143 (419)	313 (419)
割合（％）	47.5	51.5	41.6	45.7	42.8	37.2	34.1	74.7
平均金額（千円）	131	170	113	101	83	69	53	272
配分最高額（千円）	1,000	1,080	600	512	911	550	650	1,080

　ら34年9月までの間でも50以上の保育所が閉園しており、すべての保育所についての状況は把握できなかったが、231ヵ所が私立、私立から公立に移管したものが32ヵ所、公立が18ヵ所であった。

　昭和29年度末までに設立された419施設のうち、約75％の施設が、平均すると27万円強の補助をうけている。福岡県の共同募金委員会が、他都道府県と全くは異なった独自の配分方式をとったことが、地域の切実なニーズに応えて保育所を開設し、その施設設備と保育内容の充実させていくことに寄与する一助となった。

　福岡県では、共同募金に関する記事が、しばしば新聞紙面に登場している。また、木屋瀬保育園の日誌にも見られたように、共同募金への感謝の集いが開かれていた。保育所への共同募金の配分が多かったが、それだけに、共同募金への協力も積極的に行なわれたいたといえよう。

第1章／戦後復興と保育

⑵ ユニセフ物資とララ物資

1） ユニセフと米国寄贈の脱脂粉乳

　岩瀬美智子「『ララ』の記憶－戦後保育所に送られた救援物資と脱脂粉乳」[36]（以下『ララ』の記憶」）によれば、昭和25（1950）年8月までに日本に送られたユニセフ物資は、「原綿」1,620梱、「脱脂粉乳」3,184,714ポンド、「全乳」86,649ポンドである。このうち、脱脂粉乳の幼児にかかわる配給の主なものは、①昭和24年11月から1年間、全国22都市の保育所62カ所の幼児約7,300人に、1人1日50gを基準量として、これに日本政府特配物資を加えて1人1日500カロリーの給食を実施したこと、②26年3月から約1年の計画で、26年4月までに寄贈された3,005,619ポンドを第二次分として、小児結核保養所、養護施設、保育所、教護院約1,000カ所に入所中の児童約100,000人に対し、1人1日50gの基準で1年間配給給食を実施したことの2回であった[37]。

　昭和26年刊行の『福岡県年鑑』の「児童福祉」中の「物資配給状況」の項によれば[38]、福岡県では、24年11月16日から25年11月16日までの間に、脱脂粉乳57,025ポンド、全粉乳9,758ポンド（結核療養所在所児童分を含む）の配給を受けた。上記の①にあたるものである。受給施設はモデル保育所2、母子寮10、盲ろうあ施設9、少年院1、救護院1、養護施設11、療育施設1などであった。この年鑑によれば、ユニセフ給食のモデル保育所は、崇徳保育園と福岡幼児園の2園で、脱脂粉乳の一日の使用量は75グラムで、経費の6円39銭は全額公費の負担であった。

　昭和26年にモデル保育所に指定された光應寺保育園への聞き取りでは、24年から同保育所もユニセフの脱脂粉乳の配給を受けていて、朝10時、昼12時、午後3時にそれぞれ1合子どもに飲ませていたということであったが、『福岡県年鑑』によると、光應寺保育園については「一般給食実施施設」であり、脱脂粉乳の一日の使用量は25gで、給食の経費は3円80銭で私費負担であったとある。そして、この光應寺保育園とユニセフ給食を実施している崇徳保育園、福

岡幼児園の6歳の児童について比較を行ったとある。

　また、「乾燥脱脂粉乳（米国寄贈）」については、昭和25年2月7日から12月25日までに258,225ポンドの配給を受け、ユニセフ受配施設も含む全保育所に配給した、とあった。

2）ララ物資

　米国の宗教団体や日系人の団体を中心に形成された「アジア救援公認団体（Licensed Agencies for Relief in Asia）」から送られたララ（LARA）物資は、昭和21年11月から27年6月までのおよそ5年半の間に合計458隻の輸送船で送られ、その受け入れ総重量は、3,347万7,122ポンドであった[39]。厚生省の統計による21年11月から27年3月までの受領物資の内訳をみると、最も多かったのはミルク類や缶詰類をはじめとする食糧で12,145トン、次いで衣料が2,930トンであった。山羊2,036頭、乳牛45頭も含まれていた。

　「配分状況」をみると、「収容施設」「保育所」「国立病院及び療養所」「学校関係」「癩療養所」「災害」「開拓村他一般生活困窮者」「その他特別配分」と項目が分かれている。「保育所」の欄を追ってみると、「食糧」21,099,901ポンド、「衣料」57梱、「原反」101,250ヤード、「靴」14,690足、「石けん」10,463ポンド、「鉛筆」29,148本とある。「食糧」全体が2,406,634,657ポンドであるから、保育所に分配された21,099,901ポンドは食糧全体のおよそ0.9パーセントにあたる。

　福岡県では、昭和23年7月20日付で福岡県民生部長名の通知「ララ救援物資の配分について」（23社870号）が出されている（松翠保育園所蔵資料）。「今般亜米利加の社会福祉団体を以て編成せられたララ救援物資委員会より貴保育所収容者に対してララ救援物資食糧を配分せられることになったので左記事項に充分留意し取り扱いについて萬遺憾なきを期すると共に在米寄贈団体の好意に報ゆる様務められたい」として、以下の8点が通知されていた。

　一、割当数量

二、本物資の取扱については特段の意を用て取扱従事者の不正持出等厳に監督し、盗難、横流しの予防については完全なる倉庫に保管し夜間は近隣に宿直する等の措置を講ずること

三、本物資の使用については消費限度四ヶ月として其の間に確実に消費し節約其の他に依つて保有すること

四、本物資の給与については間食其の他として直接給与し絶対家庭への持帰りはせざること

五、現品の取扱に付ては日々の消費数量、残量等其の経緯を一見知悉し得る様受払簿を別紙様式により調製し確実に記載すること

六、本物資給与の効果を推定し体位向上等の資料に資する為被給与者毎に其の健康概況表も別紙様式に依り調査し毎月分も翌五日迄に必着する様県社会課に二通提出すること

七、感謝の表現について

寄贈団体の好意に応へる為に是非必要と思はれるので代表者の感謝文を作製し又は物資給与前と給与後に於ける対照写真を送附するは更に効果が大と思はれるので特にご留意の上県社会課に送附せられたい。県に於ては一括厚生省へ送附す

八、本物資の毎月末現在の保有量を翌月五日迄に県社会課に報告すること

昭和25年4月23日付の西日本新聞夕刊の福岡市で開催されたララ物資に感謝する催しを伝える記事によれば「昭和二十二年から福岡県におくられたララ物資は食糧四十九万九千ポンド、衣類十万二千点、原反三百三十二こおり、石けん六千五百ポンド、山羊二十七頭に達している」という。

昭和27年に刊行された厚生省による『ララ記念誌』によれば、ララ物資の受配施設については「知事がその責任において」[40]推挙する方式をとったということであるが、福岡県の受配施設の詳細は不明である。『福岡県年鑑』26年版によると「ララ救援物資調理講習会」が25年3月に開催され、「受講者は各市

戦後保育はいかに構築されたか

ララ受給施設各一名宛計五十名であった」とあるので、25年にララ物資を配給されていた福祉施設は50施設であったようである[41]。

　今回、本研究において訪問した施設では、北九州市の愛の園保育園の『50周年記念』に、昭和24年度に「ララ救援物資の配分を県の社会課を通してうける」という記述があり、福岡市の松翠保育園には、23年7月から26年7月までのララ物資受給に関して、先述の県民生部長名の配分に関する通知、払受簿が残されていた。御幸保育園にも「物資関係書類二　ラ、物資外」という綴りが、保管されている。

　詳細がわかる松翠保育園への配分は、23年度に3回、24年度に5回、25年度に4回と、3年間に計12回行われていた。

　このうち園児の衣服を配分されたのが、昭和24年5月、25年5月の2回で、あわせて男児用の衣服を46着、女児用44着受け取っている。また、保母、女性職員に、23年9月にハンドバッグ2個、6月にドレス3着、スカート2着、ブラウス1着、肌着1着、雑品1個を受け取っている。残りの8回は、食糧と回虫駆除薬のサントニン585錠、石けん14個、鉛筆29本、救急セット10個が配分されている。

　松翠保育園では、この食糧の配分をもとに、昭和23年9月1日から給食を開始している。園に残されていた「集団給食開始届」によれば、「給食人員」は90名で、昼食と菓子、果物等を提供するということであった。

　配分された食糧の内容と総量は以下のとおりである。（　）内は回数。

　小麦粉631ポンド（5）、大豆449ポンド（3）、幼児用缶詰321.75ポンド（4）、砂糖284ポンド（4）、脱脂粉乳225ポンド（3）、MPF（万能食）187ポンド（3）、シリアル（穀物）150ポンド（1）、乾燥卵145ポンド（2）、ラード130ポンド（3）、チョコレートミルク105ポンド（2）、缶詰55.75ポンド（2回のうち1回めはトマトジュース、他は不明）、全乳30ポンド（1）、レーズン30ポンド（1）、大豆油30ポンド（1）、無糖練乳29ポンド（1）、ぜんざい10.5ポンド（1）、サッカリン1ポンド（1）

御幸保育園に残されていた資料からは、以下のような物資が配分されていたことがわかる。

①砂糖の受払簿

品名	砂糖				
年月日	受高	払出高	残高	摘要	備考
26年6	17斤	16斤	1斤		四、五月砂糖菓子店借り一〇斤、六月六斤
26年7月1日	1斤				
7月2日	53.5斤	17斤	37.5斤		
8月1日	37.5斤	9斤	28.5斤		
9月1日	28.5斤				
9月20日	78.4斤	21斤	85.9斤		
10月1日	85.9斤	16斤	69.9斤		
11月1日	69.9斤	21.9斤	48斤		
12月1日	48斤	18斤	30斤		
27年1月1日	30斤	12斤	18斤		

②脱脂粉乳の受払簿

品名	脱脂粉乳				
年月日	受高	払出高	残高	摘要	備考
26年4月1日	901p	114p			
5月1日		162p			
6月1日		160p			
7月2日		143p			
8月1日		60p			
9月1日		156p			
10月1日	106p				

③ブラウス3、肌着3　昭和24年7月15日　受高6

　　7月16日　払高4　残高2　　7月17日　払高2　残高0

④ドレス　昭和24年7月15日　受高7

　　7月16日　払高5　残高2　　7月17日　払高2　残高0

⑤外套、肌着　昭和24年7月15日　受高7

　　7月17日　払高7

⑥領収書　7月16日　保姆　佐々木　ドレス1　ブラウス1

⑦受払簿　サントニン錠　昭和24年8月5日　受高391錠

　御幸保育園の資料は、松翠保育園ほど詳細ではないため、砂糖と脱脂粉乳以外の食糧が配分されていたかどうか、衣料品に幼児用のものがあったのかどうかはわからない。食糧に関しては、半農半商的地域に位置していたこともあり、福岡市にあった松翠保育園より食糧が確保できていたと思われる。聞き取り調査では、給食用の野菜を園児たちが持って登園していたという話があった。

(3) その他の補助

　昭和22（1947）年3月発行の福岡県保育連盟の機関誌『育てつつ』に、同年2月22日、福岡県民生部長室で恩賜財団慶福会の助成金伝達式が行われたことが掲載されている。それによると、県下の社会事業施設中「成績優秀なもの」に助成金がおくられるということであった。この時に助成をうけたのは、福岡専攻学校附属国児院（現在の早緑子供の園）、崇徳保育園、松月保育園、和光保育園、芳雄保育園、光沢寺保育園、随光保育園、木屋瀬保育園、清高保育園の9ヵ所である。このうち松月保育園には、21年12月21日付の、恩賜財団慶福会から500円の助成金を交付するという証書が残っていた。

　また、築上郡の光耀保育園は、炭鉱で財を為した蔵内家から援助を受けていたということである。

　この他に、公的な補助や篤志家、財団などの支援をうけず、地域住民の寄附

第1章／戦後復興と保育

だけで誕生した保育園もあった。例えば、福岡市田隈校区保育園西分園は、「総予算二百五十万円で着工、敷地三百六十坪、建坪七三・五坪で保育場、遊戯室、給食室、医務室などに分れ衛生完備の木造平屋建」で「補助金もなく建築費も全額地元負担」（昭和30年3月14日西日本新聞朝刊）であったという。

第4節　保育団体・組織と研究

　ここでは、「福岡県保育連盟」「県の研究会・講習会」「全国保育大会と九州保育大会」に分けて、『育てつつ』[42]と「九州保育新聞」[43]から明らかになったことをまとめる。

⑴ 福岡県保育連盟

1）設立の経緯

　福岡県では、序章で述べたように昭和2（1927）年に北九州保育会が発足して、幼稚園、保育所合同の研究活動が取り組まれてきた。福岡市では、『育てつつ』によると、16年に「福岡市保育協会」が発足し、戦前からフレーベルの幼稚園思想に学びながら、幼稚園にも保育所（当時は、託児所）にも、幼児期の子どもたちに格差のない教育を要求していたようである。この協会が母体となり、21年に福岡県保育連盟が設立された。「福岡県保育連盟」が発足した直後の22年1月の『育てつつ』の「巻頭言」に「保育事業の進路」と題して、冒頭に「福岡市保育協会設立後五年有余、今日茲に福岡県保育連盟に結成を見たことは、保育道のため慶ぶべきことである」と謳い、「我が保育事業は、如何に進めばいいかと言う点に到達するが、それは今一度幼稚園・保育所共に障壁を除き、幼稚園令の精神に還ること」「機構の一元化を要望し、実際の業務に携わっている我々は、一元化された事実を作り上げてしまふ事」だと強い語調で書かれている。記述者名は「笹舟子」というペンネームであるが、この機関誌の発行責任者である福永津義であると推測される。

73

戦後保育はいかに構築されたか

　この巻頭言では、さらに「幼稚園は純教育事業（？）として特殊の発達をとげ、恰も特権階級子弟の教育機関の如き観を呈するに至」り、「庶民、特に稼働者階級の要求として誕生したのが、託児所であり保育所である」と述べて、「保育所は唯単に幼児を受託すると言うことだけで、教育の面が忘れられていいのだろうか？」と、我が国の保育事業に納得がいかないという見解を投げかけている。そして、福岡県保育連盟の結成に当たって、「国民皆保育、双方の一元化、之を目標として設立された福岡市保育協会が、今回福岡県保育連盟という大きな組織の下に包含されたことはほんとに喜ばしい事」と、保育事業の一元化に強い期待を寄せている。

　この短い巻頭言の最後には、「我々保育事業の前途も決して易々たる平坦な道ではない」しかし、「我々だけでもやるといふ覚悟を以て日本の将来のためやり抜くのだ」との覚悟を表明している。

　このことから、福岡県保育連盟は保育事業としての方向性に幼稚園と保育所の一元化を強く希求し、保育所にも幼稚園と同様に教育的機能の充実を要望していたことがわかる。

　昭和21年の「九州保育新聞」には、「保育協会」とした記事が掲載されている。第4号には、「飛躍する保育事業　福岡県に　保育協会設立されん　一般の熱望に応へ当局援助に経つ」との見出しがあり、保育協議会開催を機に設立運動が盛り上がった。そして、第5号に、「福岡県保育協会設立準備委員会8月9日午前10時より太田報徳会で各地区代表会則等の審議」、第8号には「福岡県保育協会結成」の記事がある。その内容は、「11月8日午前11時より久留米市大谷幼稚園に於いて各地区5（両筑、京筑、筑豊、北九州、福岡）協議会の連合会たる『福岡県保育協会』の発会式を挙行　第1回総会12月3日というもの」である。

　第9号からは「福岡県保育連盟」となっていて、第1回総会の様子が取り上げられている。「12月3日（火）10時から、福岡市鳥飼　福岡保育専攻学校講堂で理事会と並行して二班に分かれ早緑幼稚園と早緑国児院見学　午後1時か

74

第1章／戦後復興と保育

ら総会　挨拶　記念講演　会長　福永津義　副会長　大野柔忍、岡田栄資　常任理事　副嶋義雄　理事　地区ごとに二名ずつ　事務所は福岡市役所社会課付福岡市保育協会内」と掲載されていて、福永津義が当時その学校長をしていた福岡保育専攻学校が会場で、記念講演も彼女自身が担当し、その附属の施設であった２つの施設の保育を公開し、見学を催したことがわかる。大野柔忍は築上郡の善隣保育園長であり、岡田栄資は都府楼保育所長であった。

　『育てつつ』には、昭和22年１月下旬に緊急臨時理事会が福岡市の山茶花荘にて開催された時の議事録が掲載されている。その要点は、次のようであった。

　「出席者　福岡部会　福永会長、副島常務　北九州部会　楡理事　不破理事、西筑部会　岡田副会長　松尾理事、京筑部会　不参　県社会事業協会　田中理事」で、以下は、討議された重要事項である。

　１．「育てつつ」刊行に関して、資金面で困難なため各団体毎月10部の配布とすること。「現在迄は比較的研究誌としての色彩が強かったが、今後は機関紙として」いくこと。

　２．資金募集に関して、会長・副会長の保育講演を主体とすること。

　３．昭和22年度の事業として、夏季講習会（８月上旬に総会を兼）、秋期講習会（各部会ごとに）、「育てつつ」を万難を克服して続刊するなど。

　４．職員待遇に関して、初任給保姆（有資格者）350円、助手（無資格者）300円を基準とする。

　昭和21年12月の総会結成直後の年明けの１月に、首脳部が集まって、臨時理事会を開催し、連盟の具体的な方針等を決めていったことがわかる。

　その後、昭和22年から23年にかけての「九州保育新聞」には、「福岡県保育連盟」に関する記事は５件あった。まず第21号には「県保育連盟結成一周年」という見出しで、「福岡県保育連盟は昨21年12月３日結成されたが、こゝに一周年を迎えたので来春１月中旬福岡市に於いて記念総会を挙行、優秀保育婦の表彰　県外への視察旅行派遣等を行い、又待望の児童福祉法の通過に伴い研究講演等をも開催すること」となったと記されている。翌年の第22号には「県保

75

育連盟第二回総会　3、4月頃計画　内山会長を囲み保育座談会」の見出しで、「県社会課長の児童福祉法の解説、内山全日本保育連盟会長の特別講演等も計画されている」とある。第23号には「県保育連盟事務所移転　県社会事業協会内に」という見出しで、事務所が福岡市役所から県の社会事業協会へ移管されたことが記されている。さらに第24・25号には「県民生部児童課内に」とあり、この経過から、事務所は短期の間に移転を繰り返し、最終的には福岡県の児童課に定着した様子がわかる。また、同号には、「県保育連盟総会　5月28日太宰府文書館で」とある。そして第26号には、「福岡県保育連盟　新発足　会長　大野柔忍」と掲載されている。その後この連盟は、第27号では「筑豊保育連盟」、第37号では「田川地区に保育連盟生まる」などによって拡大をみる。

　上記のことから、保育関係の全国規模組織としては戦前からの「全日本保育連盟」（昭和11年、西村真琴が大阪毎日新聞社会事業団内に結成）などにより保育事業の拡充強化を振興してきたが、福岡県においては昭和21（1946）年ころから社会事業協会主催の保育協議会設立等の運動が盛り上がってきた。県レベルの組織としては、同年12月3日に「福岡県保育連盟」を結成し第1回総会を福岡市内で開催し、その後、県内各地に支部的組織を広げると同時に、全国組織とも連動しながら活動を活性化していった。

(2) 県の研究会・講習会

1）県連盟の講習会

　前述のとおり、昭和21（1946）年12月3日の保育連盟理事会・総会開催時に、理事会と並行して二班に分れ早緑幼稚園と早緑国児院を見学した。その際の総会行事として、第9号によれば、久留米医大の山本三郎の「幼児の心理」と題する講演が行われた。

　また、第24・25号によると、全日本保育連盟と福岡県保育連盟共催の保育講習会が昭和23年5月28～30日に太宰府文書館、太宰府小学校で開催され、参加者は福岡県だけでなく、九州の各県あるいは岡山県などから300人以上であっ

た。

　講習の講師と内容は、久留島武彦「児童生活とお話の意義その扱い方」、矢
野洋三の人形芝居、豊田次雄「絵本の与え方」、竹岡文学博士「太宰府と菅公」
土屋澄「新しい児童舞踊の実際」、内山憲尚「新教育法と児童教育の在り方」
と紹介されている。

2）各地区での研究会・講習会

　「九州保育新聞」には、県内で開催された研修会等にかかわる記事が掲載さ
れていた。その多くは各地区が主催したものであった。第32号の「九州の保育
界（2）福岡県の巻」では、各地区の支部長、理事等を紹介した後、「なお右の
各地支部では毎月1回以上研究会を開催、経営等も従事者も真剣な研究が続け
られている。研究会は誰にでも開放されているから何処の会合に出ても自由で
ある」と各地での研究会について紹介している。

　この研究会は主に支部の例会と同日に行われる場合が多かったようである。
（以下、各地区の地区に含まれる市、郡は同上記事による。）

①京築地区（京都：築上郡）

　例会と同日に研修会を開催しており、第26号によると昭和23年6月4日には
青蓮保育園で、地区の園長、保母が全員出席し前回の講習会の復習や「太宰府
講習会（前述の全日本保育連盟と福岡保育連盟共催の講習会）」の感想発表な
どを行った。7月の「定例研究会」は、清高幼稚園で、律動遊戯の研究、一日
の保育研究と批評会が行われた。9月には善隣保育園で、九州保育研究所から
講師を招聘、藤田講師から秋の運動会用の遊戯の実地指導、矢野講師からギニ
オル（人形）の製作ならびに実演の指導を受けるとの予告が掲載された。

②両筑地区（久留米・大牟田市、筑紫・三井・朝倉・浮羽・山門・八女・三
　　潴・三池郡）

　この地区でも例会と同時の研修会が開催されていた。第20号によると昭和22
年10月には、田主丸保育所の見学の後、人形芝居の研究指導を行った。23年1

戦後保育はいかに構築されたか

月には、例会が開催されたかどうかは不明であるが、17、18日両日久留米の大谷幼稚園で、吉井幼稚園の藤田貞雄を招聘し舞踊講習会を開催している。第24・25号によると23年6月の例会は、吉井幼稚園で開催され、福岡、筑豊等他地区ばかりでなく大分からも参加、浮羽地方事務所学務課長、吉井小学校長も参加した。第26号には、7月例会では甘木幼稚園の平井トクの紙芝居、吉井幼稚園の藤田の舞踊の実地指導、進駐軍の幼稚園視察談、井上医師の衛生講話があり、9月例会は徳随寺保育園で開催し、藤田の運動会遊戯の特別指導との予告が掲載されていた。また、8月30、31日には浮羽郡吉井町の吉井幼稚園で石井小波の舞踊講習会が開催されるとの予告もあった。第32号によれば、24年2月23日に大牟田市三井鉱業所萬田保育園で講習会を開催し、炭鉱の実際を見学した。

③福岡地区（福岡市、糸島・早良・粕屋・宗像郡）

　昭和23年8月下旬から9月上旬にかけて、福岡市の保育専攻学校で九州保育研究所講師の原田観岱の書道講習会が開催された（第26号）。

　24年2月5日、「宗像郡福間地区」では、例会開催時に「福間幼児園で『卒園記念品』等についての研究を行った」（第32号）。

④筑豊地区（直方・飯塚・田川市、遠賀・田川・鞍手郡）

　昭和22年6月8、9日に、直方市の西徳寺保育所で保育講習会を開催し、受講者は60名であった（第15号）。昭和24年12月10、11、12日にわたり直方市の立正保育園でステージ向きの遊戯の講習会が開催され、講師は九州保育研究所講師藤田貞雄で「盛会であった」（第31号）。また同じく立正保育園で2月28日に例会を開催し、「小倉市童話研究会」の永田従勝「童話と紙芝居の研究」の「御話」があるという予告があった（第32号）。

⑤北九州地区（門司・小倉・若松・戸畑・八幡市）

　北九州各地で、九州保育研究所講師の藤田貞雄の舞踊講習開催との予告記事があった（第26号）。

　このように、「九州保育新聞」には、全日本国保育連盟と県保育連盟共催の

第1章／戦後復興と保育

講習会や各地区主催の保育の研究会・講習会に関する記事が数多く紹介されている。これらの記事から、「新保育」を構築するために、連盟が中心となって保育関係者の研修を推進しようとしていたことがわかる。

3）九州保育研究所の設立

　昭和23年7月の第26号に、九州保育研究所が設立されたことが報じられている。所長は、県連盟の会長でもある大野柔忍、学監は、副会長で九州保育新聞の発行者でもある岡田栄資、その事務所は、「当分福岡県筑紫郡水城村都府樓保育所に置かれる」とされ、「研究所設立をきき各地方からの既に講演や講習、実地指導等の依頼が到来しているが、研究所としては繰合せてこれらの要望に応える」とし、福岡県各地区の講習会・研究会へ講師を派遣するだけではなく、24年には、九州各地での巡回の講習会を行い、月1回の研究例会も企画していた。「講師には新進気鋭の士を網羅される筈である」とし、「既に決定した顔振れ」として、ギニオルの矢野洋三、ピアノの大野洋子、舞踊の藤田貞雄、童話の原田孝太郎（同号で書道の講師としても紹介されている）の名前をあげている。

①講師の横顔

　藤田貞雄：昭和2年双葉舞踊研究所開設。小学校教員19年小学校長1年青年学校長2年。5年音楽学校に入り東京高田舞踊研究所にも入所。15年から中国に渡り、青島・済南方面で活躍していた（第27号）。24年4月には久留米市護国神社内に南薫幼児園を開園し、園長となった（第35号）。

　大野洋子：保育協会会長の娘。大正10（1921）年8月米国で生まれ、幼稚園、グランマースクールに入り、昭和14（1939）年千代田高女から目白の女子大学家政科の卒業。ピアノは4年から7年までドイツ人ミセスクラフエンステイン教授に、9年から16年まで坂本ソノ他に師事。研究所講師のかたわら都府樓保育所と善隣保育園の実際指導にあたっている（第27号）。

　矢野洋三：福岡県行橋の生まれで、昭和10年8月に済美幼稚園を開園した。

79

15年には上京して日本紙芝居協会の設立に参加。「斯道の大家として知られている」「現在九州童話連盟九州児童協会等の理事として又童心座を主宰し、農村文化連盟講師となって地方文化の振興につくしている」（第31号）。

原田孝太郎：「元宮内庁の嘱託」「双葉書道会長」（第26号）。昭和23年には両筑保育協会の会長に就任しており「日本大学高等師範部に学び在京中は宗教雑誌『大道』の主筆となり神田で書道塾も開いていたが帰郷後は瀬高保育園を設立経営」（第23号）していた。

②九州保育研究所主催の企画

「山の教室」

昭和23年の第28・29号に、保育研究所の主催する行事として10月30日（土）、31日（日）に「休養と慰安の山の教室」を八女郡黒木町の黒木幼稚園で開催するという予告があり、第30号に「九保のリクリエーション　大成功の"山の教室"」と見出しのついた報告記事があった。これによれば、参加者は50名を超え、この催しに協賛合流した両筑協会会員をはじめ、戸畑、八幡、田川、遠賀等からの参加者もあった。

初日は、黒木幼稚園を自由見学、研究懇談、入浴食事の後、黒木高等学校講堂で高校生たちの演劇を鑑賞。特別来賓として「保育界のエキスパート牛島武夫氏の舞踊」や「研究所講師藤田貞雄氏の『槍さび』」などを披露して好評を得た。翌日は、「日向神の秘境」をめぐるハイキングにでかけて楽しんだ。

「海の教室」

この「海の教室」は、上記の「『山の教室』の成績に鑑み」開催すると、その翌年5月の第35号紙上で予告され、第36号に募集記事が掲載された。日程は一泊二日で、7月22日（金）は正午に玉の井旅館（津屋崎町海岸）に集合し、3時まで海水浴等自由、3時－5時研究発表（幼児のうたとゆうぎについて藤田貞雄）6時晩餐、9時まで「保育人懇談会」、10時就寝。7月23日（土）は6時起床、海岸で保育体操、7時朝食、8時－津屋崎公園へ。22日夕方一応解散、希望者だけ旅館に一泊する、というものであった。

第1章／戦後復興と保育

⑶ 全国保育大会と九州保育大会

1）全国保育大会

第1回全国保育大会は昭和22（1947）年11月に東京女子高等師範学校で行われ、第2回大会は第24・25号に翌年7月27日から31日に奈良女子高等師範学校での開催が決定されたとある。第27号によると、この大会では総会、分科会等があり、戸倉ハルのリズムの指導や、講演として坂元彦太郎「新しい幼児教育」、吉見静江「児童福祉について」、小川正通「幼児教育の進展」、末川博「新教育の動向」が行われた。この大会の参加者は、1,600名ほどで、同号によれば、福岡県からの参加者は、福永津義、藤田貞雄、岡田栄資をはじめ、16名であった。また、第3回全国保育大会が「来年は新潟と決定　再来年は九州か」という記事もあった。

第35号には第3回大会は、昭和24年7月27日から30日に新潟大学での開催が決定し、「九州から多数参加を期待」という見出しがあった。同号には、大会は総会、記念講演会の他、分科会として組織経営、保育理論、保育実際に関する部会を行うことが記されている。木屋瀬保育園の鷲峯園長による手書きの報告が残されている。それをみると、次回の九州大会に備えて、福岡県から大野柔忍、岡田栄資、藤田貞雄、鷲峰敦尚や県の児童課から、合わせて13名が参加している。

第4回全国保育大会は、『第4回全国保育大会要録』によると、昭和25年7月28、29日に福岡市で開かれ、開催の会長は全日本保育連合会々長、倉橋惣三で、副会長の一人であった大野柔忍は大会準備会長を務め「経過報告」を行っている。この大会の分科会では、幼稚園と保育所がそれぞれ制度、組織、経営等について話し合っている。

2）九州保育大会

この全国保育大会に先立ち、第24・25号にあるように、全九州保育界が提携

81

戦後保育はいかに構築されたか

し、九州保育連合会が生まれている。この連合会が主催して九州保育大会が開催される。

①九州保育連合会

「九州保育連合会」については、第24・25号に、「九州保育連合会生まれる」の記事がある。第27号によれば、九州保育連合会では、昭和23年8月27日に別府で第1回九州各県代表者会議と理事会が開かれ、各種の協議を行い、第1回九州保育大会の開催が決定される。そして、第28・29号に、「九州保育連合会事務局を開設　局長に岡田栄資氏」で、事務局は「福岡市外水城都府樓保育所」におかれるとあり、第30号には、「九州保育連合会　正副会長決定　福岡県保育協会長大野柔忍氏と、熊本県保育連盟会長高森豊氏」とある。また、同号では、「九州保育連合会事務局では法律顧問として弁護士今福朝次郎氏を嘱託」ともある。そして、翌年第31、35号に「九州保育連合会　各県協議会」が開催されたとあった。また、第36号では、「九州保育連合会長　大野柔忍氏（福岡会長）同副会長高森豊氏（熊本会長）　大分県の秋吉、天門正副会長鹿児島の保育連合会副会長友田氏をはじめ長崎市保育会長荒木嘉弘氏、福岡の藤信子氏、水上氏夫婦」と記されている。

②九州保育大会

第28・29号では「全九州保育大会　十一月に開催か　各方面から期待」されていることが記されている。第31号では、九州保育連合会が活動を進めるにあたって、全九州の各施設に支援と協力を求めたところ、九州各地から多数の激励の言葉や、事務局活動資金も寄せられていることがわかる。同号には「九州保育大会を今春三月頃開催　着々準備すゝむ」と書かれていた。さらに「九州保育連合会各県協議会」に関する記事もあった。同協議会は、昭和23年12月18日福岡市外で開催され、福岡県大野柔忍会長、熊本県高森豊副会長、大分県会長代理田北みつ、鹿児島県会長代理友田静恵等が出席、岡田栄資事務局長から経過報告及び原案の説明があった。そして、協議の結果、25年に福岡市で開催される全国保育大会については、九州保育大会で協議すること、「機関雑誌名

82

第1章／戦後復興と保育

を『九州保育』」とすること、「九州保育新聞は機関新聞として各県共各園一部
以上とるよう協力すること」等が決定された。

第32号には、まず、「九州大会に期待する」という見出しがある。続いて終
戦後、九州での保育大会開催は初めてで、九州保育連合会結成後、最初の大会
であり、「今回の大会では全九州の保育人が一堂に会して親睦を加えると共に」
「提携を緊密に益々団結を強固にして保育事業の進展」のため、互いに研究発
表し経験を語り合うことに本大会の意味があると書かれている。同号には「九
州保育大会　三月二十七日から鹿児島市で開催　多数参加を希望」とあり、照
会や宿泊申し込み等は、九州保育連合会事務局または早緑幼稚園へとなってい
た。そして、次の第33号では、「さあ、行かう鹿児島へ　保育大会、準備全く
成る　集う全九州の保育人　参加申込は今すぐに！」という見出しになってい
る。

第1回九州保育大会は、昭和24年3月27日から30日まで、鹿児島市で開催さ
れた。第35号には「第一回九州保育大会　成功裡に終了」という見出しがつい
ていて、この大会には、第1日目は300余名が参集した。「挨拶　九州保育連合
会長　大野柔忍」「経過報告　九州保育連合会事務局長　岡田栄資」「特別講演
鹿児島県立図書館長　久保田彦穂」「記念講演　全日本保育連盟名誉会長　久
留島武彦」となっている。第1日目には各県有志懇談茶話会も行われ、会長の
大野柔忍、事務局から原田孝太郎、藤田貞雄、大分県保育会副会長天門成章等
80余名が参加した。第2日目から3日間は講習が行われた。

その講師と内容は東京女高師教授の及川ふみの「新保育の実際と製作」や、
東京女高師附属幼稚園の吉田トミの「リズム指導」であった。また、「第一回
九州保育大会を記念して　全日本保育連盟で九州の功労者を表彰」が行われ
た。功労者は福岡県内各地域から選ばれ、「大里育児園」「愛国保育所」「初音
保育園」「黒崎託児所」「三萩野保育園」「甘木保育園」「二葉保育園」「舞鶴幼
稚園」「聖徳保育園」「金龍幼育園」「清高保育園」「犀川保育園」「大名幼稚園」
「福岡幼児園」「養巴幼稚園」「崇福保育園」から計18名（園長、所長、保母）

83

が表彰された。この保育表彰状には、長年、幼児保育に研鑽し、戦後特に尽力したことによって、その功績を顕彰すると記されている。

上述のように、全国保育大会へも福岡県から積極的に参加し、この第4回大会が福岡市で開かれたことや、それに先立ち昭和23年に九州保育連合会が生まれ、24年には第1回九州保育大会も開催され、それらの事務局は福岡県内に置かれたことから、このような大会の開催準備を活発に進め、大会を盛り上げる上で福岡県の保育所、幼稚園の関係者が大きな役割を果たしていた。

第5節　保育者養成

(1) 保育所保母の資格と養成、研修

序章で述べたように、県では昭和18（1943）年に「福岡県保育婦規程」を定め、福岡県社会事業協会を経営主体として「福岡県保育婦養成所」が開設された。この養成所は、戦後も引き続き保育婦の養成を行っていたことが、21年6月16日付の「夕刊フクニチ」の記事、22年3月発行の『育てつつ』の裏表紙にある「福岡県保育婦養成所」の「第七回生徒募集」の広告からわかった。それをみると、定員は40名、入所資格は高等女学校卒業か同等以上の学力を有する者、6ヵ月以上保育に従事して所長の推薦ある者となっている。授業料は無料で、卒業後就職をあっせんすること、寄宿舎があることとなっている。経営主体は「財団法人福岡県社会事業協会」であり、戦前の養成を引き継いでいる。

また、昭和23年からは、福岡県が「児童福祉法施行に伴う保姆の再教育」として「保母資格認定講習」を開催し、この講習の所定の科目をすべて修了した者に保母資格を与えていた。

「九州保育新聞」には、講習会の記事がしばしば掲載されていた。昭和23年4月10日の第23号には、「児童福祉法施行に伴う保姆の再教育」として、3月22〜27日に「第1期保育施設保姆講習会」が開催されたことが掲載されてい

第1章／戦後復興と保育

る。また、第24・25号に7月26〜31日に新規受講者対象の「保母再教育講習会第2次、第2次も2回開催」、第27号に昭和23年8月23〜27日に「第2回第2期保母資格認定講習会」、第28・29号に、「第3次講習会」の地方会場が直方であったこと、10月16日〜22日の「第4次講習会」の地方会場は小倉であること、福岡会場では、第3次を9月27日〜10月2日、第4次を10月22日〜27日開催するとの記事があり、福岡市とその他の地方で、第1次から第4次までの県主催の保母の再教育・資格認定講習会が行われていた。

昭和24年3月31日付で福岡県知事より「保母資格証明書」を授与された松月保育園の保母は、これに先立って23年7月に県主催第1期保母資格認定講習会で所定の科目41時間（児童福祉法4時間、社会事業一般5時間、児童心理学6時間、保健衛生学及び生理学14時間、実地研究其の他12時間）、8月には第2回第2期講習会で34時間、10月に第2回第4期講習会で46時間（グループウォーク6時間、ケースウオーク8時間、栄養学8時間、小児学12時間、看護学12時間）、11月には第5期講習会で42時間を修了したという記録が園に残っていた。園には第3期講習会の記録はなかったが、講習を受けた本人への聞き取りによれば、合計200時間の講習であったという。前述の「保母資格証明書」には、「児童福祉法第十三条第一項第二号により」とあるので、「保母試験に合格した者」ということになる。

松月保育園には、ここの保育者が「保母資格証明書」を授与されたのと同じ日付の「保母有資格者名簿」があり、107名の氏名と勤務先が記されていた。昭和26年版『福岡県年鑑』には、25年の保母資格認定講習会についての記述があり、受講者410名のうち「講習会受講により」保母資格を与えられたものは119であった（463頁）。受講者全員が資格を与えられたわけではなく講習会で試験のようなものがあったと推察される。

一方、資格試験としての保母試験も昭和24年度から実施されており、昭和20年代の試験実施回数と合格者数は以下の表の通りである[44]。

85

戦後保育はいかに構築されたか

表1-5-1　昭和20年代の福岡県保母試験合格者数

年度	24	25	26	27	28	29
回数	4	4	2	2	2	2
合格者数	360	339	208	534	706	441

　昭和27年度からは、講習会と保母試験のあり方に変更があった。

　御幸保育園に残されていた昭和27年6月10日付の浮羽地方事務所長名の「昭和二七年度保母講習会開催について」という見出しの文書には、講習会と保母試験の改正点についての通知が別添されていた。これによると、保母試験の受験資格は、①学校教育法による高等学校を卒業した者と同等の資格を有する者、②児童福祉施設で3年以上児童の保護に従事した者（27年度保母試験以降は、それに「満18歳を過ぎてから3年以上」という条件が加わると追記されていた）、③昭和25年度までの保母資格認定講習会で受験資格を得た者、④すでに保母試験を受験している者、のいずれかであるとされた。

　講習会は「福岡県」が主催するもので、会場は、福岡市百道の松風園、宿泊場所は松風園及び福岡学園、A組とB組の二つの組にわかれ、定員はそれぞれ200名程度、A組の第一回が7月9日から16日までの8日間、第二回が同月23日から29日までの7日間、B組は、第一回が10月の1日から8日までの8日間、第二回が15日から21日までの7日間で、講習時間はA組が82時間、B組が86時間であった。受講資格は、「制限なし」ではあるが、締切期日前に定員に達した場合は、「B組に変更又は已に資格を得ている者及び受験資格のない者については受講を断る場合がある」としていた。それぞれの組の科目と担当者、時間は、表1-5-2、1-5-3の通りである。

第1章／戦後復興と保育

表1-5-2　昭和27年度保母講習会 A 組　講習科目、時間、講師

科目	時間	講師
社会福祉事業一般	3	原田課長
児童福祉事業一般	6	清水補佐
児童福祉に関する法令	8	
児童福祉法	(5)	伊藤主事
最低基準	(3)	荒谷課長
児童心理学	7	西南大学教授中村弘
精神衛生	8	⎫
精神衛生及生理学	8	⎬九州大学に交渉中
看護学及実習	12	⎪
育児法及実習	4	⎭
栄養学及実習	10	福岡女子大　西沢照
保育理論	7	西南大学教授福永津義
保育実習	13	
ケースワーク	(3)	西南大学助教授
グループワーク	(3)	高橋さやか
音楽	(4)	福岡学芸大学教授森脇憲蔵
リズム遊戯	(3)	教育庁　吉田ハツエ
計	86	

　このように、県として、保育所で働く者に「保母資格」を取得させる取り組みがすすめられる中、昭和27年3月県議会の議決により九州各県及び山口県を対象として保母の養成施設が設けられることとなり、同年7月1日、福岡県保育専門学院の設置が決まった。経営は県から委託されて、福岡県児童福祉協会が行うこととなった。

戦後保育はいかに構築されたか

表1-5-3　昭和27年度保母講習会 B組　講習科目、時間、講師

科目	時間	講師
社会福祉事業概論	3	児童課長
児童福祉事業概論	5	児童課長
児童福祉法	5	伊藤主事
保健衛生及生理学	8	九大　堀田正之
看護学及実習	10	高木俊一郎
児童心理学及精神衛生学	12	船津孝行
教育学及教育心理	3	西南大　中村弘
栄養学及実習	10	女子大　西沢テル
育児法及実習	3	陳維一郎
ケースワーク	3	福永津義
グループワーク	3	福永津義
リズム遊戯	2	吉田ハツエ
保育理論及実習	15	高橋サヤカ
計	82	

　御幸保育園に保存されていた昭和27年8月30日付の福岡民生部長名の「福岡県保育専門学院生徒募集について」をみると「福岡県保育専門学院が設置され」「生徒募集中であるが、未だ周知方不徹底である」ということで、「貴施設勤務職員（特に保母）を通じてその知人、友人等に入学勧奨」すること、希望者には早急に願書を提出するように「取計らい願いたい」とあり、生徒募集が必ずしもうまくいっていなかったことがうかがわれる。

　また同書による生徒募集の概要は以下の通りである。受験料は200円ということであった。

　一、募集人員　　　五十名

　二、修業年限　　　二年

　三、受験資格　（1）新制高校又は旧制高女を卒業した者

第1章／戦後復興と保育

（2）年令満十八歳に達した後児童福祉施設で二年以上児童の保護に従事した者

四、願書受付　　　　試験前日迄（九月九日迄）

五、試験日時　　　　九月十日、十一日午前十時から

六、試験科目　　（1）学科試験（国語、作文、数学、社会科）（2）人物考査　（3）
　　身体検査

七、特典　（1）児童福祉法による保母資格附与（2）授業料不要

　　　　　（3）奨学手当金毎月八〇〇円支給（4）卒業後の就職斡旋

　　　　　（5）遠距離者のためには寄宿舎の設備があり

入舎生には毎月一〇〇円の寄宿舎手当支給

　この福岡県保育専門学院には、昭和27年10月3日に第一期生が入学、28年4月には第二期生が入学した。29年には、福岡県児童福祉協会より福岡県に経営を移管され「福岡県立保母養成所」と改称し県立の保母養成所となった。

　この県立保母養成所に先立って、昭和23年4月に出された厚生省児童局長通知「保母養成施設の設置及び運営に関する件」により、戦前から保姆養成を行っていた福岡保育専攻学校は、23年9月に、私立としては最初に保母養成所の指定を受けている。

　また、昭和24年には「九州保育研究所」が設立した「九州保母養成所」が発足していた。「九州保育新聞」32号に、「財団法人設立認可される」という見出しの記事があり、設立認可された「財団法人九州保育研究所」の主たる事業は「児童福祉施設当事者の養成、児童福祉施設経営、其の他児童福祉に関する新聞雑誌図書の刊行並びに児童福祉に関する研究調査及びその助成と講演会、講習会、見学会の開催等である」とあった。「九州保母養成所」を4月に開校するという記事もあった。「時局の要請に応え保母養成所の設立を企画。着々準備中であったが此の程仮校舎も決定したので四月の新学期から開講の予定で当局に認可申請書を分すとともに児童福祉法第二十九条による厚生大臣の指定の申請を併せ手続き中である。本科は二年制、専修科、専科各一年制で聴講生の制度もある。寄宿舎の設備もあり遠隔の者も安心して勉学ができることになっ

89

ている。所長は九州保育連合会会長大野柔忍氏」で、同号の保母養成所生徒募
集の広告には「本所は九州保育連合会の指導で実力ある優秀な保母の養成を目
的として」開設したとあり、場所は久留米市瀬ノ下町水天宮内と書かれてい
る。35号には、「保母養成所発足」の見出しの記事があり「仮校舎の関係で多
少開校がおくれたが此のほど発足した」「教室に未だ余地があるので目下二次
募集中である」こととある。同号に「保母養成所は何う運営されるか」という
記事もあり、今後の運営方針として「本科は規定により二年制であるが実際に
は運用に考慮を加えて一年はミッチリ学科をあとの一年は施設において実習し
ながら指導をうけさせようと思っている、こうして生徒の負担を軽減すると共
に、施設経営者から委託し易いようにしたり、又、リズム、製作等実践的科目
を主とした短期講習も度々これを行い県主催の認定講習と平行して真に役に立
つ保母を養成したい」という岡田理事長の談話を掲載している。この養成所が
いつまで続いたかは、不明である。

(2) 幼稚園教諭免許・養成課程

前章でみたように、福岡県では、戦前までの幼稚園保姆養成は、昭和15
(1940) 年に始まり、19年に校名変更した福岡保育専攻学校で行われていた。

戦後は、昭和21年6月20日に幼稚園令の一部改正が行われ、従来の「保姆」
というのを廃して「幼児ノ保育ヲ掌ル職員」とし、保姆免許状を「幼稚園教員
免許状」と呼ぶことに定めた。そして、22年の学校教育法公布により「幼稚園
教諭」「幼稚園助教諭」と称されることになり、幼稚園令によって授与された
幼稚園保姆免許状保有者は、学校教育法施行規則の規程によって、それぞれ幼
稚園教諭又は助教諭の仮免許状保有者と見なされ、引き続いて幼稚園教育に従
事していた。

昭和24年5月には教育職員免許法によって、免許基準が定められた。これに
よって幼稚園教諭は小学校教諭と同様、大学に2年以上在学し62単位以上を修
得することを基礎資格とすることとなった。これをうけて福岡保育専攻学校

は、24年10月10日短大として設置認可され、25年 4 月に、西南学院短期大学部児童教育学科が発足した。

　昭和29年 4 月 1 日現在で、幼稚園教員養成課程認定の大学、短期大学は、福岡県では西南学院大学短期大学部のみであった。

1　一粒のひまわりの種編『いづみのほとりに―ひとつの戦後史』、1978年。
2　福岡県保育連盟から発行された冊子である。この冊子の入手は、現在、第 2 巻第 1 号と第 3 号のみであるが、荘司雅子の「フレーベルの教育学」についての寄稿があったり、月の保育の計画や歌が掲載されていたりして、理論と実際の両面で参考になったと思われるものである。この保育連盟の責任者は、西南学院で保育者養成にあたっていた福永津義である。また、この連盟が発足する以前には福岡市保育協会の会報として同名のものが発行されており昭和21年 8 月 1 日発行のものを入手し、「会報」とのみ記された同年 6 月18日発行の冊子も入手している。
3　『早緑子供の園三十年の歩み』、1979年、 8 頁
4　保育所数は、資料によって数字が違っているが、昭和23、24、28年は、福岡県統計年鑑の県社会課児童課の12月末の調査、25、26、27、29年は、福岡県保育所連盟『福岡県の保育事業の概況』の年度末の統計の数とした。なお、23年については、後述の文部省『幼稚園教育百年史』では、138となっている。
　　幼稚園数は昭和23〜28年度福岡県統計年鑑の学校基本調査（指定統計13号）昭和29年は、文部省『日本の教育統計　新教育の歩み』の学校基本調査の 5 月31日現在の数である。
5　文部省『幼稚園教育百年史』、ひかりのくに、1979年、326〜327頁。
6　赤嶺勉編『福岡県年鑑　昭和26年版』、福岡県年鑑刊行会、1951年、461頁。
7　『昭和28年福岡県統計年鑑』、福岡県統計課、1959年、372頁。
8　『七十五周年記念誌　福岡県立伝習館高等学校』、福岡県立伝習館高等学校、1969年、48頁。
9　福岡県知事室企画局編『福岡県年鑑　昭和32年版』、福岡県年鑑刊行会、1957年、254頁。
10　若松市史第二集編纂委員会編『若松市史　第二集』、若松市役所、1959年、939頁には、共同募金からの配分額として24年度60,000円、26年度873,000円、27年度450,000円とあったが、共同募金年報に掲載の額にあわせた。
11　福岡市保育協会編纂委員会編『福岡市保育のあゆみ』、福岡市保育協会、1987年、180頁。
12　日本バプテストシオン山教会付属愛の園保育園『50周年記念誌』、1998年、 6 頁。
13　福岡市保育協会編纂委員会、前掲書、174〜175頁。
14　田川市史編纂委員会編『田川市史　下巻』、田川市、1973年、196〜197頁。
15　浮羽町史編集委員会編『浮羽町史』、浮羽町、1988年、626〜627頁。

戦後保育はいかに構築されたか

16 福岡県議会『福岡縣議會會議録　昭和26年第二回』（北九州市立若松図書館蔵）、226頁。
17 同上。
18 同上書、230頁。
19 福岡県総務課編・発行『昭和三十四年度私立学校要録』、1959年、6～68頁。
20 県政タイムス社編『福岡県私立学校総覧　1958』、福岡県私立学校総覧刊行会、1958年、37～75頁。
21 北九州市立小倉幼稚園創立九十周年記念行事実行委員会編・発行『小倉幼稚園九十年のあゆみ』、1980年、19頁。
22 甘木市教育委員会・朝倉郡町村教育委員会連絡協議会編・発行『甘木朝倉教育史』、1975年、103頁。
23 宝福寺幼稚園ホームページの「園の沿革」より。　http://houfukuji-kg.azurewebsites.net/enkaku.aspx
24 『総覧』への掲載はなかったが、福岡市教育委員会事務局編・発行『福岡市教育概要1953-1954』39頁に記載。
25 若松市史第二集編纂委員会、前掲書、938～939頁。
26 朝日新聞　昭和28年3月11日付記事による。
27 北九州市立幼稚園長会『幼稚園教育のあゆみ』、北九州市教育委員会、1978年、18頁。
28 福岡県教育百年史編さん委員会編『福岡県教育百年史　第六巻　通史編Ⅱ』福岡県教育委員会、1981年、863頁。
29 飯塚市誌編さん室編『飯塚市誌』、飯塚市総務部庶務課、1975年、1048頁。
30 福岡市保育協会編纂委員会、前掲書、167頁。
31 久山町誌編纂委員会編『久山町誌上巻』、久山町、1996年、1046～1051頁。
32 新宮町誌編集委員会編『新宮町誌』、新宮町、1997年、693頁。
33 福岡市学校教育百年誌編さん委員会編『福岡市学校教育百年誌』、福岡市教育委員会1977年、158頁。
34 朝日新聞　昭和30年2月16日付記事による。
35 宮田町誌編纂委員会編『宮田町誌下巻』、宮田町、1990年、432～433頁。
36 岩瀬美智子「『ララ』の記憶―戦後保育所に贈られた救援物資と脱脂粉乳」、『東京家政大学博物館紀要　第14集』、2009年。
37 同上書、24～25頁。
38 赤嶺勉、前掲書、462頁。
39 岩瀬美智子、前掲書、23～24頁。
40 『ララ記念誌』、厚生省、1952年、95頁。
41 赤嶺勉、前掲書、463頁。
42 注2参照。
43 「九州保育新聞」は「学業院新聞」として昭和21年9月29日に第1号が出されていて、22年7月25日付の第26号から紙名が「九州保育新聞」と変更されている。ここでは「九州保育新聞」としている。国立国会図書館にあるプランゲ文庫には、第1号から昭和24年9月30日の第37号までが保管されている。新聞の編集は「九州保育研究所」と記載されているが、その中心的人物は、大宰府町にあった都府樓保育所長の岡田栄資であっ

第1章／戦後復興と保育

た。それ故、この新聞には同保育所の園児募集等の記事もたびたび掲載されている。また、岡田がかかわっていた宮村女子商業に関する記事も掲載されていて、岡田がこの新聞発行の中心的存在であったと推察できる。

この新聞の発行形態や発行部数は不明であるが、第24、25号の「社告」に「本紙は今回福岡県保育連盟の機関紙代用として指定されました」「爾今本紙には勿論全九州保育界の情勢、連絡記事などが満載されることになりました」とあり、昭和26年の県のモデル保育所の一つであった木屋瀬保育園に第30号と第34号が残されていたことや、小倉幼稚園の23年度「週番日誌」に保育新聞1年購読料100円という記述があったことから、少なくとも福岡県保育連盟に加入し活動していたような保育所等では購読されていたと思われる。

なお、この新聞の第38号以下に関しては今のところ確認できていない。岡田が運営に携わっていた都府樓保育所や宮村女子商業は現存しない。昭和31年に岡田が園長となって開園した都府樓少子部幼稚園は現存するが、資料に関してはないとのことである。

44 福岡県知事室企画局編『福岡県年鑑　昭和32年度』、福岡県年鑑刊行会、1957年、254頁。

93

戦後保育はいかに構築されたか

第 2 章　保育所の実際

　本章では、昭和20年代に開設・認可された保育所の実際について、聞き取り調査結果と現存の資料から判明できた範囲で、沿革・保育理念、施設・設備、保育内容・方法、運営・保育所の状況等の 4 項目に分けて述べる。

　とりあげる保育所は、(1) 大正期の終わりまでに設立（初音保育園）、(2) 昭和の戦前期に設立（前身となる施設が開設された園・所を含む）（和光保育園、春吉保育園、芦屋保育園、御幸保育園、光沢寺保育園、善隣保育園、三萩野保育園、片野保育園、早緑子供の園、松原保育園、木屋瀬保育園、上広川幼児園、松月保育園、柳川保育園、松翠保育園、大川保育園、大善寺賢志保育園、光耀保育園）、そして (3) 終戦後に設立（若竹保育園、三国保育所、大濠こども園、光應寺保育園、愛の園保育園、あさひ保育園、香春保育所、津屋崎保育園、南薫幼児園、明星保育園、友枝保育所、小浜保育所）の合計31施設である。ここでは、昭和20年代の園・所名を用いている。

第 1 節　沿革・保育理念

　19世紀後半からの日本の産業近代化に伴い、福岡県で炭坑産業や八幡の製鉄工業が栄えていたこともあり、明治時代から託児所が存在していた。以下に、調査対象園の沿革と保育理念等について述べる。

第2章／保育所の実際

⑴ 大正期の終わりまでに設立された保育所の場合

初音保育園は、製鉄所のあった戸畑市に松本・安川家からの寄付金により大正11（1922）年8月に「戸畑託児所」として開設された。昭和13（1938）年には「西部託児所」と改称し、戦後23年に「初音保育園」として認可された。

⑵ 昭和の戦前期に設立された保育所の場合

和光保育園は、現園長の母親（明治40年生まれ）が上野音楽学校に通いオルガンやピアノが弾けたこともあって、浄円寺（浄土真宗）から、その末寺の管理も兼ねて子どもを預かって保育してほしいと勧められて引き受けたのが始まりである。昭和3（1928）年にお寺で末寺の子どもを預かる託児所を開設した。その後、23年に児童福祉施設として「和光保育園」の認可を受け、満州から引き揚げてきた寺の息子が事業を開始したと言う。

春吉保育園は、昭和2年に町内会及び個人より約2,000円の募金を受け、幼稚園設立趣意書を配布する。翌3年に設置認可され、地域の教育委員を中心に「春吉幼稚園」として設立された。20年には空襲が激化したため幼稚園を閉鎖したが、24年11月に春吉保育園として認可を受けた。その後、30年に保育園を廃止し、同年6月に財団法人春吉幼稚園として設置認可を受けた。

芦屋保育園は、東京府の女子師範学校保姆伝習所卒業の初代園長（多賀谷ヒサ子）が昭和3年に「芦屋幼稚園」を開始したのが始まりで、戦後の23年7月に認可を受けた。創立精神は、「『愛と真心』を持って『乳幼児（おさなご）中心の保育』を実践する」[1]であった。

御幸保育園は、その前身として昭和10年に光教寺（真宗大谷派）に季節託児所が開設され、戦後の23年に保育所として認可を受け、24年4月に開園した。27年の「保育方針」が書かれた文書には「半商半農的な田舎町故一部には従来の幼稚園的保育を要望し、一部には託児所的な希望あり、両者を揚棄した立場に立ちて」[2]という文言があることから、幼稚園教育と託児の両方を担う趣意

95

であった。続いて「家庭的に楽しく自由に生活させる」「基本的な生活の技術を習得する様に習慣の自立に主眼を置く」「共同生活の中で、感謝同情協力を身につける様にする」「健康教育」「あらゆる文化財の園児への開放」の5点を保育方針に掲げている。

　光沢寺保育園は、成人に対する宗教教育の難しさを痛感し、「次代を背負うおさなごたちの心に、他をおもいやるやさしさと、自分で生き抜くたくましさを育てるための宗教教育を」[3]という理念から、昭和11年に本堂と庫裏と境内を利用して「広沢寺保育学園」という施設を開設し、14年5月に社会事業法による常設保育施設として承認され、戦後23年7月に保育所の認可を受けた。

　善隣保育園は、昭和13年に農繁期託児所が開設され、16年4月に常設保育所として開設認可を、18年には社会事業法による認可を受けた。23年7月に児童福祉法による認可を受け、定員を60名とした。その後、28年に園舎を共同募金で建築した。指導理念は、「こころ、なかま、ことば、からだの円満調和の全面発達を目標とする」[4]であった。

　三萩野保育園は、昭和13年9月に民間個人立の「私立愛国託児園」という名前で開設され、20年5月に小倉市厚生事業協会に経営移管し、「三萩野保育園」に改名した。21年10月に、生活保護法による託児事業として認可を受けた。23年7月に児童福祉法による保育所の認可を受け、のち27年には社会福祉法人化している。

　片野保育園は、酒造業を営んでいた個人（富士本博孝）が、日赤区長などの役職を兼務する傍ら、日赤小倉診療所の設立にも尽力するなど社会事業に関心を持ち、昭和16年3月に「日赤片野保育園」という名前の保育所を自力で経営したのが始まりで、戦後の23年7月に、保育所の設立認可を受けている。

　早緑子供の園は、昭和16年に福岡保育専攻学校の校舎の一部を利用して「福岡保育専攻学校第二附属早緑幼稚園」[5]が設立されたのが前身である。18年4月に認可されたこの園名の「さみどり」は、萌え出る双葉の色に、育つ生命の初々しさと健やかな力に共感して名付けられた。20年には、戦災孤児や遺棄

児、引揚孤児、要救護家庭児も受託した「早緑国児園」（孤児収容施設）を開設した。23年に孤児受託を廃止して、翌24年6月に「早緑子供の園」が保育所として認可され、10月に共同募金とバプテスト連盟婦人部からの援助を受けて新園舎が完成した。

松原保育園は、昭和16年頃より徳随寺内で託児が行われたのが始まりだった。寺の近くに大きな池があり、子連れで農作業をしている親の目が行き届かず、小さな子どもがその池に落ちる等の事故が相次いだことを憂慮した住職が保育所の開設を提案し、19年に簡易保育所として開設され、23年に認可された。

木屋瀬保育園は、昭和16年に無認可の簡易託児所を開設して、石炭産業が発展する地域にあって「付近の放置された子どもたちの面倒を見」[6]ていたが、18年に正式に保育事業を開始した。その園則第2条には「本園は平和、博愛、感謝の果実を趣旨として、一般及び勤労従事者の乳児並びに幼児を受託し心身の明朗健全なる発達に務め家庭に於ける育児並びに教育を補ふを以て目標とす」という趣旨が記されている。

上広川幼児園は、昭和17年に願正寺住職が農繁期託児所を開設したのが始まりで、戦後23年4月に「財団法人　上広川幼児園」として認可された。設立趣意は「終戦後暫く児童問題の関心昂揚され之についで児童福祉法の発布を見るに及び村内より頓に常設託児所の設置を要望され」[7]、常設保育所として開設したとある。広域農村地区で、23年5月には、分園（長延地区）、25年にはもう一つの分園（逆瀬谷地区）を開設している。23年の認可申請時の園則に「本園は仏教的信念を以て幼児を保育し適当なる環境を与えて、その心身の発達を助長することを目的とする」とある。

松月保育園は、真言宗般若院の住職が「昭和18年に家庭援護を目的として簡易託児所」[8]を開設したのが始まりだった。23年に児童福祉法による宗教法人「松月保育園」として認可を受けた。

柳川保育園の場合、昭和18年から「柳川高等女学校専攻科」に保育所が設置された。23年この女学校が統廃合して県立子高等女学校に改称された時に、女

学校内にあった保育施設を閉園して「社会法人柳川保育園」として瑞松院境内に開園し、23年10月に保育所として認可を受けた。その趣意は「浮き草の如き人心不安な時に当り、日本再建の第一歩は幼児の思想善導であることを痛感し」[9]たことからとある。31年からは「柳川幼稚園」に改組している。

松翠保育園は、勝楽寺の住職大聖量州が、第二次世界大戦で混乱した社会情勢の中、住民の助けになるようにと簡易保育所として昭和18年2月に認可を受け、4月に開園式を行ったのが始まりだった。戦後23年に宗教法人立の保育所として認可された。

大川保育園は、昭和19年に三潴高等女学校に附属保育所として設置され、その後大川小学校の一角に移動し、24年1月に町営に移管されている。

大善寺賢志保育園は、半農半漁地帯で戦前から託児所を開設していたが、昭和23年10月に保育園を開設した。31年2月に幼稚園として認可を受けている。

光耀保育園は、忍誓寺の住職が、戦争中の出征者の留守宅などの人出不足を見かねて、奉仕の気持ちから寺の本堂で季節託児所を開設したのが始まりで、炭鉱で財をなした富豪家から財政支援を受けた。昭和25年12月に認可を受けている。

(3) 終戦後に設立された保育所の場合

終戦後に新たに設立された保育所の場合は、若竹保育園や大濠こども園のように引揚者の子どもの面倒をみるために開かれるものが出てくる。そして、昭和22（1947）年12月に児童福祉法が公布、23年に施行されると、戦前からの託児所などの施設も含めて保育所として23～26年の間に認可を受けている。

若竹保育園は、戦後中国から引き揚げてきた沖縄県出身の教師が、昭和21年に引揚児童の教育の遅れを補うため欽修教育館、岡本教育館を作ったのが始まりで、郷里に戻れない沖縄出身者で作られた球陽民生協会として児童福祉法に基づく「若竹保育園」「岡本保育園」の2園の設置計画に着手して、25年2月に認可を受けた。

三国保育所は、昭和21年9月に、個人（森山馨と山内隆）が小学校内に保育施設を開設し、23年7月に認可を受けている。25年に個人経営から三国村母の会へ移管され、28年に三国村へ移管された。小学校から分離したのは29年3月である。

　大濠こども園は、護国神社周辺に満州からの引揚者が多く住むようになり、当時の町内会長が護国神社付近の土地を利用して、「大濠こども寮」という名前の施設を開設して自ら園長を務めた。23年7月に認可され、翌年に「大濠こども園」に改称した。

　光應寺保育園は、大正14年から、寺院（浄土真宗大谷派）の本堂を使用し、仏教の教えを中心として、「ありがとう」の言葉を心から言える子どもを育てるために地域の子どもたちを対象とした日曜学校を開設したのが始まりで、昭和23年に認可を受けた。保育園の保育理念は、「日常生活の中に宗教的情操を加味し児童を指導教育する方針で有る」[10]とある。

　愛の園保育園は、西南女学院長（原松太）の発案により昭和23年10月に開設された。「どの子もすべて神の子」という宗教観に立ち「一人ひとりの個性を大切にする」「キリスト教保育」[11]をめざして設立された。

　あさひ保育園は、戦後まもなく、いち早く幼児教育の必要を重視した初代園長が、寺の本堂を利用して開設し、昭和24年3月にに認可された。その保育理念は「乳幼児の健全な発育に資し併せて善良な品性を育成すること」[12]とある。

　香春保育所の場合は、戦後「保育園とも幼稚園ともつかいない施設」があったのを、子どもたちを通わせていた人たちをはじめ、町内の人たちの強い要望から町立の「香春保育所」として、昭和24年11月に設置認可された。当時としては珍しいことであった。この地域は石灰産業が盛んで、昭和2年頃から町会議員が私設の幼稚園をつくるなど幼児教育に熱心であった。

　津屋崎保育園は、農村で「働く女性のために」という目的から北九州市初代市長であった吉田法晴が土地を買い、24年に保育園を設立し認可を受けた。

　南薫幼児園は、小学校教師をしながら音楽遊戯・洋舞の勉強をした藤田貞雄

が、昭和15年〜20年まで国民学校長をしていた中国から戦後引き揚げてきた。22年に笹山城址に開設されていた「りんどう保育園」の運営を委譲されていたが、就学前教育に情熱を持って24年に南薫幼児園を設立した。経営主体は、南薫校区民生委員協議会であった。保育目標は「健康保育（げんきな子）」「情操保育（美しい心の子）」「社会性の有る保育（みんなと仲良くし得る子供）」[13]である。26年に追分幼児園を開設し、のち50年に両園を閉鎖して「久留米あかつき幼稚園」となった。

友枝保育所は、友枝小学校の敷地内に昭和25年4月に開設され、前年度までその小学校長だった島寿吉郎が所長に就任した。

小浜保育所は、大牟田市民生委員会が経営主体となって、昭和25年10月に事業を開始し、12月に認可を受けた。

明星保育園では、戦前から寺で日曜学校を開いていた。戦後は、生活に追われ内職や日雇い働きをしたり、農家では赤ちゃんを籠などに入れて畦道に置いて農作業をしたりする状況にあって、放任されている子どもを見かねて、よい環境の中で育てたいとの思いから保育を始めたという。25年4月に認可された。

以上のように、保育事業の担い手や保育所の設置者は、寺院や教会などの宗教団体（14施設が仏教、2施設がキリスト教）、有志個人、公立である。我が国の産業近代化の影響を受けて石炭産業や製鉄工業の盛んな地域であったことから、福岡県では大正期から昭和戦前期までに働く母親も増えて幼児を預かり保護するために早くから保育事業が開始されている。同様に、農漁村地域でも、家内労働の多忙による育児の人手不足から幼い子どもを預かるために私設の農繁期託児所等を始めている。そういった戦前の保育事業が基になって、戦後の保育所の開設・認可に継承されていることがわかった。

終戦直後の時期は、大陸に近く、屈指の引揚港である博多港があった福岡県には中国・満州、朝鮮半島北部から多くの人々が引き揚げてきたので、人々の生活支援と子どもの保護・教育の目的からも保育事業が手掛けられていたとい

う世情が保育所の開設に反映されている。

表2-1-1　保育所の沿革

保育園名	設立・再開・認可の年月日		現在地
初音保育園　〈公〉	大正11年8月 昭和13年4月 昭和19年6月16日 昭和19年8月 昭和20年4月7日 昭和23年12月20日	戸畑町託児所設立 改称　戸畑託児所 米機B29来襲　受託不能 高谷青年学校の武徳殿と倉庫を借りて再開 改称　西部保育所 改称　初音保育園	北九州市 戸畑区
和光保育園　（仏）	昭和3年4月 昭和23年7月	託児所設立 認可	豊前市
春吉保育園　（民）	昭和3年4月 昭和20年4月 昭和24年11月 昭和30年3月 昭和30年6月	春吉幼稚園認可 閉鎖 春吉保育園認可 廃止 春吉幼稚園認可	福岡市 中央区
芦屋保育園　（民）	昭和3年5月 昭和23年7	芦屋幼稚園設立認可 芦屋保育園設立認可月	遠賀郡
御幸保育園　（仏）	昭和10年6月 昭和19年 昭和23年11月 昭和24年4月15日	季節託児所 保育中止（2年間） 認可 開園	うきは市
光沢寺保育園　（仏）	昭和11年12月 昭和14年 昭和23年7月	設立 社会事業法　認可 認可	北九州市 小倉北区
善隣保育園　（仏）	昭和13年6月 昭和14年6月 昭和16年4月 昭和18年10月 昭和23年7月	農繁期託児所設立 県届け出 常設保育所として開設認可 名称　善隣保育園 社会事業法　認可 児童福祉法　認可	築上郡
三萩野保育園　（民）	昭和13年9月 昭和20年5月1日 昭和21年10月 昭和23年7月 昭和27年5月	私立「愛国託児園」設立 改称　三萩野保育園 生活保護法　認可 児童福祉法　認可 社会福祉法人として認可	北九州市 小倉北区

戦後保育はいかに構築されたか

片野保育園 （民）	昭和16年3月 昭和16年4月 昭和23年7月	日赤片野保育園設立 認可 児童福祉法 認可	北九州市 小倉北区
早緑子供の園 （キ）	昭和16年 昭和18年4月 昭和20年8月 昭和20年9月 昭和23年3月 昭和24年6月 昭和26年2月	福岡保育専攻学校第二附属早緑幼 稚園設立 認可 戦時託児所併設 福岡保育専攻学校第二附属早緑国 児園認可 国児園廃園 早緑子供の園　認可 学校法人西南学院早緑子供の園	福岡市 中央区
松原保育園 （仏）	昭和16年頃 昭和19年11月 昭和23年7月	託児を開始 簡易保育所「徳随寺保育園」設立 社会事業施設として認可 認可	筑後市
木屋瀬保育園 （仏）	昭和16年 昭和18年4月1日 昭和21年10月 昭和23年1月	無認可の簡易託児所開設 開設 生活保護法　保護施設認可 認可	北九州市 八幡西区
上広川幼児園 （仏）	昭和17年 昭和23年4月1日 昭和23年7月1日	農繁期託児所開設 社会事業法　認可 認可	八女郡
松月保育園 （仏）	昭和18年6月1日 昭和23年7月1日	簡易託児所松月保育園を設立 認可	福岡市 博多区
柳川保育園 （民）	昭和18年 昭和23月 昭和23年9月 昭和23年10月10日 昭和31年	柳河高等女学校にて設立 廃止 設立 認可 柳川幼稚園	柳川市
松翠保育園 （仏）	昭和18年2月18日 昭和18年4月15日 昭和23年7月1日	簡易保育所設立 松翠保育園設立 認可	福岡市 東区
大川保育園 （民）	昭和19年 昭和19年2月 昭和23年7月 昭和24年1月	三潴高等女学校付設保育園設立 大川小学校校へ移設（私立） 認可 町営に移管	大川市

第 2 章／保育所の実際

大善寺賢志保育園（仏）	戦前から、農繁期託児所開設 昭和23年10月　　設立 昭和31年2月　　大善寺賢志幼稚園　認可	福津市
光耀保育園　（仏）	戦時中　季節託児所設立 昭和25年12月　　認可 昭和26年4月　　設立	築上郡
若竹保育園　（民）	昭和21年6月　　鈙修教育館、岡本教育館設立 昭和23年4月　　若竹保育園、岡本保育園設立 昭和25年2月　　若竹保育園認可	春日市
三国保育所　（民）	昭和21年9月2日　開設 昭和23年7月1日　認可	小郡市
大濠こども園　（民）	昭和22年11月　　大濠こども寮を設立 昭和23年7月　　認可 昭和24年4月1日　大濠こども園 昭和37年10月　　大濠保育園	福岡市 中央区
光應寺保育園（仏）	大正14年から　日曜学校開始 昭和23年9月　　設立 昭和23年12月　　認可	福岡市 博多区
愛の園保育園　（キ）	昭和23年10月　　認可	北九州市 小倉北区
あさひ保育園　（仏）	戦後まもなく寺の本堂で開設 昭和24年3月18日　認可 昭和24年4月1日　私立あさひ保育園開園	飯塚市
香春保育所　〈公〉	戦後、天理教の教会横に保育施設 昭和24年11月1日　認可 昭和28年　　香春小学校の隣接地に移転	田川郡
津屋崎保育園　（民）	昭和24年　　設立 昭和40年3月18日　認可	福津市
南薫幼児園　（民）	昭和24年　　設立	久留米市
明星保育園（仏）	戦前から　お寺の日曜学校 昭和25年4月1日　開設 昭和26年3月　　認可	飯塚市
友枝保育所　〈公〉	昭和25年4月　　友枝小学校内に設立	築上郡
小浜保育所　（民）	昭和25年10月　　設立 昭和25年12月　　認可	大牟田市

上記の（仏）は仏教、（キ）はキリスト教、（民）民間有志、〈公〉公立を示す。

103

第2節　施設・設備

(1) 園の広さや保育室などの施設の状況

　保育所の多くは、寺院が設置主体となっていたこともあり、寺の本堂を保育室や遊戯室として利用し、境内を園庭としていたところが多かった。

　昭和20年代前半から半ば過ぎまで、保育室の数は、多いところで6室、少ないところで1室であった。遊戯室、乳児室、ほふく室、職員室、事務室、医務室、給食室、浴室、睡眠室、更衣室、洗濯室、携帯品置き場、備品室、土間、テラス、便所などを備えているところもあった。多くの園は、昭和20年代に園舎の新築や増築をするなどして施設を拡張・整備していった。当時の施設の平面図や認可申請書に記されている事柄を手掛かりにみていくこととする。

　上広川幼児園は、昭和23 (1948) 年6月の「認可申請書控」によると、園舎は33.5坪（本堂使用）、事務室5坪、運動場は500坪と記されている。26年度の資料にある平図面では、お寺の正門をくぐり本堂に向かって左側に園舎が位置し、そこに34坪の保育室があり、本堂の中に5坪の保育室が設けられている。寺の続きの建物の中には8.5坪の調理室がある。園庭は本堂前の広場で、その広さは200坪である。保育室は、増築予定となっている。

　松翠保育園は、昭和23年6月18日付の「児童福祉施設認可申請書」によると、「建物は勝楽寺本堂の一部約二十一坪（板敷）と本堂前薬師堂約六坪（三坪畳敷　三坪板敷）便所二棟なり」と記されている。24年6月25日付の「室内整備変更拡張報告書」では、遊戯室1（24坪）、保育室2（第一保育室8坪、第二保育室6坪）、医務室1（3坪）、調理室1（3坪）、便所及び足洗場2（5坪）となっており、図面をみると開園当初保育室として使われていたところが「遊戯室」と変更され、本堂の奥に第一保育室及び医務室が新築され、庫裏の一部が調理室となっている。28年5月には乳児保育室を増築した。

第2章／保育所の実際

　木屋瀬保育園では、昭和18年に保育所を始めた当初は、「寺の本堂の畳をあげ、板張りにしてぼろのオルガン、紙芝居、蓄音機等を用意して」たくさんの子どもを保育していた。22年5月に落成した園舎は、「昭和二十二年度木屋瀬保育園事業成績」によると、保育室45.25坪、事務兼応接室14坪、台所3坪、炊事場8坪、廊下3坪、携帯品置場及土間4坪、備品室及保母室押入21坪、食堂安静室8坪、便所2坪となっている。境内遊戯場が300坪、構外運動場300坪と記載されている。24年5月には、共同募金の補助（65万円）を受けて、48.25坪の園舎を新築した。25年7月には、調理場が落成、26年度にも増築（拡張予定）となっている。「昭和二十六年度最低基準監査書類」の綴りには、「木屋瀬保育園平面図（増築、事務室及ヒ医務室）」という書類がある。これをみると、保育室22.75坪、調理場11.5坪を含め、63.75坪になっている。28年には「建造物」は61.75坪、「敷地」は420坪と拡張している。図のメモ書きによると、本堂が「拝礼、お話し、午睡、母の会、作品発表等に使用」、庫裡は「事務室兼会議室」となっている。「運動場全面砂遊場」と書かれていることから、運動場はどこでも砂遊びができるようにしていたことがわかる。同年11月には、共同募金の補助を受けて、運動場の境界板塀を工事している。

　南薫幼児園は、昭和24年4月の開園時は12坪であったが、すぐに事務室6坪、保育室7.5坪を増築し、9月には35坪の仮屋を保育室として借用している。10月には「調理室及園長住宅」（20坪）を新築している。25年に保育室15坪、「手洗場及便所」10.1坪を新築、26年にも保育室2室を23坪で新築というように、拡張していた。

　御幸保育園は、「昭和26年度県モデル施設　浮羽町御幸保育園概要」によると、保育室6室（16坪1部屋、8坪3部屋、6坪1部屋、9坪1部屋）、遊戯室1室（15坪）、事務職員室、休養医務室、調理室、玄関、雨天遊戯場（本堂縁廊下40坪）、便所、運動場（300坪）、洗面所となっている[14]。

　善隣保育園の昭和28年の園舎建築時の図面によると、園舎は乳児室5.5坪、保育室12坪が2部屋、物品置場4.5坪、給食室6坪、便所、遊戯室35坪、玄関

105

2.47坪、園の裏に倉庫6坪があった。

　香春保育所は、昭和28年に小学校の隣接地に新築された際には、木造平屋建て（104坪）で、工費200万円であったという。その時の平面図とみられるものによると、敷地面積は1,554㎡で、建築面積は457.38㎡で、保育室が3つあり、その他に遊戯室、調理室、医務室兼事務室、管理人室があったことがわかる。遊戯場の面積は635.10㎡だった[15]。

　小学校内に設置された三国保育所は、昭和29年に新築分離し、その敷地は2,078.78㎡、建物は240.53㎡で、そのうち保育室は102.3㎡であった。遊戯室1室（24坪）と、保育室2室（各12坪）、便所があった。

　また、園舎や部屋の広さまではわからなかったが、戦前からあった芦屋保育園は戦時中に空襲を受け、戦後園舎を建てて再開したが、「遊戯室を兼ねた保育室2、階段の上に1、赤ちゃんの部屋1、給食室1で、初めて園らしい建物になったが、つぎはぎだらけの園舎で、雨漏りや羽目板・床の修理に追われた」という。園舎の建設には、自費と市からの補助金、共同募金を当てた。

(2) 設備や備品の状況

　園庭の設備・遊具などについては、滑り台（15施設）、ブランコ（14施設）、ジャングルジム（10施設）のある園が多かったことがわかった。表2-2-1に戸外遊具の設置状況を整理した。表中の○印は、あることが資料や聞き取り調査から明らかになった園である。空欄は、有無の状況が確認できなかったことを示すもので、必ずしもなかったというわけではない。

　以下、3園の状況について述べる。

　木屋瀬保育園には、昭和23年5月31日現在の「児童福祉施設現状調査書」があり、「室外備品」として「ブランコ八」「スベリ台三」「鉄棒三」「吊輪三」「砂場三」「水遊場一」が記載されている。26年度の書類では、屋外の遊具として「ブランコ10」「滑台3」「砂場1」「鉄棒1」と記載されている。

第2章／保育所の実際

表2−2−1　戸外遊具の設置状況

園・所名 ＼ 遊具	滑り台	ブランコ	砂場	鉄棒	ジャングルジム	シーソー	遊動円木	その他
芦屋保育園	○	○			○			太鼓橋
御幸保育園		○						
光沢寺保育園	○	○	○	○				
早緑子供の園		○			○	○		
木屋瀬保育園	○	○	○	○				
上広川幼児園	○	○	○		○	○	○	
松月保育園	○	○	○	○		○	○	
松翠保育園	○	○	○		○			枠登
光耀保育園		○		○		○		三輪車
若竹保育園	○	○	○	○	○			
光應寺保育園	○				○			
愛の園保育園	○				○			
あさひ保育園	○					○	○	
香春保育所	○	○	○	○	○			太鼓橋
津屋崎保育園				○				
南薫幼児園	○	○	○	○	○	○		
友枝保育所	○？		○	○				
小浜保育所	○							
明星保育園	○	○						回転塔

表中の○は有、空白は不明を意味する。

　南薫幼児園には、ブランコは3、シーソーは2、滑り台は外と室内両方にあった。「ごつこの家」に加えて「セットゴツコ家　二」と「主なる備品」の表に記入されている。

107

戦後保育はいかに構築されたか

戸外用具ではないが、園庭の設備状況をうかがえるのは、和光保育園である。当時の園長の娘で現園長の話によると、「園庭は、寺の境内が公園のようになっており、塀はなく、門柱があるだけで、自由に出入りできた。園長手作りの鳥や動物の小屋、池があった。小倉の到津の動物園で動物をもらってきた、クジャク、猿、アナグマ、七面鳥、ガチョウ、十姉妹、セキセイインコ、うずら、モルモットなどがいた。池には、小便小僧の像があり、亀や鯉がいた。裏に木もたくさん植えてあり、芭蕉やバナナなど珍しい木もたくさんあった。園児たちが卒園して小学生になっても、放課後に遊びに来ていた」という。

(3) 室内の備品や教具の状況

保育室内には木製の机と椅子のある保育所が多く、戸棚、黒板もあるところがあった。芦屋保育園には、木工細工で作ってもらった木の椅子、折りたたみ式のちゃぶ台（座り長机）があったというように、手作りのものも多かった。室内用具・教具の設置状況は、次の頁の表2-2-2からわかるように、オルガン、蓄音機、紙芝居のある園が多かった。

詳しい状況がわかるのは木屋瀬保育園で、昭和23（1948）年の「児童福祉施設現状調査書」にある「室内備品」の項目に「スベリ台三」「積木一五〇名分」「雨天時特設スベリ台二」「オルガン二」「電蓄一」「蓄音機一」「塗板一」「園児用腰掛、机一五〇名分」と記載されている。26年度の同書類には、「オルガン1」「蓄音機2」「積木（小）100組」「ブランコ2」「滑台2」「なわとび13」が記載されている。「教具（文化財）」の項目には、「紙芝居」や「人形芝居の人形」、『キンダーブック』、『ひかりのくに』、童話絵本名などが記載されている。

松原保育園は、創立当時の園長の娘による『筑後の保育に生きて　平田美智子　83歳』（DVD）の回想によれば、彼女の「帯、着物、履物まで売って、リヤカーをひいてオルガンを買いに行った」ということであり、保育のために私財をなげうってまでオルガンを購入した保育者の熱意と努力と苦労をうかがうことができた。

多くの楽器が備えられていた南薫幼児園は、音楽に力を入れていた。

表2-2-2　室内用具・教具の設置状況

用具・教具／園・所名	ピアノ	オルガン	その他の楽器	蓄音機	積み木	滑り台	紙芝居	絵本	その他の室内用具
初音保育園	○	○	鈴、太鼓タンバリンカスタネット、トライアングル		○		○		
和光保育園		○			○		○		
芦屋保育園		○		○	○		○	○	レコード、木のおもちゃ
御幸保育園			太鼓				○		人形、レコード
光沢寺保育園		○		○	○	○			椅子ブランコ歩行器、手押し車、恩物、
三萩野保育園		○		○					
早緑子供の園			大太鼓、小太鼓、タンバリン、鈴						
松原保育園		○							恩物
木屋瀬保育園		○		○	○	○	○	○	電蓄、なわとび
上広川幼児園		○	（リズム楽器）	○	○		○		炊具、人形劇舞台
松月保育園		○							
柳川保育園	○								
松翠保育園		○		○	○		○	○	ラジオ

若竹保育園		○					○	○	レコード
大濠保育園		○	アコーディオン						
光應寺保育園	○		楽器				○		
あさひ保育園						○	○		電蓄、レコード、指人形
津屋崎保育園		○							
南薫幼児園		○	太鼓（大）（中）カスタネット、鈴 タンバリン シンバル トライアングル	○	○	○	○	○	幻灯器 レコード 人形 おもちゃの箱 ままごと道具
明星保育園		○							
友枝保育所		○	タンバリン、カスタネット			○			輪投げ

表中の○は有、空白は不明を意味する。

　保育用具・教材に関しては、詳細がわかったところは少なかった。

　初音保育園には、色つきの紙（オブジェ用）、楽譜、粘土（個人持ち物）、粘土版、バケツ、クレパス、折り紙があった。

　戦後に設立された若竹保育園には、クレヨン、パス、小麦粉粘土があった。鋏は、子ども用のものはなく、共用であった。光應寺保育園には、クレヨンと画用紙があった。南薫幼児園には、研究会の時の保育案を見ると、クレパス、毛筆、絵具、バケツ、洋紙、色紙、のり、鋏等があったことがわかる。

第2章／保育所の実際

第3節　保育内容・方法

(1) 保育時間と一日の流れ

　保育時間は、家庭の状況に応じて時間外でも園児を預かっていた保育所がほとんどで、朝早いところでは、6時より登園・所を開始していた。また、遅いところでは、19時まで預かっていたようである。昭和28（1953）年の1～2月に「毎日新聞西部本社版」に連載された「幼稚園保育園めぐり」[16]に保育時間が記されていた10ヵ所をみると、開始時間は7時からが多く、早いと6時から、遅いと9時からであった。帰りの時間は様々で、早いと3時、遅いと6時で、延長保育で7時までというところもあったので、対象とした保育所の状況は、福岡県では一般的であったと思われる。友枝保育所のように、1学期は午前保育、2学期は昼食とお昼寝があり、15時ごろ降園といったように、学期によって保育時間の違う所もあった。一日の流れがわかった保育所をみていく。

　初音保育園は、7時頃より子どもが登園し、午前に一斉保育をし、昼食、昼寝という流れだった。住み込みの職員が、夕ご飯を食べさせていたことも明らかになった。

```
 7：00      登園
 8：30      朝の会
 9：00      一斉保育
11：00      食事の準備開始
11：30      昼食
12：30      お昼寝の準備
13：00      午睡
14：30      起床
15：30～    早い子はお迎え
19：00      遅い子のお迎え
```

111

戦後保育はいかに構築されたか

　農村地区にある上広川幼児園は、園児は路線バスを利用して、早い子は6時より登園し、9時までの間に順次登園していた。夏季には午睡の時間が設定され、農繁期には16時より特別保育（延長）が行われていたようである。

6：00	登園　健康状態の視察　携帯品措置　手洗い　自由遊び　衛生処置
7：00	ラジオ第一
8：00	職員朝会
9：00	朝の集り　出席捺印　礼拝　体操　手洗い　間食ミルク
10：00	自由遊び
11：00	昼食
12：00	自由遊び
14：00	自由遊び（主にグループまたは個人保育）
15：00	間食
16：00	降園
17：00〜	遅い子の降園

7：30〜9：00	保育開始、ラヂオ体操、自由あそび、レコード舞踊。
9：00〜9：10	用便手洗、遊具の後始末
9：10〜9：30	朝会（礼拝、リズム、お約束、健康調べ）、お遊戯。
9：30〜10：00	おはいり（お稽古）、主に知的方面。
10：00〜10：30	お遊び（自由あそび）。
10：30〜11：20	おはいり（お稽古）、主に情的方面。
11：20〜11：40	中食準備（整容用便手洗）、一部お帰り。
11：40〜0：30	中食、後始末。
0：30〜1：00	昼寝準備
1：00〜2：00	午睡。休息。
2：00〜2：30	お遊戯（集団あそび）（プール利用）。
2：30〜3：00	おやつ。
3：00〜3：30	自由あそび（出席カード、持物調べ）（手提げカバン、靴）。
3：30〜4：00	帰宅準備。おかへり。
4：00〜5：30	残留保育。

　御幸保育園に残されている記録からは、上にまとめたような一日の流れがわかる。7時30分開始で、一部園児のための「残留保育」を行い、現在でいうところの「延長保育」を17時半まで行っている。「朝礼」が9時10分で「おかへ

112

り」が４時という保育プランから、当園が「半商半農」地区であり、前述のように幼稚園的保育と託児所的な希望の両方があるので、両者の立場に立って、保育内容を工夫している点がみられる。

木屋瀬保育園は、昭和22年度の「木屋瀬保育園事業成績」によると、「受託時間」は「午前七時より正午まで、家庭の事情により父母の引取まで受託す」となっていた。毎日の時間割は、「昭和弍拾弍年一月現在」とある資料をもとにまとめると次のようであった。

9：00	集合
10：00	行事 拝礼、朝の挨拶、躾談話、指導遊戯、音楽唱歌
	自由遊び
10：40	工作（月水金）、観察（火木土）体練（遊戯）音楽遊戯
11：30	帰宅および途中の注意、帰りの唱歌、退園（家庭の事情により18：00まで収容）

松月保育園は、聞き取りから一日の流れがわかった。この中で、「７時半よりも早く来る子どもは、園長のお寺の自宅で預かっていた」り、「午後は小さい子どもは昼寝の時間を入れていた。大きい子は夏だけ昼寝があった」り、「おやつは、ドーナツ、それ以外はせんべい程度」「夜の９時ころに迎えに来る人もいた」りしたという話をうかがうことができた。

7：30	登園
9：00	外遊び（天気の良い日は体操を行う）
	設定保育（製作などを行う）
11：30	昼食
15：00	おやつ
17：00	降園

南薫幼児園では、昭和28年に行われた「保育研究会　保育講習会要項」に綴じられていた年長組の「ディリィ・プログラム」によると、以下のようであった。

8：00	午前のおあそび
11：30	食事
12：15	休息と集い
12：30	午後のおあそび
3：20	おやつ
3：35	休息と集い
3：50	お帰り （4時まで）

　光耀保育園では、「保育者が各部落から子どもたちと一緒に登園し、その後、自由遊び、歌（仏歌など）、お話、お参りなどの後、設定保育（主として、リズム遊び、本読み、畑の観察など）、食事、休息、昼寝はしたい子だけ、おやつを食べて保育者とともに帰途につく」一日だったという。

(2) 保育行事

　昭和20年代当時、多くの保育所で行われていた保育行事は、表2-3-1のようであった。

表2-3-1　行われていた行事の主なもの

運動会（18）	遠足（15）	雛祭り（12）	遊戯会（七夕遊戯会）（11）
卒園（業）式（10）	入園式（9）	七夕祭り（7）	クリスマス会（7）
誕生会（6）	花祭り（6）		

　　　　　　　　　　　　　　（　）内の数字は、行われていることがわかった施設数

　この中で、特徴的と思われることは、「運動会」は、保育園単独のもの、市町村単位や学区で行われる合同運動会や小学校の運動会に参加するという形などがあったことである。

　また、調査対象には仏教の保育所が多かったこともあり、「花祭り」等の仏教行事がとりあげられている。仏教の園でもクリスマス会を行っている園もあった。仏教の松月保育園では、昭和23（1948）年のクリスマス会で「袴をはいて、黒田節を踊った」という。民間園の若竹保育園では、クリスマス会は「お父さんもお母さんもみんな来られるから」という理由から、夜間に行い、子ど

第2章／保育所の実際

もたちは「きよしこの夜を歌ったり、女の子は白い衣装をつけ冠を載せて踊ったりした」という。

　その他には、少数ではあったが、仏教のもの（成道会、報恩講）、発表会（学芸会、器楽合奏発表会、人形劇発表会）、園外で行われるもの（福岡旅行、小学校参観、社会見学、自然観察、園外保育）、そして、新年子供の集い、餅つき、節分・豆まき、端午節句、七五三、夏季レクリエーション、夏祭り（お盆会、夏祭り・盆踊り大会）、お月見、お彼岸会、時の記念日、修了式、天皇誕生日、児童福祉週間、母と子どもの会、母の会、落成式、園舎落成謝恩お茶の会、共同募金感謝運動の催し、シベリヤ引揚者のお迎え等が行われていたことがわかった。

　第4章で取りあげるが、「御幸保育園年間行事計画」をみると、毎月の決まった行事である誕生会と健康診断のほかに、季節に関する行事や年中行事、さらに宗教的行事を取り入れていることがわかる。

　次に、詳細がわかった行事の内容や方法について述べる。

1）運動会

　片野保育園では昭和20年代のものとしては、25年前後と思われるものが3種類、26〜29年度のもの、合計7種類の運動会プログラムが残されていた。いずれも、午前9時半から昼食をはさんで、午後まで、20種目前後が行われていた。園児ばかりでなく、保護者や来賓、卒園児の参加する種目もあった。

戦後保育はいかに構築されたか

表2-3-2　片野保育園の秋季運動会のプログラム内容（昭和27年度）

1	開会の辞		15	とんがり帽子		きく
2	幼児体操	全	16	玉入れ		全
3	ざる引き	ばら				
4	ほつぺちやん	ゆり		（中食）		
5	鬼さんこちら	きく				
6	ベビーゴルフ	来賓父兄	17	親孝行		母姉
7	きゆうきゆうきゆう	ばら	18	雷ごろちやん		ゆり
8	椅子とり	ゆり	19	フツトボール		卒業生
9	仲よしリズム	きく	20	借物競争		来賓父兄
10	スプーンレース	母姉		日の丸の旗		全
11	おだんごころころ	ばら		閉会の辞		
12	チューリツプボーイさん	きく				
13	輪くぐり	ゆり				
14	おせんたく	ばら				

　若竹保育園では姉妹園の岡本保育園と合同で、かけっこ、リレー、綱引き、職員の踊り、親子の踊りなどを行った。父親が保育園に来るのは運動会くらいであったから、綱引きなど父親参加のプログラムを用意したり、母親参加の花笠音頭なども取り入れていた。

　上広川幼児園では、園内で行っていたが木もあり父母等も大勢来たため、狭くて大変であった。小学校の運動会にも出ていて、円形を作ってお遊戯をしていた。

　友枝保育所では、隣り合った敷地にあった保育所と小学校、中学校、定時制高等学校と村民合同の大運動会が10月に開催された。中学校が中心となって行われ、毎年700人以上が参加する盛大な行事で、村の人々も楽しみにしていた。『大平村村制50周年記念誌』にも、運動会の様子が紹介されている[17]。保育園児は、旗とりと遊戯をした。園児が遊戯をする写真が残っている。

　明星保育園では、少人数のため運動会が独自に開催できず、「少し行ったところにある小学校の運動会に遊戯をして」参加した。

　光耀保育園では、小学校の運動会に参加して、園児は旗取りをして、賞品にお菓子とノートを貰ったという。運動会の遊戯には希望者だけが参加した。園

116

独自の運動会も行った。

　早緑子供の園では、昭和28年に初めて園独自の運動会を行っているが、綱引きや玉入れ、鈴割り、紅白リレー、保護者参加の障害物競走、パン食い競走などを行った。

２）遠足

　上広川幼児園では、貸し切りバスで、福岡市の動物園などに出かけた。母親同伴で、食事をして帰って来た。

　御幸保育園では、年２回行い、そのうち１回は保護者も同伴でバスに乗って動物園へ行き、もう１回は山北神社へ弁当持参で行ったという。

　香春保育所では、秋に親子遠足があり、バスで到津の動物園などに行き、親子で楽しむレクレーションとして、親も楽しみにしていたという。

３）遊戯会

　遊戯会は、片野保育園には昭和26、27、28年度のプログラムが残されていた。いずれも、保護者へ来園の案内付きであった。27年度のものには、午前９時半より12時まで、と時間の案内もあった。28年度のものは12月25日に開催され、「クリスマス遊戯会」となっていた。内容は、「白虎隊」「雨傘唐傘」「京人形」などの日本舞踊的なもの、「舌切り雀」「一休さん」「浦島太郎」「金太郎」などの昔話、「あの子はだあれ」「青い目の人形」などの童謡等であった。出し物の数は、26年度が32、27年度は27、28年度は49あった。

　上広川幼児園では、遊戯会を年１回、２月か３月にやっていた。子どもたちが劇や遊戯で身につける衣装は紙でできるものは保育者が新聞紙を染めたりして作り、そうでないものはお母さんたちに作ってもらっていた。小道具も、たとえば鋏なら、馬糞紙で作っていた。劇の配役に文句を言ってくる親もいて、たとえば舌切雀の劇の時に、「うちの子は何てなしてない、ガラッパ雀」と、自分の子どもの役がその他大勢の雀であることに対して、「何で雀なのか」と

不満が出されたこともあった。わが子にはなるべく目立つよい役をという意識を持った親がいて、困ったこともあったようである。遊戯では、保育者たちの創作した舞踊をやった。その場合は、まずレコードを聴きながら、「間奏は何個ある」「そこはこうしましょう」と、歌詞に合わせた踊りを考えて作ったという。この遊戯会は、大きな行事であった。

御幸保育園では、「3月に行うことが多かったが、お御堂で桃太郎やかぐや姫の劇をしてすごかった」という。広沢寺保育園でも、「衣装を着け、とにかく派手だった」という。香春保育所では、お雛様の日に遊戯会を行っていたが、働く母親が多く年2回も仕事を休まないといけないというので、しばらくして卒園式の日に、式のあと遊戯会を行うことになった。

和光保育園では、椅子を並べた上に畳を敷いてステージを作って、「金の斧、銀の斧」の劇をやった。「衣装を着けて、派手だった」という。

若竹保育園では、「遊戯や踊りなどをした。父兄も出し物をしたが、大半は踊りだった」という。

初音保育園では、「遊戯会の衣装などは保母が手作りで用意し、舞台がなかったので机を並べてそれを縛って舞台にした」という。同様な舞台を作っていたのは明星保育園で、「椅子を並べてくくって、板を載せて舞台を作り、藤間流の日舞を習っていた子どももいたので、それを使って遊戯をした」という。

4）仏教行事

花祭りは、御幸保育園では、釈迦像を安置した小堂の屋根に園児が自宅から花を持参して飾りつけ、お釈迦様に甘茶をかけて、甘茶をいただくことや、年によっては細い竹を組んでそれに白紙を貼って大きな象（軽自動車くらいの張り子の像）を作って紅白の紐で引き、園の近くを回ったりしている。12月8日の浄土会では、簡単にお参りをして、園長の話を聞いた。

同じように、上広川保育園でも、甘茶を頂いたり、細い竹を組んでその周りに白い紙を貼って大きな像を作り、町内を引いて回ったという。

第2章／保育所の実際

　また光耀保育園のように「報恩講では、お経をあげた」り、「初盆の家に園児が行きお経をあげた」というのもあった。お盆の時にも、園児がお経をあげて喜ばれ、お菓子を貰ったりして園児も喜んだという。

　以上のように、運動会は保護者も行事に参加して楽しんでいる様子がうかがえる。また、親子遠足で福岡の動物園へ行ったりしている。今回の調査対象に仏教園が多かったこともあり、仏教にちなんだ行事が積極的に取り入れられていることがわかった。

(3) 保育内容

　どのような保育の内容が行われていたかについて聞き取りや資料等から、表表2-3-3のような内容がわかった。これらは一斉的な活動として、あるいは、自由遊びの内容として扱われていた。この表をみる限りでは、戦前の5項目の流れを受け継いでいるものもあった。（「談話」、「手技」や「観察」など）

表2-3-3　主な保育の内容

談話　お話　絵本　紙芝居　人形芝居
手技　折紙・畳紙　製作　貼り絵　絵画（お絵かき）　塗り絵
観察
歌（童謡）・唱歌　音楽　遊戯　レコード鑑賞（クラッシック）
積み木　お店屋さんごっこ　お砂遊び　ハンカチ落とし　おしくらまんじゅう　竹馬

1）談話

　詳細をみていくと、談話は、「お返事は立ってはっきりすること」「履物の整理」等、生活の規律に関する話などがされていた。お話は、「三匹の子豚」「浦島太郎」「桃太郎」「コロリンジイサン」「トンボは何に載っていったでしょう」「舌切雀」「ねづみのお嫁入り」等だった。

119

戦後保育はいかに構築されたか

2）絵本・紙芝居

　木屋瀬保育園には、「ガリバー旅行記」「浦島太郎」「アリババ物語」等の絵本があった。紙芝居は、「雨の降る日」「子猫ちゃんの絵日傘」「神武天皇」「小熊の誕生日」「ウサギと虎とゴム鉄砲」「親切な兄弟」「三匹の子豚」「春の動物園」等の記載があった。紙芝居は、童話ものだったという園もある。

　芦屋保育園では、「長靴をはいた猫」「鴨とりごんべい」「赤ずきんちゃん」などの絵本があった。

　初音保育園には、「つるの恩返し」の紙芝居があったという。

　光應寺保育園では、「三匹の子豚」「浦島太郎」「桃太郎」等の話を講習会で習ってきて、聞かせたという。

3）歌・リズム

　歌は、松月保育園では季節の歌として、ヒバリの赤ちゃん、春が来た、梅の花、卒園式に向かって、お手々つないで、などを歌った」という。芦屋保育園では「ハトポッポなどをよく歌った」という。明星保育園では、「グッドバイやチクタクで、振りがついているのもやった」という。

　光應寺保育保育園では、振りをつけながら「おはよう」「一休さん」「絵日傘」「おひなさま」「鯉のぼり」「チューリップ」「水鉄砲」「七夕」「お正月」「たき火」の童謡をよく歌ったという。

　御幸保育園では、「子供の朝」「朝の会」「兎のお目目」「母さんのお使い」「鯉のぼり」「時計の歌」「雨ふり」「蟹の洗濯」「でんでん虫」「赤い帽子白い帽子」「どんぐりころころ」「はとぽっぽ」などを歌ったとの記述が日誌にあり、他にも多くのタイトルがあげられていた。

　松原保育園では、Happy Birthday の節で、Good Morning や Good by 等、挨拶の歌を英語で歌っていた。

　木屋瀬保育園では、保育日誌によれば「子供の朝」「雨降り」「ウサギのお目目」「母さんのお使い」等が1学期にあがっており、2学期以降には「おはよ

120

う」「ニコニコ保育園」「子供行進曲」「赤い羽根」の唱歌、「落ち葉の子どもの歌」等、3学期には「春の歌」「節分の唱歌」「誕生の唱歌」「烏の歌」等が記述されている。

初音保育園では、「チューリップ」「大きな栗の木の下で」「糸を巻き巻き」「シャボン玉」等をオルガンで弾いていたという。

中には、あさひ保育園のように、朝9時ころから登園してきた子どもに、レコード鑑賞（主にクラシック）をしていて、「チゴイネルワイゼン」等を園の中に流して聞かせていたというところもあった。

友枝保育所では、歌や遊戯は「保母二人がオルガンを弾く者と前に立って歌詞や動きを教える者とにわかれて交代で教えた。遊戯はレコードの付録にある振りを全部覚えて、それをやった」「歌は、『むすんでひらいて』や『おててつないで』『どんぐりころころ』等を歌」い、タンバリンやカスタネットがあって、「リズム遊びのようなこともした」という。

遊戯としては、「豆袋乗せて」「急行列車」「庭に出て遊ぼう」「てまりが回る」等があった。フォークダンスを踊った園もあった。

(4) 昼食とおやつ

昼食は給食のところが多かったようだが、中には、主食、飲み物の水筒はそれぞれ持参し、副食だけを保育所で用意したところ（友枝保育所、上広川幼児園）や、弁当が多かったが保育所で作ることもあったところ（光耀保育園、初音保育園）もあった。給食だった園の詳細をみていくと、光應寺保育園では、昭和24年よりユニセフのミルク給食が始まった。ユニセフのミルク給食は、福岡市では光應寺保育園と福岡幼児園、崇徳保育園の3施設だけだった。朝10時、昼12時、午後3時に、それぞれ1合子どもに飲ませた。また、カリフォルニアの邦人会から、缶詰やオートミールの材料が送られてきていた。給食のおかずは、お寺の釜を使って作っていた。ぜんざいやシチューを作り、パンも食べていた。アンパンなどの菓子パンをパン屋さんから持って来てもらっていた。

戦後保育はいかに構築されたか

　配給を受けていたところが多いようで、柳川保育園は、保育所向けの配給を受けて給食にしていた。光沢寺保育園の給食は、ご飯は配給で、沈没船のコーリャンはお団子しにした。昭和24〜25年には畑を耕し、肥しを汲んでまき、野菜を作った。10円のトーフを園長が買いに行ったりしていた。香春保育所の給食は、土曜日を除いて毎日あり、パンやがコッペパンをもってきてくれて、脱脂粉乳とおかず一品であった。調理を担当していた人は、32年に調理員の資格を取っている。

　芦屋保育園の給食は、主任と補助（2〜3名が交代で来ていた）とで作っていた。ご飯を炊いていた。また、進駐軍にパンの耳とか形の崩れたものを貰いに行くと、保育園ということでただでくれた。野菜屋、肉屋から契約で購入していた。ユニセフのミルクも使っていたという。明星保育園の給食は、金物の食器で、おつゆ（菜っ葉とトーフを入れたり）を作っていた。ララ物資で来るミルクは、落花生をすり鉢ですりつぶして入れると、飲んでくれた。石榴の赤い実がおやつだったこともある。

　主食以外を保育所で用意した友枝保育所では、魚でだしをとって大根や人参を煮たもの、かぼちゃの団子汁などを作っていた。園児のお弁当箱は木製、柳行李の籠、アルマイト製のものなどだった。また、上広川幼児園では、ご飯は持参し、お寺の食堂で、手伝い二人と保母が当番で副食を作っていた。家庭料理風で、カレー、汁ものもあった。ユニセフのミルクが、モデル給食ということで、大きな缶に入ったものが、他の園は一缶くらいだったのに、上広川幼児園にはトラックいっぱい配給された。飲みにくくて、砂糖やコーヒーを入れていた。食事の後は、ゴミを拾わせたりして、掃除もしていた。食器はアルミで、コップだけ持ってきていた。

　弁当が多かったが保育所でも作ることがあった光耀保育園では、戦後の食べ物のない時代で園児を食べさせることに本当に苦労した。お弁当は、親が自分たちで作って持ってくることが多かったが、寺院の庫裏でもよく作っていて親が手伝いに来ていた。麦ご飯、芋ご飯、栗ご飯、芹ご飯などのご飯ものに、汁

122

はすまし汁で野菜などを浮かべていた。野菜は親が持ってくるものを使うことが多かったが、子どもたちも保育園の畑で野菜を作っていた。

弁当持参の初音保育園は、特に冬は寒いので冷えた弁当を用務員さんがストーブで温めてくれた。また、大豆を豆腐屋さんへ持っていって、それを豆腐に替えてもらって電車で帰ってくるのだが、いじわるな運転手さんは水がこぼれるから乗せてくれなかったりしたことも保育者の思い出として語られた。

次におやつに関しては、どうだったか。

光耀保育園では、季節のもので、芋やいちじくなどであった。蚕を飼っている家が多かったので、その葉が蚕の餌になるいちじくが多かったという。お菓子はたまに饅頭屋のまんじゅうをだしていた。ユニセフのミルクは、椎田の工場でパンと交換していた。初音保育園では、時には慰霊祭のらくがんの残りを園児用にもらったりしたこともあった。友枝保育所のおやつは、一期生は脱脂粉乳だった。冬休みを過ぎた頃から乾パン2枚をもらって帰るようになった。カバヤのキャラメルをもらった覚えもある。三期生は、肝油、ドロップなどだった。

若竹保育園では、昭和27、28年になると、20円を持ってきてパンを買うことがあった。寮内に協同組合があって、持ってこられない子にはパンを与えていた。ドラム缶に入ったミルクが来て、おやつに飲んでいたが、固まったのをかじった子もいた。光沢寺保育園のおやつは、ララ物資のラード、レーズンを使ってドーナツを作ったり、畑で採れた芋をふかしたりした。松月保育園のおやつは、ドーナツ、それ以外はせんべい程度だったという。

以上のように、戦後の食糧難で、多くの園では子どもの昼食にするパンやミルクの調達にも苦労したことがわかる。ユニセフ等の支援を受けながら、子どもたちの喜びそうなおかずの工夫やおやつの提供をしていることがわかった。

戦後保育はいかに構築されたか

第4節　運営・保育者の状況等

　昭和20年代の各保育所の園児数やクラス数、職員の構成、保育者の資格・学歴（出身校）等について、わかったことを述べる。在園児数やクラス数、保育職員数の根拠は、聞き取り、写真からの算出、園の資料からの推定数字（アルバム等の顔写真からの算出）であるため、すべてが正確な数字というわけではない。

⑴ 在籍児数とクラス数および保育職員数

　大正期の終わりまでに設立された初音保育園の入園条件は勤労者の幼児で自宅保育のできない満2歳から6歳までのもので、昭和28（1953）年1月には、男児70名、女児52名計122名が在籍していた。

　昭和の戦前期に設立された園の中で詳細がわかったのは、木屋瀬保育園である。園児数と保母数は、同じ年度でも月により異なっていることもある。昭和23年1月の定員は100名であった。

　「昭和26年度月報」の記録によると、「収容定員」は150名で、園児の年齢は、2〜7歳までである。4〜7月までは、実人員は168名で、9〜3月は152名と記されている。各月の記録を順に見ていくと、幼児の年齢が誕生日によって変動するので、実際には満3〜6歳までの幼児の3年保育が中心だったと推測できる。

124

第 2 章／保育所の実際

表 2 - 4 - 1　木屋瀬保育園の在籍数と職員数の推移

年度（昭和）	在籍数	修了生数	措置児童数	職員
21	135	49	65	園長外 4 名
22	154	55	104	〃　　4 名
23	161	47	101	〃　　5 名
24	119	41	94	〃　　4 名 炊事婦 1 名
25	120	41	84	〃　　5 名 炊事婦 1 名
26	162			〃　　8 名
27. 12. 30	141			5 名
28	170			5 名　雑役 1 名

（空白は不明を意味する）

　もう少し詳しく実態を知るために、園児数の実際例として表 2 - 4 - 2 に 4 月
の記録から整理しておく。

表 2 - 4 - 2　木屋瀬保育園の昭和26年 4 月の入所児童状況（実人員）

	法によるもの＊			一　　般			計		
	男	女	計	男	女	計	男	女	計
0 才									
1 才									
2 才	3		3				3		3
3 才	12	17	29	3	3	6	15	20	35
4 才	27	23	50	4	1	5	31	24	55
5 才	27	13	40	15	9	24	42	22	64
6 才	4	4	8	2	1	3	6	5	11
7 才以上									
計	73	57	130	24	14	38	97	71	168

＊上記の表中の「法によるもの」とは、児童福祉法に定められた入所基準の対象児童のこと
　であり、「一般」とはその対象ではない児童のことと解せられる。当地区に幼稚園がなか
　ったためか、本園では児童福祉法の規程対象外児童を多く収容していたとも推測できる。

125

戦後保育はいかに構築されたか

和光保育園の卒業記念写真から算出した卒園児数は、次の通りである。

「第二十一回卒業記念」の写真（昭和24年3月）には、男23、女23、計46名と園長、職員と思われる女性4名、「第二十四回卒業記念」の写真（昭和25年3月）には、男35、女43、計78名と園長、職員と思われる女性4名が写っていた。『福岡県社会事業史　別冊』では、昭和28年から定員は90名となっているが、「第27回卒業記念昭和30年3月」（昭和29年度）と記載された写真には、男55、女58、計113名の園児が写っていた。この写真には、男性4名、女性8名が写っていたが、職員かどうかは不明である。

御幸保育園の園児数の推移はわからなかったが、昭和26年6月の記録によると、園児数245名であり、定員の150名を大幅に上回って在籍していた。

三萩野保育園の在籍園児数の推移は表のとおりである。

表2-4-3　三萩野保育園の園児数の推移

年	クラス数	男児数	女児数	合計
24	2	34（5歳17 　　6歳17）	25（5歳11 　　6歳14）	59
25		（6歳34）	（6歳20）	(54)
26	3	40（2歳2 　　3歳6 　　5歳16 　　6歳16）	28（2歳4 　　3歳5 　　5歳8 　　6歳11）	68
27	3	35（3歳2 　　4歳3 　　5歳15 　　6歳15）	26（1歳1 　　3歳1 　　4歳1 　　5歳11 　　6歳12）	61

片野保育園の昭和20年代の職員数は不明である。定員は、設立当初は65名、23年の認可以降は70名であった。クラスは、運動会や遊戯会等のプログラムから算出すると、26年度は2クラス、27年度は3クラス、28年度はクラス、29年度は5クラスであった。

早緑子供の園の昭和24年の職員の数は、保母は幼児部が4名、乳児部2名、給食係1名、嘱託医1名となっていた。

　芦屋保育園は、昭和17年度には園児が37名いた。戦争末期から昭和20年は、園児数が17、18名から20名と減少し、園長のほかは保姆が1名であった。戦後は60〜90名で、保母は園長も入れて5名くらいであった。

　松原保育園の戦後の卒業記念写真から算出した卒園児数と職員数をあげる。

表2-4-4　松原保育園の卒園児数と職員数の推移

年	男児数	女児数	合計	職員数
21	9	16	25	4（園長含む）
30	47	59	106	6（園長含む）

　上広川幼児園は、昭和23年開園当初には、園長1名、主事1名、主任保母1名、保母若干名、園医1名を置くことになっていて、予算書には、主任1名、助手4名、園医1名の給与が計上されていた。実際には、主任のほかに、5月就任の1名を加えて5名の保母（助手）がいたと思われる。130名を超える幼児が集まり、十分ではなかったとしても、当時としては職員が多かったといえる。

　昭和25年からは財団法人で、理事長1名、常務理事1名、理事8名、幹事3名の名前がそれぞれ記載されている。理事長の中島角太郎は、村会議長や、上広川農業協同組合長を歴任している。昭和26年10月31日当時の職員構成は、園長（甘城修成、大正6年生まれ）、保母4名、保育助手1名、保母見習2名、雑役婦1名、園医1名である。4保母の担任状況は、1名が保育と給食、1名が3・4歳児のクラス担任、1名が5歳児のクラス担任、1名が分園のクラス担任をしている。保母助手は2・3年児のクラス担任、保母見習は1名が本園所属、もう1名が分園所属となっている。

　「モデル保育所指定書」によれば、当園の定員は100名であるが、「保育研究発表会要録」の中の「家庭と園児の実態調査」にあげられている園児数は116

名となっている。定員は昭和28年10月から168名に増加している。

松月保育園の定員数と卒園時数、職員数は、表のとおりである。

表2-4-5　松月保育園の定員数と職員数の推移

年	定員	クラス数	卒園児数	職員数
23	100	2	61名	4（園長含む）
24	80（乳児10名）	2	70	4（園長含む）
25			53	10
26			91	8
27	100（内訳なし）		69	5
28			110	
29			120	
30			117	

（空白は不明を意味する）

　松翠保育園の職員と園児の数は、昭和20年度は、園児定員100名、職員は、園長と主任保母の2名、21年度は、園児定員100名、園長、保母2の3名の職員、22年度も定員100名　園長、保母1名でスタートし、11月より、保母1名が加わり3名の体制。児童福祉施設としての認可を申請した昭和23年度（7月1日付で認可）は、設置基準に照らした収容可能人数の上限は75名であったが、10月末で92名の園児がおり、職員は、園長、保母2名に「保姆心得」が1名であった。昭和24年度は、「最低基準による収容可能人員」は60名で、「施設の現状による収容可能人員」は75名で、実人員は75名と報告されている。24年度中に施設を増改築し、25年度からは、定員90名、園長と保母3名の体制になった。

　園児の受け入れ対象年齢とクラス分けについては、昭和23年より前は、4歳以下の子どもも受け入れていた。23年以降、満4歳から就学前までで、3クラスであった。28年から乳児も受け入れるようになった。

第2章／保育所の実際

　大川保育園の場合は、昭和20年代の卒園児数がわかる。

表2−4−6　大川保育園の卒園児数の推移

年度（昭和）	計		
19（第一回卒園児）	52		
20	62	（二年次28名、一年次34名）	
21	82		
22	93	（四年1名、二年13名、一年79名）	
23	88	（二年19名、一年69名）	
24	139	（二年23名、一年116名）	
25	150	（三年5名、二年33名、一年112名）	
26	129	（三年2名、二年27名、一年100名）	
27	183	（三年4名、二年32名、一年147名）	
28	252	（三年3名、二年45名、一年204名）	

　終戦後に設立された園の園児数等の詳細がわかったのは、光應寺保育園のみであった。昭和23年の定員は80名で、保育者数は、園長の他2名の保母がいた。昭和28年共同募金配分申請書には、3歳未満の女児が1名、3歳の男児が2名、女児が3名、計5名、4歳の男児が10名、女児が5名の計15名、5歳の男児が31名、女児が24名、計55名、6歳の男児が47名、女児が27名、計74名、計150名とあり、定員の113名を大きく上回っていた。園長の他保母5名、給食担当者が1名、職名に「雇」とある者が1名で計8名の職員がいた。

　以上のように園児数がわかったところでは、昭和20年代前半と後半にその数字に大きな違いが見られる。つまり、20年代半ばころから園児数が急増している。これは、戦後のベビーブームで誕生した子どもが成長して、ちょうど3〜5歳児となり、保育所を利用する家庭が増えたことが背景にあると思われる。特に20年代の後半には、定員増をしても、それを超える園児が在籍する状況あ

ったことがうかがわれる。

(2) 保育者の資格、学歴、待遇、研修等

保育者の資格や学歴については、戦前の保姆養成所を含む養成所修了者が最も多く、小学校教員経験者、高等女学校卒業者、講習受講者、無資格者で働きながら資格取得をめざした人の5パターンがみられたが、中には教員経験者であり養成所に通った人や女学校卒業後に講習を受けたというような重なる経歴を持つ人もいた。

研修については、松原保育園、光耀保育園、若竹保育園、津屋崎保育園の4園から、当時、資格取得のためとは別の講習を受けたという話があった。

まず、大正期までにあった初音保育所の場合は、昭和20年代中頃に戸畑市立の保育所で働いていた4名の保母からの聞き取り調査で分かった状況は以下のとおりである。1名は「女学校を出て、200時間の講習を受けて『保母証明書』を取得した」。1名は「見習いで保育園に入り、その後に試験を受けて資格を取得した」。1名は「大学の先生から講義を受けた。泊まり込みで講義を聞き、その後試験を受けた」。1名は「講習を受けて資格を取得した」。この人たちは「女学校卒」か「高卒」である。

昭和の戦前期までにあった保育所の場合は、保育者の資格や学歴がわからなかったところも多いので、わかった園の状況を順にみていく。

芦屋保育園は、園長が師範学校保姆科出身者だった以外は不明である。戦後は園長も含め5名程度の保母が勤めていた。

広沢寺保育園には、昭和24（1949）年3月当時職員は所長1、保母3名、その他1名であったが、主任は小学校教員経験者、他は保母資格所有者だった。月給は所長が2,000円、保母は3,660円だった。

早緑子供の園は、昭和21年には福岡保育専攻学校の卒業生2名が保育した。

松原保育園は、開設当初（昭和19年）に、園長、主任保姆、保姆、保育助手で出発した。保姆の月給は2,000円。その後、園長、主任保母、保母2名、保

育助手となり、昭和29年には、園長、副園長、主任保母、保母4名となった。主任保母は、県立八女高等女学校を卒業後、福岡県民政局の保母養成所に通い、6ヶ月で資格を取得した。他の保母等も保母養成所に1年間通い資格を取得した。資格の取得後も保育者としての力量を向上させる為の研修は行われ、公開保育を開催するなどして研修を積極的に行っていた。

　木屋瀬保育園の場合は、23年度の「保育所月報九月分」と24年度の「第3期保母資格認定講習受講申込書」の2つの資料から判断すると、主任保母は師範学校卒、保母1名が高等女学校・保母養成所、1名が高等家政女学校卒、1名が高等女学校・福岡県保育婦養成所卒、見習は女子高校在学中である。保母の給料は、23年の8月から12月の月報をみると、1,490円で、保母心得は1,200円、小使は800円である。園長は1,200円である。26年度には園長、主任保母が5,000円、有資格者の保母が4,200円、保母助手が2,750円、保母見習が2,500円で、親族の1名は無給になっている。炊事雑役を担当していた1名は、1,000円である。これに加えて、産婆と看護婦の資格がある人を嘱託として、手当500円で頼んでいる。27年度になると、保母が5,500円という書類が残っている。

　上広川幼児園は、昭和26年で、保母4名、保育助手1名、保母見習2名がいた。県立八女高等女学校を卒業した人の一人は講習を、もう一人は講習と試験を受けて資格を取得したという。給料は昭和23年度の予算表によれば「主任12,000円（年額）、助手10,000円（同）」と記されている。25年度のは保母の月給は平均2,000円程度であった。

　松月保育園は、23年には保母は3名で、そのうち2名は保育婦養成所卒で、1名は取得見込み、その他の1名は高女卒である。月給は1名が3,000円、2名は2,000円である。翌24年には、主任保母が5,000円、保母は2名で8,000円。25年には保母3名は4,000円、2名が3,000円、1名が4,100円であった。また、当時保母だった園長からの聞き取りでは、姉と共に23年8月から11月までの期間に福岡県主催の保母資格認定講習会を受けて、24年3月31日付「保母資格証明書」を福岡県知事から授与されている。昭和24年までは、園長の他に保母3

名がいて、保母資格認定見込みだった。昭和25年には、市から派遣された保母等4名が勤めていた。その後、28年に7名となり、29年に5名、30年には4名だった。

柳川保育園は、23年の開設当時の保母は数名いたが、一人（現理事長の祖母）は佐賀の講習会で資格を取得した。もう一人（その娘）は女学校卒業後、西南学院児童教育学科で幼稚園教諭の免許を取得している。

松翠保育園は、主任保母は小学校教員を数年経験した後、福岡県の保育所保母資格認定講習所を修了している。その他の保母の学歴や経歴は、兵庫県立欽松学園保育科修了、神戸市第一高等女学校専攻家事科を卒業後小学校教員経験者、福岡保育専攻学校卒、福岡県保母婦養成所修了、福岡県の扶桑高等女学院タイプ科卒、福岡市立女子高校卒である。給料は、昭和24年3月10日付けの「保育料認可申請書」に保母2名8,000円と記載されていたことや、昭和24年3月末の職員名簿には、2名の保母に4,500円、4,000円と記載されていたことから、おおよそ月額4,000円前後であったことがわかる。

大川保育園は、園長が高等女学校卒業後に福岡県立保母養成所卒である。昭和19年より勤めていた保姆は、三潴高等女学校、県立の保姆養成所を経て保姆となった。

光耀保育園は、聞き取りによると、教員経験者が中心となり5名程度が勤めていた。子どもの来る部落より世話人として希望する者を雇っていた。保母資格取得のために、講習を受けていた。保育研修会では、交互に見学をしたり、実践発表をしたりしていた。

終戦後に開設した保育所の場合であるが、若竹保育園では、園長と主任が教員経験者であった。後になってからは、戸倉ハルの講習会へ行ったり、日本女子体育大での講習に参加したりしていた。

大濠こども園は、町内会長が園長を務め、養成所出身の保母もいた。

光應寺保育園では、23年当時は園長が高等小学校教員経験者、2名の保母の学歴等は不明である。

あさひ保育園は、園長が24年に保母資格を取得したこと以外は不明である。

香春保育所は、全員が保母資格所有者だと言う。高校卒業後に保育所で見習をし、2年間くらい働いてから取得した。

津屋崎保育園は、女学校の教員経験者が園長をしていた。

明星保育園は、聞き取りによれば、26年に福岡の松風園での講習を受講して、試験を受けて資格を取得したと言う。給与は、園長と主任は無給であった。

友枝保育所は、聞き取りによれば、保母2名がいたが、どちらも無資格で、福岡市内で行われていた検定講習会に出かけて遊戯等の講習を受講していた。

以上のように、昭和20年代の初めころは、園長や主任は小学校教員経験者が多い。高等女学校卒で講習を受けて資格を取得したり、講習と試験を受けて資格を取得したりしていた。保母の多くは、無資格で働きながら講習会を受講したり、保母養成所に通ったりして資格を取得した。資格を取得するまでは、見習や助手と言う身分で働いていた人がいた。

ちなみに、保母資格を取得できる保母養成所が全国的にできるのは、昭和23年以降である。昭和25年には全国で12ヵ所の保母養成所が指定されいていた。その中には、福岡保育専攻学校があった。

(3) 入園料、保育料等

入園料はわからなかったが、保育料はいくつかの保育所の状況がわかる。

光應寺保育園の昭和24年の保育料は月300円で、袋に入れて徴収した。

木屋瀬保育園の保育料は、昭和24（1949）年度から、それまで50円だったものを250円に、翌年度から350円に値上げした。その内訳は、事務費が250円、事業費が100円である。事業費は、37円50銭が事業費で、62円50銭が給食費になっている。26年度からは保育料が400円になり、事務費が260円、事業費が140円になっている。

あさひ保育園の昭和24年開園時の規則には、1ヵ月400円と記されている。その横に、鉛筆書きで「各人の収入により園が決める」と書き加えられている。

戦後保育はいかに構築されたか

　先の「幼稚園保育園めぐり」から、保育料（月額）がわかる保育所は、公立
8、私立20である。公私立とも500円が多く（公立5、私立12）、300円のとこ
ろもあった。公立では、250円と母の会費50円（戸畑市）のところもある。対
象としたところの中には、550円と母の会費50円を徴収するところもあった。
公立では保育料を段階別にして、収入により無料とするところが多く、私立で
も段階を設けているところがある。

1　社会福祉法人清心会芦屋保育園『遊戯室の落成と創立五十周年記念によせて』1980年、
　　5頁。
2　「昭和二十六年度県モデル施設　浮羽町御幸保育園概要」御幸保育園蔵。
3　光沢寺保育園・光沢寺中井幼稚園・光沢寺幼稚園『光沢寺保育園60周年記念誌』1997
　　年、8頁。
4　福岡県社会福祉協議会編・発行『福岡県社会福祉事業史別冊』1982年、389頁。
5　早緑子供の園『早緑子供の園30年のあゆみ－あいされるこども－』1979年　参照。
6　「恵愛会の歩み」木屋瀬保育園所蔵。
7　「設立趣意」上広川保育園所蔵。
8　社会福祉法人　松月保育園『創立50周年記念誌』1992年、20頁。
9　「柳川保育園沿革」柳川保育園所蔵。
10　「保育理念」光應寺保育園所蔵。
11　日本バプテストシオン山教会附属愛の園保育園『50周年記念』1998年、14頁。
12　「保育理念」あさひ保育園所蔵。
13　「保育研究会　保育講習会要項」3～4頁、南薫幼児園、（御幸保育園所蔵）。
14　「昭和26年度県モデル施設　浮羽町御幸保育園概要」。
15　「香春保育所平面図」。
16　「毎日新聞西部本社版」1月21日から2月11日にかけて、「八幡」「若戸」「小倉」「門司」
　　「遠賀」「築上京都」版に紹介された記事より。

第3章　幼稚園の実際

　本章では、昭和20年代までに幼稚園として認可を受けた17園について、聞き取りと現存諸資料をもとに、①園の沿革・保育理念、②施設・設備、③保育内容・方法、④運営・保育者の状況等、に分けて述べる。

　聞き取りを行うことができた対象は、戦後の昭和20年代半ばまでに保育を開始して現存している幼稚園で、あらかじめ郵送や電話にて当時の諸資料の有無や聞き取り事項を伝え、了解を得て研究メンバーが複数一組となって訪問した。そのうち、有効な聞き取り対象は7園であった。現存資料を基に調査した園は、既に当時の関係者がおられないなどの事情から、直接、当時の保育の様子を聞くことが不可能であったが、園の記念誌や当時の写真などが残っていることがわかり、それらの資料を手がかりに分析した。その対象は、10園である。

　17園の中には、前者の聞き取り対象とした園からも、当時の園資料や写真などを入手することができたところもある。

　調査対象となった17園の開設時期は古いものが多く、その内訳数は、明治期が2、大正期が2、昭和の戦前期が8、戦後期が5という状況であった。設立母体別にみると、キリスト教が12、仏教が2、民間有志によるものが3という内訳であった。

　以下では、(1) 明治期から大正期の終わりまでに設立された園（福岡幼稚園、小倉幼稚園、舞鶴幼稚園、日善幼稚園の4園）、(2) 昭和の戦前期に設立された園（栄美幼稚園、恵泉幼稚園、大濠聖母幼稚園、明泉寺幼稚園、聖心幼稚園、天使幼稚園、戸畑天使園、聖母幼稚園の8園）、そして (3) 終戦後に開

135

設された園（めぐみ幼稚園、神愛幼稚園、聖愛幼稚園、光の子幼稚園、愛光幼稚園の5園）というように、大きく3つの時期区分として述べる。

第1節　園の沿革・保育理念

(1) 明治期から大正期に開設された園の場合

　この時期に開設された幼稚園は全部で4園で、設立母体別ではキリスト教が2園、その他（民間）が2園であった。その開設時期は、明治期が2園で、いずれも民間人による設立である。大正期が2園で、これはキリスト教を母体とする園である。明治期や大正期にできた歴史を持つ園では、その後場所の移転や建物の改築を繰り返したり、園名を変えたりしながら戦後期まで保育を行ってきたことがわかった。

　小倉幼稚園は明治23（1890）年に開園された歴史の古い園で、当初は私立「共立幼稚園」の園名であり、初代園長の杉山貞は小倉高等小学校長を兼務していた。その後、31年に室町尋常小学校の一部に園舎を移転して、園名を「室町尋常小学校附属幼稚園」と改めると同時に、運営母体が私立から公立（町立）に移管された。39年には室町尋常小学校から分離して、その後も移転し、44年に園舎を堺町第二小学校跡に移転して再び「市立小倉幼稚園」に改名して独立園となった。昭和8（1933）年11月に園舎を改築し、戦争中も休園することなく20年8月15日の終戦日まで保育を続けた。保育理念に関して、戦後の28年の状況報告の中にある「本園の教育方針及び指導計画」によると「幼稚園ではいつもたのしい朗らかな気持ちのよい環境において、身も心も明るく伸々とよどみなく伸展させ一人一人の個性、長所を最大限に助長し、それがそのまま社会の役にたつ人をつくるを目的とす」と記されている。

　福岡幼稚園は、明治36年に福岡市内の少林寺境内の一角を借りて地域の篤志家たちによって開設された園で、38年に認可されている。その後、大正9

（1920）年に同市内大明町（現在の福岡市中央区赤坂1丁目）に移転し、戦後は、昭和30年に5代目園長の田中利雄の私宅敷地であった大明町97（現・福岡市中央区）に再び移転した。

舞鶴幼稚園は、大正2年11月12日に福岡市荒戸町に在日南部バプテスト宣教師社団法人として宣教師夫人が中心となって創設された。その理念はキリスト教の精神で、「『子どもたちをわたしのところに来させなさい』（聖書マルコ、10章14節）の句にあるように、・・（略）『幼な子をキリストに』」との目的で創立された。「幼い子どもの一人ひとりが『光の子』として、体も心も成長していく」[1]ことをその理念とした。初代園長はグレース・H・ミルズで、日本人保育者3名が16名の園児の保育を開始した。10年には福岡市地行東町に移転し、昭和15年に「西南保姆学院附属実習園」となり、福永津義が園長となった。翌16年には同学院系列の「早緑幼稚園」が鳥飼町に開設された。終戦直後の21年は舞鶴幼稚園は幼稚園を休園して戦争孤児のための保育を行い、その翌年に幼稚園を再開した。

終戦直後の保育の様子が、記念誌に次のように記されている[2]。

　　　終戦になると、すべての人が虚脱状態で戦争の後始末に追われ、多くの母と子は上と疲労とに襲われていましたので、幼稚園を一時閉鎖して孤児をひきとり、その保育の任にあたりました。（引用者中略）幼稚園としては翌年に新しい方法を取り入れる希望にあふれた保育を展開していきました。満三歳から学齢期までの子どもが明るい顔で通園してきました。幼児の心身を鍛錬し、成長を助ける目的で新しく「園外保育」も取り入れられました。

昭和25年には「西南学院短期大学部児童教育学科附属幼稚園」と改名して西南学院の組織に入ると同時に園舎を新築して、翌年には早緑幼稚園を閉園にして合併した。

日善幼稚園は、大正4（1915）年に久留米市に設立されたキリスト教の園

で、戦局下の昭和17年に休園している。戦後は26年に再開した。戦後の再開について、教会伝道開始五十周年記念事業の一環として、牧師の大川鉄次と信者の木下勇が発起人となって幼稚園の再開のために「推進努力」したことが記録されている。あわせて、教会委員の努力によって園舎が建設されたという[3]。

以上のように、明治期や大正期に開設された幼稚園は、その後何回かにわたって、園名を変えたり、場所を移転したり、運営者が交代したりしながら昭和戦後期まで維持され、保育が続けられてきたということがわかった。

(2) 昭和の戦前期に開設された園の場合

この時期に開設された園は、全部で8園ある。その設立母体の内訳は、キリスト教が6園、民間が1園、仏教寺院が1園である。

昭和5（1930）年以降になると、以下のようにキリスト教の幼稚園が続いて開設されている。

聖心幼稚園は、5年3月に久留米市日吉町のカトリック教会の伝道所に設立された。設立者は福岡教区司教のチリーで、園長はメール・エピファニーであった。6年10月にはイエズ修道会が設立母体となり、修道院の敷地内に移転した。その後37年に「久留米信愛女学院幼稚園」と名称変更して現在に至る。

恵泉幼稚園は、昭和6年に福岡市に開園したキリスト教の園で、婦人宣教師のH.Mシャーク師が糟屋郡箱崎明治町の市立箱崎小学校近くの民家（永田氏の家屋）を借りて「箱崎幼稚園」という園名で開園して初代園長となり、2名の教諭と約40名の園児と保育を始めた。その後11年に、「『恵泉』の名のとおり、神さま、恵みの泉から」というキリスト教の精神を引き継ぎ、現在地に土地を購入して園舎を新築して「箱崎恵泉幼稚園」と名称変更した。戦時中は20年の福岡大空襲にみまわれ、やむなく閉園した。その後、24年に「宗教法人日本福音ルーテル箱崎教会附属恵泉幼稚園」と改名して設置認可を受け、28年に園舎を増改築している[4]。

昭和7年に福岡市大名町に開設した大濠聖母幼稚園は、聞き取りから「当時

市内には幼稚園がなく、カトリック精神に基づく人間尊重の精神を基盤に、明るく伸び伸びとした創造性豊かな人間に育つことを願って」始められたことがわかった。カトリック教会の敷地内に「福岡幼児園」をつくり、その運営にカナダのカトリック修道会が一時期携わっていたが、その後は聖母訪問会が運営を受託した。8年から同じ敷地内に、引揚者の子どもを収容する「聖母愛児園」が設立された。この施設は、53年まで大濠聖母幼稚園の建物と隣接して同じ敷地内に並存していた。

戸畑天使園は、昭和8年9月に戸畑市千防町に福岡カトリック司教区により開設された。園長は「戸畑教会主任神父」が「代々当たられ」たという[5]。開園時には、残されている写真から2クラスあったことがわかる。

同じく昭和8年に大牟田市に「大牟田天使園」という園名で開設された天使幼稚園の場合は、「ブルトン司教により園舎が設立され、天使園の誕生」[6]という記録があり、主任の堤マツノと信徒の町田フミらが「お子供さん方の幸福のためふるつて御入園おすゝめ致します（引用者中略）場所は安全お庭もひろし安心してお子供さんを遊ばせる事が出来ます　御迎へお送り致します」[7]と書いた入園案内を作って熱心に園児募集を行った結果、46名の幼児が入園してスタートしたという。翌年にはブルトン司教が常住できなくなり、代わりにボンカーズ神父が園長に就任した。戦争中は、この幼稚園の園舎は供出により有明商業女学校の校舎として使用されたため、保育は教会の聖堂にて行われていたが、20年に入り空襲が激しくなり5月に閉園している。

この園では、終戦後に疎開していた人たちが、再び元の場所に戻って来て人々の生活も活気づいて幼稚園の必要性が出てきたことから、主任の出町君恵が幼稚園の認可をめざして、その手続きと開園準備のために福岡まで足を運んだ。園長のマルタンが市役所と交渉して米軍払い下げのかまぼこ型兵舎を譲り受けて園舎を調達し、昭和23年に「天使幼稚園」という園名で再開した。第1回の入園式の写真には、55名ほどの園児が写っている。25年にスタック神父が園長になり、28年には川口清が園長になった。

戦後保育はいかに構築されたか

　久留米市の聖母幼稚園の場合は、教会の横にあった伝道所を改造して、昭和
12年9月に「聖母託児所」という名前で、12名の子どもたちを相手に保育を始
めた。その後すぐに60名に増えたという。同年10月3日の幼きイエスの聖女テ
レジアの日を園の創立の日とした。戦後は焼け残った園舎を利用して21年に保
育を再開して、翌22年8月に「聖母幼稚園」という園名で認可を受けている。

　以上は、キリスト教を母体として開設された園の状況である。

　次に、民間や仏教の園の場合はどうであったかについて述べる。

　栄美幼稚園の場合、昭和4年に小倉市富野地区の民間有志によって「栄美保
育園」として設立された。幼稚園の前身である。その後13（1938）年4月に
「栄美幼稚園」として認可を受け、初代園長には小学校長であった伊藤義路が
就任した。同氏はその後も長く園長を歴任したという[8]。

　また、北九州市にある仏教の明泉寺幼稚園の場合は、昭和8（1933）年5月
に、浄土真宗明泉寺の建立と同時に、寺院の本堂を仮園舎として幼稚園を開設
した。設立の理念は、「初代園長は、今後の地域の発展のためには、幼児教育
こそ社会の宝であると考えられ、幼稚園の設立を思い立たれた」「初代園長は
仏様の教えをもって心の教育をなされた」[9]という記録があることから、幼児
教育の必要性と仏教教育の理念を掲げた。聞き取りによると、当時はまだ「幼
稚園は裕福な家庭の子どもが行くところ」という世間的通念が強く、園児募集
に苦労したという。「戦時中は空襲警報が出ていても保育をしたが、苛烈とな
り一時閉園にした」。

　終戦の「1ヶ月後、父兄たっての希望により、仮園舎を建てて1クラス50名
で保育を再開した」という苦労の状況であった。

(3) 終戦後に開設された園の場合

　終戦後に開設されたのは5園で、設置母体別の内訳は、キリスト教が4園
で、仏教が1園である。キリスト教の幼稚園の場合は、それ以前から教会が存
在していたり牧師がいたりして、信者たちの熱意や地域住民からの要望に応え

第3章／幼稚園の実際

る形で幼稚園が設立され保育を行ったケースが多い。

　今回の調査対象園の中で、戦後もっとも早い時期に設立されたのは福津市にある聖愛幼稚園である。聖愛幼稚園は、昭和22（1947）年に当時宗像郡の津屋崎教会に赴任した宣教師のアゼリア・ピートが、桑原牧師や安永圭（後の園医）と共に神興小学校で農繁期保育所を開始したのが始まりで、その後神興村（現・福津市）の要請で幼稚園を開設、23年5月に現在地（福津市宮司浜）に移転して、「日本基督教団津屋崎教会附属幼稚園」という名前で宗像郡最初の幼稚園として開設、認可された。

　また、大牟田市の光の子幼稚園の場合、明治44（1911）年に大牟田講義所が設立されたという古い歴史をもつ教会の働きかけによって、昭和23年に大牟田バプテスト教会総会で附属幼稚園設立の話が持ち上がり、翌24年2月に「光の子幼稚園」という名前で認可され、同年4月に34名（定員50名）の園児を受け入れて開園した。初代理事長には村尾信逸が就任した。この人は、教会と幼稚園に土地を寄付した信者であり「看護婦学校」を経営していた。初代園長には大牟田バプテスト教会の村松秀一牧師が就任し、その後は、西南女学院の高校教師だった調正路牧師が就任している。この園長が3年間不在の後、3代目園長に叶昌全牧師が務めた。58年に学校法人大牟田バプテスト学園の一機関となる[10]。

　続いて、大牟田市にあるめぐみ幼稚園は、昭和24年に教会婦人会が中心となって、地域の人たちの要望に応えるため旧教会堂と牧師館を園舎として利用して開園された。開園時には42名の園児が集まり、「思いに勝る数であった」という。同年9月に定員50名の幼稚園として正式に認可され、園長には教会の主管だった榎本泰次牧師が就任した[11]。当時主任だった榎本生代は、「無に等しい中で、働く者もほとんど奉仕であった。幸い当時教会には多くの若者が集い、その方々が進んで奉仕をして下さり、（引用者中略）主任を任された私自身も、二度と幼稚園で働くことがあるなどとは思ってもみなかったし、それに外地引揚げということもあって、教材や参考資料など全くない有様で、本当に

141

大変であった」[12]と回顧しているように、戦後の幼稚園開始には苦労があった。

北九州市に昭和24年に開園した神愛幼稚園は、「戦後の惨憺たる社会状況を少しでも改善するためには、なんとしても教育こそ根幹をなすものであり、その教育は幼児教育こそ第一に基盤であるとの結論に基づき」という趣旨で設立された。「まさに、戦後の混乱から（中略）子供たちを守り育てていくことが、これからの希望につながる」[13]という期待を大勢の方から寄せられて、幼稚園を開設したという。

この園の場合にも他のキリスト教の園と同様に、先に教会ができていて、戦後になってそこに幼稚園を開設している。昭和24年9月に園児募集を開始し、10月に開園して、翌年の25年5月に認可を受けている。園長は、若松バプテスト教会牧師の夫人が務めた[14]。

北九州市の愛光幼稚園は、「終戦後の荒廃した心を憂い、幼児期からの宗教教育の必要性を痛感し」[15]たとあるように、幼児教育の必要性の認識から、浄土真宗の三光寺の住職西明龍賢が寺の本堂と日曜学校の校舎を開放して、そこで保育を行った。この園は、昭和24年4月に認可を受けた。翌25年に住職亡き後は仁保尚晃が2代目園長となった。

表3-1-1　幼稚園の沿革一覧

幼稚園名	設立・認可の年月日	現在地
小倉幼稚園（公）	明治23年「私立共立幼稚園」として開園 明治31年4月　町立「室町尋常小学校附属幼稚園」と改名 明治44年「市立小倉幼稚園」と改名	北九州市小倉北区
福岡幼稚園（民）	明治36年開設	福岡市城南区
舞鶴幼稚園（キ）	大正2年11月「舞鶴幼稚園」開園 昭和15年　西南保姆学院附属実習園となる （昭和16年）鳥飼町に早緑幼稚園開設 昭和21年　舞鶴幼稚園は一時休園 昭和25年　西南学院短期大学部児童教育学科附属幼稚園として西南学院の組織に入る	福岡市中央区

第3章／幼稚園の実際

	昭和26年　早緑幼稚園が閉園して舞鶴幼稚園に合併された	
日善幼稚園（キ）	大正4年　設立 昭和17年　休園 昭和26年　再開	久留米市
栄美幼稚園（民）	昭和4年3月　「栄美保育園」設立 昭和13年4月　「栄美幼稚園」が認可	北九州市小倉北区
聖心幼稚園（キ）	昭和5年3月　久留米カトリック教会伝道所に設置 昭和37年　「久留米信愛女学院幼稚園」に改名	久留米市
恵泉幼稚園（キ）	昭和6年10月　「箱崎幼稚園」が開園 昭和11年　「箱崎恵泉幼稚園」と改称 昭和24年11月　「宗教法人日本福音ルーテル箱崎教会附属恵泉幼稚園」と改称し、県から設置認可	福岡市東区
大濠聖母幼稚園（キ）	昭和7年　「福岡幼児園」を教会内に創設 昭和8年　「大濠幼稚園」設立 昭和34年　「学校法人　大濠幼稚園」となる 平成11年　「大濠聖母幼稚園」に園名変更	福岡市中央区
明泉寺幼稚園（仏）	昭和8年5月　浄土真宗明泉寺の設立と同時に、開園	北九州市戸畑区
天使幼稚園（キ）	昭和8年　「大牟田天使園」として開園 昭和20年5月　一時閉鎖 昭和23年　「天使幼稚園」として認可	大牟田市
戸畑天使園（キ）	昭和8年9月　開設	北九州市戸畑区
聖母幼稚園（キ）	昭和12年9月　「聖母託児所」として開園 昭和22年8月　「聖母幼稚園」となる	久留米市
聖愛幼稚園（キ）	昭和22年　農繁期保育所を開設、その後幼稚園を開設 昭和23年5月　認可	福津市
光の子幼稚園（キ）	昭和24年2月　設立	大牟田市
めぐみ幼稚園（キ）	昭和24年4月　教会婦人会が中心となって「めぐみ幼稚園」を開園	大牟田市

143

	同年9月　認可	
愛光幼稚園（仏）	昭和24年4月　設置・認可	北九州市門司区
神愛幼稚園（キ）	昭和24年10月　開園 昭和25年5月　認可	北九州市若松区

表中の（キ）は、キリスト教の園、（仏）は仏教の園、（公）は公立園、（民）は個人立を指す。

第2節　施設・設備

(1) 園舎について

　調査対象の多くの園では、開設時に独立した敷地や園舎を所有していたわけではないことがわかった。キリスト教の園では、大濠聖母幼稚園や日善幼稚園のように修道院や牧師館と同一敷地内に園舎が建てられたり、めぐみ幼稚園のように旧教会と牧師館を園舎として利用したり、天使幼稚園や光の子幼稚園のように聖堂や教会堂を幼稚園として利用して開設したということがわかった。仏教の園では、明泉寺幼稚園では寺院の本堂を仮園舎として保育を始め、愛光幼稚園では本堂の一部を保育室にして保育を始めている。

　終戦直後には、当時の社会情勢から、保育を始めようにも物資のない中で園舎の再建に苦労した様子を多くの園から聞くことができた。

　戸畑天使園では、昭和20（1945）年5月には「神父様は敵性外国人として栃ノ木収容所へ！　勿論天使園は一時閉鎖となりましたが、間もなく8月には終戦を迎え、収容所から帰られた神父様は早速再建」にかかったが、「疎開の為土台だけ残った園舎には板切1枚無く、まず外かくだけ残った聖堂を修復して、11月にはこの聖堂を仮園舎として、疎開当時迄在籍していた園児達の保育を再開」したという。当時主任だったの回想記によると、「園舎再建は途方にくれましたが、神父様は県庁に行かれて小倉の兵舎払下げを交渉、許可を得、

解体した兵舎の古材を荷馬車で運び元の土台の上に無理に合わせて建てた」[16]
とその様子を述べている。その後、園児の増加に伴い、26年に木造2教室を建
て、28年には旧司祭館跡を改築して2教室と遊戯室にした。しかし、「あの苦
しい財政難の中」「ありあわせの古材で無理に合わせて建てた為、雨漏りがひ
どくなった」と回想している。

　大牟田の天使幼稚園の場合には、開園当時は「天使園」と呼んでいたが、戦
時中はこの園舎の建物を有明商業女学校に供出させられていたため、園児たち
は教会の聖堂で保育されていた。「戦後焼野原になった街の区画整理が行われ
て、跡地は2対1の割合で二分され（引用者中略）これでは幼児教育施設建築
は無理だということで」「園長が市役所と交渉して、米軍払い下げのカマボコ
兵舎を得ることができ聖堂と司祭館（園長宅）ができ、幼稚園に利用した」と
記されている。「夏はわずかに入って来る床すれすれの風、空から入る生ぬる
い風でも有難く思った」[17]というように苦労を語っている。

　また、日善幼稚園では、戦後の再開に当たって園舎の建築の様子が次のよう
に記録されていた。

　　　　大工は親戚の中原信次氏の世話、また中原夫人の実家が城島の瓦屋で
　　　したので、瓦はそこから購入しました。大工作業および左官作業の人夫
　　　役は教会の青年が奉仕してくださいました。基礎のレンガは三本松公園
　　　の焼け跡から拾い集め、屋根葺きは捏ね土を皆で背負って屋根に上げ、
　　　ペンキを瞬く間に塗り上げるなど、あっというまに完成させることがで
　　　きたのです。[18]

昭和24年に開設しためぐみ幼稚園でも、同じように多くの人たちの尽力を得
たことを記録している。「何一つ設備もなく、教会学校の延長のような思いで
始められた園で」「教会に来ておられた方（他教派の方）のご好意で、机、椅
子、庭には木製のすべり台、遊動円木などが与えられ、どんなに感謝したかわ
からない」[19]と当時の園長は回想している。

　このように、昭和20年代の前半期には、多くの園で施設や保育の備品を整え

るのに大きな苦労をしている様子がわかった。教会や近所の人たちからの力を借りながら、とにかく園舎を建てて、保育をスタートさせたことがわかる。施設や設備等に関しては、当時はまだ国からの「幼稚園設置基準」が出されていないため、大正15（1926）年の「幼稚園令施行規則」に準じていたと思われる。

保育室等の広さや間取りに関して、わかったところは9園である。最も広かったのは小倉幼稚園で、昭和25年の敷地面積の総坪数が598坪、建坪が171.25坪で、保育室が5つ、遊戯室が40坪、養護室6坪、体育館48坪、その他に職員室、応接室、使丁質、倉庫を備えていた。この園では28年に1クラス増加しているが、その時は養護室を保育室として利用した。翌年さらに2クラス増加した時には、体育館を保育室として使用したという記録がある[20]。

多くの幼稚園では戦後の20年代後半になると、入園児の急増に伴い園舎の増築をしている。栄美幼稚園では、はじめは平屋建てだったが園児が増えてきたので2階建てにした。明泉寺幼稚園では、昭和25年には2階に2教室36坪を増築したという。

戦時中に使用されたかまぼこ型の兵舎を利用した大牟田の天使幼稚園の「かまぼこ兵舎の園舎見取図　1948年〜1955年」[21]によると、幼稚園の建物と聖堂が合体（一つの建物で、各玄関は別々）していて、幼稚園部分には、保育室1、食堂、台所、応接室、倉庫、それに2階部分に園長室が配置されている。隣接する聖堂部分には「日曜日−聖堂、平日−保育室」という文字が記されているので、日曜日以外は保育室として使用していたと思われる。おそらく、増加した園児の保育に対応するため、聖堂部分を保育室として活用していたものと思われる。

昭和26年に新築移転した舞鶴幼稚園では、園舎に遊び用のひさしを設置したり、廊下にロッカーを並べるなどの工夫をしている。『舞鶴幼稚園　100年誌』にあるイラストを見る限りでは、園舎には「雨の日でも遊べるように長いひさし」があることがうかがえる。そのひさしは、透明度のある素材でできていて、光が入るようになっていたという。卒園生の記憶では「手前が月ぐみ、奥

が花ぐみ、」「光ぐみの部屋がホールでろうかにはロッカーが並んでいた」[22]というように、子どもの生活空間に配慮して、その建物の構造や利用の仕方を工夫していたようである。

　以上のように、戦争中は幼稚園の建物は他の学校などに施設を供出させられたり、園児たちも疎開したりしていた状況であるが、終戦になって再び元の場所に人々が戻り始めると、幼稚園教育に対する期待や必要性も出てきて、園舎を建て始めている。ところが、戦後の物資不足から、実際には、建物を作るための資材も乏しく、机や椅子などを用意するために園長が先頭に立ってその調達に奔走している様子がわかった。そして、その粗末な建物や数少ない遊具であっても、園の側では、新しい時代の幼児教育に対する大きな希望を抱いて子どもを受け入れ、戦後の保育をスタートさせたのである。

　さらに、昭和20年代の後半期にはベビーブーム期の子どもたちが幼児期を迎えたことや時代の要請で幼児教育への期待が高まったことなどから、入園希望者が増加したため、それに対応するために多くの園では保育室を増築したり、体育館や養護室など他の目的の部屋を保育室として使用して園児を受け入れた状況がわかった。

(2) 設備や備品の状況

　次に、固定遊具などの保育設備に関してはどうであったか。聞き取りや資料から、わかった範囲内で整理したものが表3-2-1である。

　園庭の固定遊具類に関して多かったものから順にあげると、滑り台が最も多く11園にあった（多くは「木製滑り台」、小倉幼稚園には2台あった、天使幼稚園は「像の形の滑り台」）。次に多かったのがジャングルジムで9園、続いて、雲梯・太鼓橋が7園、ブランコが6園（小倉幼稚園には「いすブランコ」もあった）、砂場が6園、鉄棒が4園、遊動円木が2園、シーソーが2園にあったという状況であった。

　昭和20年代の後半になると少し状況が好転している。舞鶴幼稚園では、28

147

（1953）年になると、西鉄電車の廃車2台を利用した木工室と粘土室を設置したり、母の会のバザー資金で寄贈された「人形の部屋（2坪くらいのごっこ遊びの部屋）」などのユニークな遊具が備わっている。園庭には、東屋や池などもあった。また、小倉幼稚園には、体育館に大型シーソー、滑り台、馬、椅子ブランコなどがあった。

表3-2-1　幼稚園の戸外遊具の有無（昭和20年代）

遊具 園名	滑り台	ブランコ	砂場	鉄棒	ジャングルジム	シーソー	遊動円木	雲梯 太鼓橋	その他
福岡	○	○	○	○	○	○	―		
小倉	○ （2つ）	○	○	○	○			○	ケンブリッジ
舞鶴		○	○					○	人形の家、手押し車
日善									
栄美（S.29）	○				○			○	
聖心									
恵泉	○	○		○	○			○	
大濠聖母	○		○	○	○			○	
明泉寺	○								
天使園	○								
戸畑天使園		○			○	○	○	○	回転椅子
聖母	○	○			○			○	
聖愛					○				
光の子	○		○		○				
めぐみ	○						○		
愛光									
神愛	○		○		×			×	

表中の○は有、×無、空白は不明を意味する。

第3章／幼稚園の実際

　次に、屋内の備品や教具（保育用具・材料）について実状がわかったところは5園のみであった、机や椅子は多くの幼稚園に備わっていたようである。楽器類では、ピアノがあったのは福岡幼稚園・神愛幼稚園・恵泉幼稚園の3園である。そのうち2園はキリスト教の園で、恵泉幼稚園では「年長の部屋と遊戯室にピアノ、他の部屋にはオルガンがあった」という話を伺った。オルガンは神愛幼稚園を加えて2園にあった。

　その他の楽器類に関してわかった園は戦後開設された神愛幼稚園のみで、ピアノとオルガンのほかに太鼓、シンバル、トライアングル、カスタネット、鈴、笛（木笛）があったという。めぐみ幼稚園では、テイチク保育レコードによる「保育遊戯集」や『子供たちの楽しい歌』（東京都保育研究会音楽部会編）などの保育教材がたくさん職員室にあったという話を聞いた。

　保育用具類では、明治期に設立された福岡幼稚園には紙芝居や粘土があった。昭和戦前期に設立された恵泉幼稚園には、絵本、折り紙、恩物セット、絵の具があった。戦後に設立された神愛幼稚園には、積み木、人形、ままごとセット、絵本があったことが確認できた。小倉幼稚園に残されていた物品受領の書類から28年5月にはオルガンが各保育室に入ったことがうかがえる。同園では29年3月には「トライアングル」3個、「タンバリン（6インチ）」3個、「タンバリン（7インチ）3個、「シンバル（7インチ）」1個、「日管鈴」14個、「太鼓」1個と、たくさんの楽器が受領されている。30年3月には、遊戯室に「大積木」が入っている。

　以上のことから20年代も終わりになると、ブランコや滑り台も新たに受領されていて、設備が整っていったことがわかる。

　終戦直後には、保育のための玩具や遊具などがなかった状況について、舞鶴幼稚園では、昭和24（1949）年頃の様子を次のように回想している。

　　　保育室の中にも殆ど遊具らしい物はなく、専ら教師の手作りの玩具や
　　自然いっぱいの樋井川べりの散歩や、園庭周囲に豊かにある草花と触れ
　　るのが日常でありました。[23]

149

第3節　保育内容・方法

(1) 保育時間と一日の流れ

　保育時間や一日の流れに関しては、聞き取りや資料からほとんど知ることができなかったが、「9時登園」とはっきりとわかったところが恵泉幼稚園と神愛幼稚園の2園であった。キリスト教の恵泉幼稚園の聞き取りでは、「道草をしながら9時ころに登園をし、お祈りをする。お花を見ながら外で礼拝をすることもあった。園長の聖話もあった。子どもの創造性を大事にし、自由保育で製作したものを展示した。折紙など同じ教材で同一テーマを扱う一斉保育もしていた」という話を聞くことができた。

　同じくキリスト教の神愛幼稚園の聞き取りでは、「朝9時ころ、先生が門のところで待っていると、子ども達だけで徒歩やバスでやってくる。9時半か10時に礼拝をして、ちょっとしたカリキュラムを作って絵を描いたり製作したり、歌ったり、自由遊びをしたりした。社会見学に出かけたこともあった。持参したお弁当を食べて、少し遊んでから、心静かにして、13時30分〜14時にお帰りした」という。

　また日善幼稚園の場合は、活動時刻はわからないが、元職員の回想から毎日の保育は保育者が園児を誘いながら登園し、お弁当屋お茶の時間があったこと、朝の集まりでは「お早うスキップをした」ということがわかった[24]。

(2) 保育行事

　昭和20年代にはどのような保育行事が行われていたかに関して、聞き取りと写真等から探った。その結果、今回の査対象の多くの幼稚園で行われていた主な行事には、表3-3-1のようなものがあった。

第3章／幼稚園の実際

表3-3-1　幼稚園で行われていた行事（数字は園数）

・運動会 13　　・クリスマス会 11　　・遠足（親子遠足も含む）7　　・雛祭り 5
・七夕（祭り）2　　・遊戯会 2　　・誕生会 2　　・お別れ音楽会・音楽会 2
・自然観察（野外保育）2　　・仏教行事（花祭り、御誕会、報恩講）1
・月曜日礼拝 1　　・始業式 1　　・参観日 1　　・七五三 2
・入園式 1　　・卒園式 1
・芋掘り 1　　・お彼岸 1　　・映写会 1　　・小学校一日入学 1

　運動会は自園の運動場以外に、市内のグランドを借りて行われていたようである。日善幼稚園では「篠山城址にあるグランドで、日の丸の旗を振りながら踊って行進した」とか、戸畑の明泉寺幼稚園では「昭和23年頃から浅生グランドで行っていたが、その後は天籟寺小学校を借りた」という。また、日善幼稚園では「母親たちの手作りの白いレースにひらひらの着いたエプロンを着ていた」という。

　運動会の様子やその種目については、戸畑天使園には、園児が上下とも白の体操服姿でリボンダンスや遊戯をしている昭和24（1949）年度の写真があった。明泉寺幼稚園では、23年の写真から、園児が上下白の体操服を着用して、かけっこ、遊戯、騎馬戦をしている姿を確かめることができた。栄美幼稚園では、「園庭で、かけっこ、玉入れ（玉投げ）、玉ころがし、綱引きなどをした」という。この園では「綱引きの綱は、お父さんたちが米を取った後の藁をなって作ってくれた」り、「玉ころがしはお母さんが真剣になっていた」というように、運動会には保護者も積極的に参加して盛り上がっていたことがわかる。キリスト教の神愛幼稚園では、「運動会は、教会の人がとてもよく手伝ってくれて、派手だった。歩く練習をして、行進があり、美しさがあった。ダンス、かけっこ、玉ころがし、玉入れ等をやった」という。

　このように多くの園では、運動会の種目としては、かけっこや玉ころがし、玉入れ、遊戯、行進などを取り入れていた。中には、光の子幼稚園のように、「秋の運動会で三輪車に乗った」というところもあった。

　クリスマス会は、特にキリスト教の園では、「行事の中では、クリスマス会

151

が中心で、一番力を入れた」（神愛幼稚園）というように、遊戯や聖劇を取り入れるなど盛大に行われていたことがわかった。戦後の早い時期のクリスマス会について、戸畑天使園では「昭和21年頃はステンドグラスの礼拝堂ルリエ神父の話があり、当時としては珍しいクリスマスパーティが行われ、遊戯室で神父の扮するサンタクロースからプレゼントが配られた」という。この園では、昭和25年には歌、遊戯、劇が行われている。28年になると、12月19日と20日の２日間子どもたちによるバイオリン演奏会や演劇等が行われたという。

　また、日善幼稚園では、昭和26年になって戦後第１回の聖誕劇を行っているが、この園には当時の写真の現存とともに、「ラシャを裏に貼った切抜きの絵をラシャのボードに貼り付けながら聖書の一説の話をした」という回想記録があった[25]。

　聖母幼稚園では、クリスマスは遊戯会を兼ねていたようで、劇や踊り、合奏が行われており、「MERRY CHRISTMAS」と書かれた舞台の垂れ幕の前で、劇を演じる子どもたちの写真が残されていた。

　キリスト教ではない栄美幼稚園では、「クリスマスには大学生に来てもらって、サンタクロースをしてもらった。赤い切れを手に入れて作った。進駐軍の人は恥ずかしがってサンタクロースになりたがらなかった」といい、それらしい写真も残っている。この園には進駐軍の人が出入りしていたらしく、元園長の話によると、「進駐軍の人がキスすると、子供が『この人汚い、ねぶるから』と頬を手で擦った」というエピソードを語っている。

　次に、遠足の様子についてはどうか。親子遠足も多かったようで、大宰府天満宮や到津遊園や動物園へ行っている。行き先がわかったところでは、現在の北九州市にある戸畑天使園・愛光幼稚園・神愛幼稚園では、到津遊園へ親子で行っていた。到津遊園は、昭和7（1932）年に北九州市に作られた自然公園で、その後植物園と動物園を兼ねた広大な公園となり、当時は西鉄社が運営していた。戸畑天使園ではこれ以外に、26年度には秋の遠足には津屋崎海岸、3月のお別れ遠足には大宰府へバスで親子遠足に行っていた。津屋崎海岸は、当

時の宗像郡にある白砂青松遠浅の美しい海水浴場として有名な場所である。その他に、明泉寺幼稚園では、「親子遠足ではバスを借りて博多まで、お弁当を持って行った」という。

このように、北九州地区の幼稚園では、年に1回ないしは2回の遠足が取り入れられ、広大な自然公園や海水浴場、県内の名所などを目的地とした親子遠足を行い、バスを借り切って遠くまで出かけた様子がわかった。

遊戯会では、踊りや劇をしていた。その内容は、栄美幼稚園では「園長（藤間流の名取だった）が踊りを教えていたので、子どもたちに振り付けを教えて、日傘の舞などをやって喜ばれた」り、「ドレスは自分たちで縫った。踊りの弟子がいろいろ手伝った」という。愛光幼稚園では、現存の写真から、着物を着て唐傘を持って踊っている女児を見ることができた。当時の踊りは、写真で見る限り日舞が主流であったようだ。

日善幼稚園では、卒園生によると「遊戯会では白雪姫をした」そうで「配役は子ども同士で話し合って決めた」という。聖母幼稚園のように、「クリスマスや雛祭りが遊戯会になっていて、劇や踊り、合奏が行われていた」ところもある。その他に、明泉寺幼稚園では創立記念行事として「祝賀遊戯会」が行われた。昭和28年に創立20周年を迎えて「二百五十名の園児が舞踏や童話劇を披露した」という当時の毎日新聞記事[26]があった。

上記以外の行事としては、栄美幼稚園のように、七五三で「振袖を着たり、紋付を着たりして喜んだ。家にあった着物を持って来てもらって、着せてやった。お母さんたちがよく世話をしてくれた」というのもある。また、戦前からあった小倉幼稚園では、入園式や遠足、参観日、七夕祭り、運動会の他に「野外遠足（「観察」の虫取りや「見学」の市場見学等）」や「映写会（「シンデレラ」他）を行ったという記録も見られた。昭和28（1953）年度には、市内にあったアメリカキンダーガーデンとの交歓会を持ち、園児同士の交流を行っていたこともわかった[27]。

153

⑶ 日常的な保育

1）狭義の保育内容等

　食事、排せつ、午睡などの生活部分を除いた日々の保育内容の詳細がわかった園は、全体的に少なかった。わかったところでは、歌やリズム遊び、楽器の合奏が行われていた。また、絵画や製作、自由遊び、社会見学もあった。以下にわかった園の具体的な保育内容を記す。

　歌に関しては、栄美幼稚園では「日常の保育の中で、グッドモーニング、グッドバイなど英語の歌を歌った」りしていた。また恵泉幼稚園では、「ピアノの上手な先生は、リズム遊びをし、曲の感じに合わせて『風』などを表現して走り回った」という。

　神愛幼稚園では、「みんなで考えたカリキュラムで保育していた」そうで、「１・２、１・２とか、１・２・３とかリズムうちを、レコードをかけずにピアノを用いてやった。ＬＰ盤レコードで、朝の上掲や森の上掲、マーチを聞いた」という。明泉寺幼稚園では「保育内容として器楽の合奏を行い、昭和26年『ＮＨＫ幼児の時間』に園児たちの器楽合奏を放送した」という。その時の写真には、小太鼓、カスタネットを持った園児25名が写っている。

　絵画や製作に関しては、神愛幼稚園では「絵を描いたり製作したり」「お絵かき帳はなかったが、画用紙はあって絵には力を入れていた」という。恵泉幼稚園では、「折り紙」や「絵具を使って子どもの発想を引き出すような教材を工夫した。空き箱を園で集めて、製作をするなど行っていた」という。

　ままごとやごっこ遊びの活動に関してわかったところでは、舞鶴幼稚園には、木工室等に使っていた廃車になった電車で電車ごっこをしたり人形の家でおままごとをしている写真があった。その他には、素足保育をして「子どもたちに人気のあった手押し車は教師が木製のビールの空き箱をもらってきて車輪をつけたものだった」という話を聞いた。また、聖母幼稚園には、園庭で平均台と思われる台の上で白いエプロン姿の女児たちが引っ張りっこをしている写

真や、三輪車に乗ったりしている写真があった[28]。聖愛幼稚園には「電車ごっこ」の写真があった。日常の保育の中で、ままごとやごっこ遊びがなされていた。

園外保育については、舞鶴幼稚園では「月1回は川・山林などで行われ」ていた。小倉幼稚園では「野外保育」という名前で、「観察」の虫取りや「見学」の市場見学等が行われていたことがわかった。

以上のように日常の狭義の保育内容に関してわかった範囲では、絵画や製作活動の他に、ピアノによるリズム遊びや楽器演奏などが取り入れられていた。また、キリスト教の園では、英語の歌なども取り入れていたようである。園庭ではごっこ遊びが行われていたことがわかった。

2）お弁当やおやつ

多くの園では給食はまだなくて、弁当持参だった。わかったところでは、福岡幼稚園では「昼食は弁当だった」。神愛幼稚園では「持参したお弁当を食べた」という。そのほかには、園でおかずだけを用意したところもある。大牟田の天使幼稚園では「冬になると保育室に大きな石炭ストーブが焚かれ、その周囲に弁当を並べて暖められるようになっていた」という。日善幼稚園の元職員の回想によると、お弁当やお茶の時間にちゃんとした陶器のものでお茶などをあげたくて、お粗末でもやきもののカップを見つけて使うことになった時、嬉しくてたまらなかったという。

このように、まだ十分に豊かな食生活が保障されていない時代において、幼稚園に通う子どもたちの楽しみの一つはお弁当時間だったと思われる。それだけに教師も、食べることの楽しみに配慮したのであろう。なかには舞鶴幼稚園のように「終戦直後から保母や園児たちが栽培した野菜を使って幼児給食をした」というところもあった。また、栄美幼稚園では「冬になると保育室に大きな石炭ストーブが焚かれ、その周囲に弁当を並べて暖められるようになっていた」という。

155

戦後保育はいかに構築されたか

第4節　運営・保育者の状況等

　昭和20年代の園児数やクラス数、教職員の構成、教員の学歴（出身校）等について、わかったことを述べる。その際、各園の園児数やクラス数、教員数の根拠は公的な資料からではなく、多くが、聞き取りやアルバム写真等からの算出、あるいは園の資料からの推定数字（アルバム等の顔写真からの算出）であるため、すべてが正確な数字というわけではないことを断っておく。

(1) 園児数とクラス数および教員数

1）大正期までの開設されていた園の場合

　大正期までに開設されていた古い園では、戦後再開された当時、園児数は少ないところでは20数名程度、多いところでは約180名で、その数字には大きな開きがある。日善幼稚園は20年代前半の数字は不明であったが、昭和26年度の再開時の卒園生が13名であった。クラスの数に関しては、少ないところでは1クラスのみと推測され、小倉幼稚園のように最も多いところでは5クラスという記録があった。園の教員数は2〜5名である。大規模園の小倉幼稚園では、「1・2名の教諭の他に2・3名の助教諭がいた」という。

　表3-4-1と表3-4-2に、小倉幼稚園と舞鶴幼稚園の園児数、クラス数等についてわかった園の推移を示す。

表3-4-1　小倉幼稚園の園児数の推移

年度（昭和）	クラス数	男児の数	女児の数	園児の合計
20	5	88	91	179
21	5	170	138	308
22	5	191	188	379
23	5	159	150	309

156

24	5	159	150	309
25	5	133	126	259
26	5	不明	不明	284
27	5	193	177	370
28	6	165	182	347
29	8	181	180	361

（『小倉幼稚園概史』より算出）

表3-4-2　舞鶴幼稚園の園児数の推移

年度	22	23	24	25	26
人数	25	35	39	31	45

（『まいづる創立80年誌』より作成）

2）昭和の戦前期までに開設された園の場合

　これらの園では、戦後の再開時の園児数は、少ないところでは30数名、多いところでは114名であった。8園中3園は、昭和20年代前半期の数字がわからなかった。クラス数までがわかったのは、戸畑天使園だけであった。

表3-4-3　戸畑天使園の園児数、クラス数、職員数の推移

年	クラス数	男児数	女児数	合計	職員数
24	2	32、24	28、30	114	8（神父を含む）
25	3	31、37、29	26、23、23	169	8（同上）
26	4	34、26、28、30	26、30、19、21	214	10（同上）
27	写真無	不明	不明	不明	不明
28	5	30、26、29、30、27	22、27、22、21、26	263	－

（現存のアルバムから算出）

戦後保育はいかに構築されたか

表3-4-4　恵泉幼稚園の卒園児数の推移

年度	20	21	22	23	24	25	26	27	28	29
人数	53	33	46	53	44	45	57	50	53	67

（恵泉幼稚園『創立70周年記念誌　あゆみ』　の保育証書より算出）

表3-4-5　　聖母幼稚園の卒園児数の推移

年度	21	22	23	24	25	26	27	28	29
人数	34	89	104	126	87	70	55	120	145

（聖母幼稚園『七十年の歩み』掲載の写真より算出）

3）終戦後に開設された園の場合

　実際の園児数についてわかった園の推移をあげると、表3-4-6～表3-4-9のようであった。全体的な傾向としては、昭和20年代の半ばまでは園児数が50名前後で、その後20年代の末になると急増していることがわかる。これはベビーブームの子どもたちの世代の増加を反映していると思われる。

表3-4-6　聖愛幼稚園の卒園児数の推移

年	24	25	26	27	28	29
人数	59	59	49	34	41	36

（聖愛幼稚園に現存の各年卒園生の写真より算出）

表3-4-7　光の子幼稚園の卒園生の推移

年度	25	26	27	28	29
人数	34	39	40	51	41

（光の子幼稚園『50年の歩み』の卒業写真より算出）

158

第3章／幼稚園の実際

表3-4-8　めぐみ幼稚園の卒園児数の推移

年度	24	25	26	27	28	29
男児数	13	18	18	31	50	55
女児数	16	18	18	31	55	65
合計	29	36	36	62	105	120

（めぐみ幼稚園『100周年誌』より作成）

表3-4-9　愛光幼稚園の卒園児数の推移

年度	24	25	26	27	28	29
男児数	25	35	38	62	85	不明
女児数	25	25	28	57	61	不明
合計	50	60	66	119	146	145

（愛光幼稚園に現存の台帳と『記念誌』の記録より作成）

⑵ 保育者の免許・資格・学歴・待遇等

　園長に関しては、キリスト教の幼稚園では牧師・神父等が園長を兼務したところが多い。幼稚園の教師は西南学院をはじめ、聖和女学院などキリスト教の大学幼児教育専攻の出身者が多く、有資格者であった。

１）明治期から大正期までに開設された園の場合

　戦前から保姆をしていた人や、小学校教員退職後に保姆になった人がいた。小倉幼稚園には、昭和20年代の職員には１～２名の教諭と助教諭がいた。その教諭たちがどこで免許を取得したかは不明であるが、助教諭の人は他の教員免許所有者や幼稚園臨時免許の所有者だったようである。なお、同園では、昭和27（1952）年度の記録によると、助教諭として勤務していた者には「市役所採用前二ヶ月間後援会から諸給与支給（九か月間支給の記載もある）」[29]と記載されており、いわゆる「見習い」期間中は正規採用を見込んで園の後援会から給

戦後保育はいかに構築されたか

与が支給されていたことがわかった。また、日善幼稚園の場合は、戦後の再開当初は、主任保姆（明治38年生まれの人）は、小学校教員を退職後に園の主任となったが[30]、その他の教諭に関しては不明、職員は教会員である。福岡幼稚園では、「昭和20年代には西南学院出身の先生がいたようだ」という。いずれの園も、給与等の待遇はわからなかった。

2）昭和の戦前期に開設された園の場合

わかった園は8園中4園であるが、多くの場合、西南学院、全国の専修学校あるいは頌栄短期大学、聖和女学院などで資格を取得している。

栄美幼稚園の場合は、園長は西南学院の卒業生で、姉は裁縫学校の卒業である。「いつのことか定かではないが、女学校の卒業生で3年実習して免状をもらうと給料がもらえたそうだ」という話も聞いた。大濠聖母幼稚園の場合は、「職員はシスターが多かったが、一般の人もいた。保育者は、京都や鎌倉、東京などの専修学校で資格を取得した。頌栄短大で保姆資格を取得した」という話をうかがった。恵泉幼稚園の場合は、「昭和25年頃3名の教諭とお手伝いがいた」が、そのうちの1名は「聖和女子学院幼児教育専攻科で資格を取得し、関西学院で洗礼を受けた」という話であった。明泉寺幼稚園の場合は、「昭和27年に、初代園長が他界し、二代目園長初代園長の妻が就任した。二代目園長は教員免許もあり僧職の資格もあって、また、ピアノも教えていた」[31]という記録が見られた。小学校教諭免許と思われる。

3）終戦後に開設された園の場合

これらの園では、いずれも有資格者ばかりで、西南学院出身者、聖和女学院出身者、福岡保育専攻学校所卒業者などの経歴を持っていた。

めぐみ幼稚園の場合は、主任の他に2名の教師がいたが、「主任は、聖和女子学院で幼稚園教諭の資格をとった」[32]という話を聞いた。神愛幼稚園では、「教諭は昭和20年に福岡保育専攻学校を卒業して、福永津義の国児園を手伝っ

第3章／幼稚園の実際

たり、他園で保育にあたっていたところ、若松教会から話があって赴任した。園長の３人の娘も資格を取った」という話をうかがうことができた。光の子幼稚園の場合は、聞き取りから昭和24年の開園時には教師が２名、その後５名と増える[33]のだが、全員が西南学院出身者で有資格であることがわかった。愛光幼稚園の場合は、開園当時の「昭和24年度は教諭３名、25年度は５名」[34]という記録があるが、どこの出身者か有資格かどうかはわからなかった。

以上のことから、地元の西南学院あるいは保育専攻学校や聖和女子学院などキリスト教の学校の出身者が多いことがわかった。

なお、待遇・給与がわかったのは１園（神愛幼稚園）のみで、聞きとりから昭和20年代の半ばに月給が5000円くらいだったとうかがった。

当時のわが国の免許・資格の状況に関して第１章でも述べたが、大正15（1926）年の幼稚園令施行規則によって幼稚園の保育を掌る者を「保姆」と称していた（大正15年の幼稚園令）が、昭和21年、幼稚園令の一部改正により、「保姆」の名称を廃止して、「幼児ノ保育ヲ掌ル職員」は「幼稚園教員免許状」を有する者に改められた（文部省『幼稚園教育百年史』524頁）。その後、22年の学校教育法により、幼稚園教員は教諭と助教諭と定められた。実際には即刻改められたのではなく当分の間は旧制度のまま据え置かれ、幼稚園教諭免許状の所有者は、それぞれ幼稚園の教諭または助教諭の仮免許所有者とみなされた。仮免許状所有者は29年の改正によって廃止された。

このような時代的背景から、調査対象の園の教員には、戦前から存在した園では「保姆」資格所有者がいた。戦後に開園した園では、キリスト教の幼稚園の場合は、西南学院や兵庫県の聖和女子学院幼児教育専攻科で専門の勉強をして幼稚園教諭免許状を取得している者が多かったということがわかった。

⑶ 入園料、保育料等

昭和20年代前半の入園料や保育料に関しては、聞き取りや園の現存資料等か

161

戦後保育はいかに構築されたか

らは知ることはできなかったが、昭和28（1953）年の毎日新聞に掲載された記事「幼稚園保育園めぐり」から、次の３園の実情がわかった。

戸畑天使園の場合は、教師数５、保育料は350円、母の会100円であった（１月22日若戸版）。

栄美幼稚園の場合は、保育料350円。教師数は無記であった（１月29日小倉版）。

市立小倉幼稚園の場合は、定員350、教師数５、保育料300円であった（１月27日小倉版）。

この毎日新聞記事で保育料がわかる22園中16園は300〜400円であった。保育料と別に母の会費を徴収している園もあった。

それ以外の園では、残された記述等から、当時の幼稚園の保育料は300〜600円であったと推測される。

第５節　その他

(1) 子どもの生活状況

聞き取りから、当時幼稚園に通っていた子どもの家庭状況は、全般的に裕福な家庭、あるいは当時の社会では比較的安定した生活を送っている家庭の子どもが多かったことがわかった。福岡市内の幼稚園には、地域の商店街の子どもが多く通っていた園や、経済的に恵まれた教育熱心な家庭の子ども、高級住宅地で大百貨店社長の子どもなど裕福なくらし向きの家庭の子どもが通っていたという園もあった。

通園方法は、多くが徒歩だったようである。天使幼稚園では「歩いて通園する園児たちは、草花と虫に目をうばわれ、道草をしながら登園していた」という。「昭和26年ころに一人でバスに乗って通園していた子どももいた。下車を間違えないように緊張していたが、園に着き教師の顔に接すると、安堵感でに

第 3 章／幼稚園の実際

っこり微笑んだ」[35]という記録もあった。

1　舞鶴幼稚園『まいづる創立100年誌　ひかりの子としてあゆみなさい』2013年、15頁。
2　同上誌、48頁。
3　日善幼稚園『雲の柱　火の柱　日善幼稚園八〇年誌』1998年、54～61頁参照。
4　学校法人福岡ルーテル学園恵泉幼稚園『創立70周年記念誌　歩み1931～2001』2002年、
　　4～12頁、および86頁の年表を参照。
5　戸畑天使園『創立50周年誌』1982年、29頁。
6　天使幼稚園『創立50年のあゆみ』1998年、25頁。
7　同上誌、7頁。
8　昭和24年から園長経験者の廣常幸子（聞き取り時に理事長）の話より。
9　明泉寺幼稚園『明泉寺幼稚園・創立70周年　第二明泉寺幼稚園・創立35周年記念誌』
　　2002年、参照。
10　学校法人大牟田バプテスト学園光の子幼稚園『50年のあゆみ』1999年、原口徹園長「50
　　周年にあたり」より。
11　日本キリスト教団大牟田正山町教会『創立100周年記念誌』1992年、36頁照。
12　同上誌、90頁。
13　『若松バプテスト教会附属神愛幼稚園創立50周年記念式典』1999年作成のパンフレット
　　より。
14　同上パンフレット。
15　愛光幼稚園のHPより（2015・10・25取得）。
16　戸畑天使園、前掲誌。
17　天使幼稚園、前掲誌、当時の主任　出町君恵の記より、8頁。
18　日善幼稚園、前掲誌、57頁。
19　大牟田正山町教会『100周年記念誌』の中の「回顧記」91頁より。
20　小倉幼稚園『調査書綴』参照。
21　天使幼稚園、前掲誌、20頁。
22　舞鶴幼稚園、前掲誌、49頁参照。
23　舞鶴幼稚園『まいづる創立80年記念誌』1993年、12頁、宮崎朝子教諭の回想記より。
24　日善幼稚園、前掲誌、59～60頁
25　日善幼稚園、前掲誌、68～69頁。
26　毎日新聞若戸版　昭和28年2月10日「お父さん、お母さん大喜び、戸畑　明泉寺幼稚園
　　の遊戯会」より。
27　小倉幼稚園「昭和28年度　週番日誌　市立小倉幼稚園」より。
28　聖母幼稚園の資料より。
29　小倉幼稚園「昭和27年度　事績綴　市立小倉幼稚園」より。

戦後保育はいかに構築されたか

30 日善幼稚園、前掲誌、61頁。

31 明泉寺幼稚園、前掲誌、参照。

32 めぐみ幼稚園の聞き取りから

33 学校法人大牟田バプテスト学園光の子幼稚園『50年の歩み』1999年、27頁。

34 愛光幼稚園『わーい　みんなあそぼう　愛光幼稚園創立50周年記念誌』1999年、74頁
「教職員名簿」参照。

35 天使幼稚園、前掲誌、10頁。

第4章　カリキュラム・指導計画

第1節　保育所の事例から

　第2章で述べたように、福岡県では保育団体が活発に活動していたが、カリキュラム・指導計画は残されていない。何らかの指導計画が残されていたのは、御幸保育園と上広川幼児園、木屋瀬保育園、南薫幼児園であった。それも、まとまった年間カリキュラムのようなものではなくて、行事の計画や年間の生活指導案のようなものである。月の指導計画も、1年分残されているわけではなく、多かった御幸保育園の昭和25年度でも、6ヵ月分と年間の半分でしかない。木屋瀬保育園は、週案である。南薫幼児園は、研究会の時の「要項」に綴じられた週案1週分と当日の保育案である。資料は限られているが、保育所のカリキュラム・指導計画について、年間、月、週・日に分けてみていきたい。

(1) 年間の計画

　行事を中心とした年間計画として、御幸保育園には「年間行事計画」が、上広川幼児園には「運営計画表」が残されていた。どちらも仏教の園である。

　御幸保育園では、表4-1-1のような内容で、園児が関わる行事と母の会の行事が計画されている。園児対象の行事には、毎月の決まった行事である誕生会と健康診断、季節に関する行事や年中行事、さらに宗教的行事が組み込まれ

ている。また、母の会を設けて毎月委員会を開くと同時に、母親向けの教育講演会や料理講習などが企画されていることがわかる。

表4-1-1　年間行事計画

月	園児　毎月既定行事 　　　誕生会。体重測定。（隔月）	母の会　毎月既定行事 　　　　母の会委員会（十五日）
4	入園式。健康診断。	総会　　役員選挙
5	花まつり（旧暦）。端午節句。児童福祉週間。春の遠足。	母の日記念講演会。 母子遠足。
6	時の記念日。駆虫剤服用。	農繁保育援助
7	七夕まつり。昼寝はじめ。夏季リクリエーション	母と子の一日清遊（原鶴温泉）
8	プール遊び　緑蔭保育。お盆会。	母の会委員懇親会。同窓生合同の「子供の夕」。
9	お月見。お彼岸会。	料理講習。
10	健康診断。駆虫。運動会。	母と子の運動会。
11	福岡旅行（動物園、築港、大宰府）。	母子同伴旅行（初旬）（トレラーバス）
12	報恩講施斎。年賀郵便作成。	正月料理講習。
1	新年子供の集ひ。	新年会。
2	節分。レントゲン診察。小学校参観。	就学児の諸問題について（知能テスト結果其他につき個別懇談）
3	桃の節句。お別れ遊戯会。修了式。	修躾講話　母の会委員慰労会。

　上広川幼児園の昭和26（1951）年度の運営計画の資料を整理したのが、次の頁の表4-1-2である。御幸保育園と同様に、花祭り、お盆、お彼岸、報恩講等、仏教関連の行事が予定されている。

　両園とも、季節の行事と共に、仏教の行事を軸に保育が組みたてられていたことがわかる。子どもの日、時の記念日、七夕、雛祭りや、時期は異なるが遊戯会も共通である。遠足は、上広川幼児園では、春と秋の2回予定されている。御幸保育園では、春は遠足、秋は旅行となっている。憲法記念日、文化の

日、勤労感謝の日のように上広川幼児園のみでとりあげられていたものもある。逆に御幸保育園にのみ記されていたのは、毎月の誕生会や、お月見である。上広川幼児園では、母の会の予定も「主なる行事」の欄に記入されている。

表4-1-2　昭和26年度運営計画表

3	2	1	12	11	10	9	8	7	6	5	4	月
春分	立春 節分	大寒 小寒	冬至	立冬	中秋の名月	二百十日 秋分 衣がえ	立秋	七夕 土用入	入梅	立夏 八十八夜 苗代	たねまき	季節
お彼岸 桃の節句	報恩講 成人の日 元旦の七草	防火デー 村まつり	安全週間 勤労感謝の日 文化の日 交通のむぎまき	いねかり 運動会	お彼岸	おぼん会	七夕まつり 夏まつり	時の記念日 ムぎかり 子供の予防デー	母の日 憲法記念日 八十八夜 茶つみ 節句花祭 大掃除	天皇誕生会 村敬老会 村慰霊祭 入学式		社会行事
もうすぐ一年生	冬の遊び お店やあそび	お正月（報恩講）	年のくれ 冬の支度	乗りものあそび	戸外あそび 運動会	秋の自然に親し おひがん おむかえ	動物（たまねまつり）	たのしい夏（たなばたまつり）	体を丈夫に（梅雨）	のびゆく子供（はなまつり）	たのしい幼児園	単元
送別遠足 御彼岸調べ ひなまつり 新入園児 卒園式 事務整理 反省会 書類	寒度調査 耐寒週間 次年度予定表へ訪問完了 母の講座 入園申込受付	正月休み 報恩講 成人の日 小学校との連絡会 事務整理	園ゆうぎ会 園内防火週間 交通安全週間 水質検査 備品整理	文化の日 園内研究発表会 遠足 募金のおてつだい 農繁期保育	運動会 身体検査 寄生虫駆除 中間調査 給食運営委員会 工事完成	おひがんさま おたまじゃくし 秋の自然 事務整理 中間調査	おぼん休み 備品調査 園内研究会 便所工事着工	七夕まつり 水質検査 衛生保育 園内研究会	ムシ歯予防デー 時の記念日 衛生検査 農繁期保育	憲法記念日 母の日 母の講座 遠足 寄生虫予防接種 健康診断 清掃 予防週間 決算報告	卒園児小学校入学祝 母の会総会 組成任一要員会 PTA役員会 入園式 母の会 前年度 運営委員会 身体検査 給食	主なる行事

　南薫幼児園では、昭和28年10月30・31日に「開園五周年記念保育研究会　保育講習会」が行われ、その「要項」が残されている。これには、園の概要、その日の組別の保育案のほか、年少組の2月の週案と、「年中行事表」もあり、月別に行事が記入されている。入園式、卒業式、遠足（年3回）、運動会をはじめ、子どもの日や七夕祭り、雛祭り等が記されている。「誕生会」は毎月、「体重測定」は3月以外は毎月ある。「母の会」も8月以外は毎月である。「親子月見会」や「交通安全週間」「お遊大会」もあげられている。水天宮や五穀神社の祭典も行事であった。

　「浮羽町御幸保育園概要」には、年間の生活指導案がとじこまれていた。これをみると、「食事、衣服、整理、安全、排便、社会、規律、健康」の8項目

について、4月から3月までのその月の指導の重点・目標が、B4一枚にまとめられている。たとえば「食事」では、ごちそうさま、いただきますを言うところから始まり、食前に手を洗うこと、箸を正しく使うこと、食器をなめないこと、好き嫌いを言わないこと等が記され、1月に「皆で食事するときは仲よくする」があげられ、2・3月は「総復習」となっている。「整理」では、物の置き場所を覚えることから始まり、履物の整理や持ち物を大切にすることがあげられている。

　年間計画そのものではないが、「カリキユラム実施目標水準」として「幼児の能力とその種類」もあげられている。それを整理すると、以下のようである。

1．社会的行動能力
　Ⅰ　きまり……きまりの必要の理解。集団的行動がとれる能力（手段、組織のない遊びから組織のある遊び〈ゲーム〉〈ごっこ遊びへの漸進〉）
　Ⅱ　発表能力…自分のしたいことを他人に判るようにはっきりいう。又行動を以つてあらわすことが出来ること
　Ⅲ　態度………a. 状況を見て自分で自分の身のふるまい方をきめてゆく態度
　　　　　　　　b. 他人のいうことをよくきく態度＝他人から学ぶ態度
　　　　　　　　c. 人と力を合わせるという態度

2．個人としての行動能力
　Ⅰ　数……十までを使いこなす（直感数五つまで）
　Ⅱ　言語…a. 語彙　b. 言いまわし　c. よむこと　d. かくこと（自分の名前がかける）
　Ⅲ　時間…a. 今日　昨日　明日　一昨日　明後日
　　　　　　b. 七曜　月　今年　去年　来年
　　　　　　c. 朝　昼　晩
　　　　　　d. 起きる時刻　寝る時刻　食事　おやつ　登園退園の時刻
　　　　　　e. 春　夏　秋　冬
　Ⅳ　空間…上下　前後　左右
　Ⅴ　感覚…a. 色の原色（赤青黄）　間色（緑紫橙）白黒八色の弁別と命名
　　　　　　　　色の配合　色の調合
　　　　　　b. 形　　四角　三角　長方形　円　半円　菱形の弁別と命名
　　　　　　　　立方体　円錐形　三角錐体　円筒の弁別
　　　　　　c. 重さ…実際のもの（道具）の重さの見当がつく能力
　　　　　　d. 熱……気温の変化の意識化
　　　　　　e. 音……リズム　メロディ　音の強弱休止　和音の識別

第4章／カリキュラム・指導計画

Ⅵ　運動…a. 正常歩　手と足との運動の統合　手と足との運動がリズムに合う
　　　　　　　b. 両足交互の跳躍運動（スキップ）
　　　　　　　c. 方向転換　柔軟な体のこなし　身体各部の基本的な運動（ラヂオ体操、ブランコ、三輪車、平均台等）
Ⅶ　判断…a. ものの用途
　　　　　　　b. 比較…違うところ、同じところ
　　　　　　　c. 関係…二つのものや出来事の因果関係
　　　　　　　d. 推理…原因と結果
Ⅷ　態度…a. 自分で問題を解こうとする態度
　　　　　　　b. 失敗しても投げ出さず最後までやる態度

3．家庭生活の場面でやしなわれる能力
（1）基本的習慣
A. 起床時　1．更衣　2．寝具の始末　3．うがい、歯みがき　4．洗顔　5．朝のあいさつ
B. 食事　1．あいさつ－いただきます、ごちそうさま　2．食べ方－よくかむ、こぼさない、箸を使う　3．食事前後の支度と片付け
C. 登園の支度、帰宅時の片付け　1．特に物の用意と片付け　2．あいさつ　3．靴、下駄のはきかえ
D. 用便　1．小便のしまつ　2．パンツの取外し　3．大便の時はひとりでさせて後で親がみる　4．手洗い
E. おやつ　1．出来るだけ母と子と一緒に食べる　2．この時を利用して生活発表をさせたり、ものを観察させたりする
F. 就寝　1．ねまきのきかえ　2．寝具を敷く　3．ひとりでねる
G. お手つだい・・用事のお手伝い、お使い
（2）あそび
A. 経験させる。
B. 質問には経験の機会とヒントを与えるに止め安易に答を教えない。
C. いたづらに知識をつめこむことは子供の探究心を殺ぐ。
D. 経験は再現（発表）することによって確実となる。
E. 子供に何か新しい能力をつけさせようと思うには、子供が今出来る程度より一つ先のことを与えて、その結果から指導の目標をつかむ。
F. 一つの新しい経験が充分身につくまで反復練習させ、これが大体でき上がってから、他の一つの新しい経験に移らせる。
G. 仕事に没頭して居る時にはいたづらにほめたりけなしたりしないで完成或いは助言を必要とするところまで黙って見守ること。これは仕事に打ち込む態度を作る上に必要である。

　以上が御幸保育園の「カリキユラム実施目標水準」であるが、家庭生活まで包含している点が珍しい。

169

戦後保育はいかに構築されたか

(2) 月の指導計画・月案

1) 御幸保育園

　御幸保育園に残されていたのは、モデル保育所指定以前の昭和25 (1950) 年度の9～12月、2・3月と指定後の27年の7、10、11月の月案である。前者は、研究発表会用など外部むけに用意されたものではなく、保育所内で日常の保育のために作成され、使用されていたものであると思われる。25年、27年と間にわずか1年を挟むだけであるが、その形式も含めかなり変化しているので、両年のカリキュラムを比較してみる。その3ヵ月分を資料編に掲げた。

①単元の比較

　昭和25年の10月の「単元」は「うれしい秋」とされ、週ごとにそれぞれ「たすけあい（共同募金）」「運動会」「くだもの屋さん」「秋のおまつり」と小単元が記入されている。27年7月の月の単元は「夏が来た」で、「水あそび」「七夕まつり」「水あそび」「夏の生物」と週ごとの小単元も記されているが、同年10・11月のものには、そのような小単元がみあたらない。

②目標の比較

　指導の「目標」も、昭和25年には小単元についての目標が掲げられていたが、27年7月には小単元についての目標はなく、10月になると、月の目標が「秋の野山にあそぶことにより自然より受けるよろこびを味あわせる」「体位の向上に努める」で、「健康安全」「集団生活による自主性」「社会生活及び自然生活の理解」「言語生活」「創作的態度」という項目について、それぞれ「指導目標」が記され、その後に保育内容が書かれている。

③項目の比較

　同じ27年のものでも、7月のカリキュラムの項目は「年中行事」「保育活動」「観察」「言語」「音楽、体育、リズム」「お稽古」「生活指導」であり、②であげた項目に「行事」が加えられている10月のものとは、かなり趣が異なっている。また、11月のカリキュラムは基本的には10月のものとは差異はないが、項

170

目が「健康安全」から「健康教育」、「言語生活」から「視聴覚教育」と変化
し、10月にあった「集団生活による自主性」という項目がなくなり、そこに包
含されていた「自由遊び・ごっこ」は、11月には「社会生活・自然生活の理
解」の項目に「ごっこ遊び」として入っている。「創作的態度」は、「絵画製
作」「リズム・音体」の二項目から、さらに細分化され「絵画」「製作」「リズ
ム音楽」「音体」（ただし、「音体」には消した跡があり、横に集団と書かれて
いる）の4項目となっている。

　以上みてきたように、御幸保育園のカリキュラムは月ごとに試行錯誤を重ね
ながら創造的に構成されている。昭和27年のカリキュラムとともに綴じられて
いた「保育者はどんな本をよんだらよいか」という文書には、カリキュラムの
起案者であったらしい清原演智のカリキュラム観がうかがわれる。「実際保育
をしてゐる人々はあまりにも基礎的な学問をやらないで」「ゆうぎや製作を数
多く入れることのみに終始してゐる」「カリキュラムもなく行きあたりばつた
りやって」いて「理論面の研究が行はれてゐないのである」と批判し、カリキ
ュラムの理論面の研究が必要であることを主張していることから、この園では
カリキュラム研究に力を注いでいたことが裏付けられる。

2）上広川幼児園

　上広川幼児園の月の指導計画は、モデル保育所の研究発表会時の「2月の総
合カリキュラム」のみである。これは、B4版縦の表になっていて、単元は
「お店ごつこ」と「冬の遊び」である。これらの単元には、それぞれ目標が設
定され、保育活動が組まれている。保育活動の項目をみると、おおよそ「保育
要領」の12項目を踏襲しているといえる。

　「お店ごつこ」には、「生産と消費の関係に対する関心を持たせ　その生活の
模倣遊びをさせ　それにより製作の工夫と創造力の涵養に努める」という目標
が設定されている。そして、保育活動の「見学　観察」では、「村のお店を見
に行く　○品物の並べ方　○品物の種類　○売る人の様子　○買ふ人の様子」

171

と記され、「製作」では、「お店やさんごつこの用意」として「お金」「色々の商品」「看板」を作るようになっている。

「指導要点」としては、「なるべく自主的に遊びが展開される様に導く」ということが掲げられ、その他「協同作業に対する態度」「はい品を利用して工夫させる」「お金の種類　品物の価とについての概念を与へる」等が記されている。

さらに「効果判定」として、「お店やごつこの計画について皆で話し合ひが充分出来たか　楽しく売り手買手になつて遊べたか　売り買いのあいさつが出来たか」等があげられている。

このカリキュラムからは、園児たちに豊かな社会性を身につけさせたいという保育者たちの熱意が感じられる。

(3) 週・日の指導計画

木屋瀬保育園には、昭和20（1945）年度の「保育案」、22〜25年度の「保育週案」が残されている[1]。20年度は戦前からあるが、戦後は9月から1月までで15週分、22年度は10週分、23年度は4月12日から3月19日までの間の22週分、24年度は41週分、25年度は43週分が残されている。書式は、20年度は一番上に日付、曜日を記入し、「行事」「生活訓練」「談話」「遊技　唱歌」「手技」「観察」で、戦前の保育5項目を取り入れたものである。B4の大きさを横長に使って、右半分に月〜木曜日、左半分に金・土曜日とその週の「努力点」を記入するようになっている。22・23年度は同じで、B4の大きさの紙を縦に使って、「行事」「話題（躾と談話に分けられている。以下同様)」「遊ビ（観察、自由遊ビ)」「音楽（唱歌、遊戯)」「自由遊ビ」「選択（唱歌遊戯、手技談話)」「期待効果」の欄が縦軸に、横軸は月から土曜日までに分けて記入するようになっている。行事の欄には、週によっては始りの時間や帰りの時間が記されている。

24年度は資料編にあるように「主題」「行事」「生活訓練」「保育項目」「自由

遊び」「期待効果」で、「保育項目」は「幼稚園令」の５項目である。左側の端に「本週努力点」の欄がある。25年度は「期待効果」「本週の努力点」が「反省及備考」「本週の努力」になっている。

20年度に記入が多いのは「談話」と「遊技　唱歌」で、少ないのは「観察」である。「談話」では、「紙芝居」として「お山の隣組」「コグマノボーケン」「ピヨンチヤンのオツカヒ」「雨の降る日」「小猿の恩返し」等があげられていた。「お話」としては、「花咲爺さん」「さるかに合戦」「舌切雀」のような昔話のほか、「鉄道」「お月さま」「お釈迦様」等の話もとりあげられていた。「二宮金次郎先生の絵本」や「三ビキのコグマ」等の絵本も記述されている。「遊技唱歌」では、９月の最初に「既習教材（軍歌をはぶく）」とあり、すぐに戦後の対応をしていることがわかる。「歌」とわかるように記入されていた題は、「いねかり」「ねずみの隣組」「お正月さん」のほか、「お米」「春の歌」である。「遊技」とわかる題は「ペタコ」「ヨイオヘンジハイ」と「朝の路」「お米」である。「遊技　唱歌」の題としては、上記のほか「玉入れ」「お猿とつきよ」や、「指の家族」「お人形さん」「舌切雀」「チユーリツプ」「ナカヨシ」等があげられていた。「観察」の中では季節の自然に関わることが主としてとりあげられている。稲田、秋の虫や草花、芋掘り、麦まき、落葉、チューリップ等のほか月や夕焼も記入されている。「手技」も多くはない。その中では、折紙、むしり紙、貼紙の題が記入されている。「自由画」という記入もあった。戦前から行われていたことから、直接的な戦争関連のものを除いて、保育をしようとしていたことがわかる。

残されていた資料と記入が多い24年度をみると、行事としては、「入園式」「遠足」「天長節」「子供の日」「遊ぎ会」「時の記念日」「七夕祭り」、９月以降「彼岸」「運動会」「雛祭り」があげられている。「母の会」「身体検査」「誕生日会」も記入されている。

一番記入が多いのは「唱歌」で、次いで「遊戯」である。ただし、前日と同じという日がかなりあるので、具体的な題の記入は、「観察」が最も多い。そ

れぞれの項目の関連は、ある週もない週もある。たとえば6月6日からの週には、「ぐみ、豆袋、時計」が「観察」でとりあげられ、「唱歌」「遊戯」でも「時計の歌」「時計」が「手技」でも「時計」が記入されている。11月21日からの週は、「観察」では「虫類の冬眠、冬の木の芽」があげられているが、「唱歌」「遊戯」は「おしくらまんじゅう、あの子どこの子」となっていて、特に関連はない。

「唱歌」では、「結んで開いて」「手を廻せ」「ニコニコ保育園」「朝の歌」「いちご」「時計の歌」「ほたる」「七夕様」「お星様」「笹舟」「赤い帽子白い帽子」「仲良し小路」「落葉の子供」「焚火」「お正月」「春」「節分」「おひな様」等があげられ、その多くは「遊戯」でもあげられている。

「観察」では、「桜」「菜の花」「めだか」「蛙」「衣替」「ほたる」「兎」「傘」「田植」「星」「笹舟」「彼岸花」「秋の景色」「稲刈」「おちば」「みの虫」「冬の野菜」「みかんとりんご」「冬の芽」「たき火」「雪」「水仙」「梅」「桃」「おひな様」「草の芽」「別れ霜」「つくし」等、多岐にわたる。「良い子（絵本）」「いもほり（絵本）」というように絵本を用いた観察もあげられている。保育用の教材教具の十分な入手が難しい時期に、実施可能な自然観察を多く取り入れて保育を組み立てようと努力していたと思われる。

「手技」では、「折紙」で「ザブトン」「オルガン」「舟」や「せみ」、「ばった」等があげられているほか、「貼紙」で「自動車」「餅にお皿」「塗絵」で「あやめ」、「自由画」「思出画」の運動会」等があげられている。「ちぎり紙」や「組紙」も記入されている。「おひな様」の製作があるほか「落葉の工作」や「共同製作」もあげられている。

「生活訓練」では、返事をはっきりすることや挨拶、お休みをしないことや体を大切にすること、整列、下足の整理、よい言葉を使うこと等があげられている。「談話」では、「子熊のボーケン」「親切な兄妹」のような紙芝居のこともあれば、「ガリバー旅行記」「十五夜みたいに丸いもの」「節分のおはなし」のような時もある。「人形芝居」で「桃太郎」や「赤づきん」等も記入されて

いる。「なぞなぞ」「笑ひ話」もある。「自由遊ビ」では、ブランコ、砂遊び、鉄棒、滑り台のような園庭の遊具を使った遊びのほか、鬼ごっこ、汽車ごっこ、ハンカチ落し、ままごと、スキップや猫と鼠等が記されている。

　23年度の３月には、「談話」で幼児の話がとりあげられたり、「三角、線、四角」がとりあげられたり、「自由遊ビ」で「絵本読書」が記されている。「観察」で「五十音」、「唱歌」で「もうすぐ一年生」というように、小学校への入学につなげた内容になっているが、24年度は２〜３月に「ひらがな練習」「名前のけいこ」がでてくるくらいである。

　「期待効果」に記入されているのは４月から７月で、その間にも記入のない週や日がある。１月以降は、給食の内容がこの欄に記入されている。４月の初めには「共同精神を養ふ」「聞き方の訓練」「生活の指導」等が、４月末から５月には「楽しい春を味はせる」「観察の芽生を養ふ」「団体訓練の精神を養ふ」等があげられている。

　この園の週案は、ざら紙にガリ版刷りで枠を印刷したものである。保育日誌にもあるように、計画的な保育を行うために園長が枠組みを考えて作ったものだと思われる。22年の週案も残されているので、児童福祉法が制定される前から、保育の充実を考えて計画を作成する努力をしていた園があったことがわかる。

　南薫幼児園の週案は、Ｂ４用紙を横にして右の四分の一くらいに「単元」「主になる経験」「目標」「展開」「評価　保育材料の準備と環境構成の注意」が記入されている。あとは「望ましい経験の内容」が「安全」「健康」「よい習慣」「自由あそび　ごっこあそび」「観察」「音楽」「リズム」「お話」「人形劇あそび」「絵画」「製作」に分けられていて、「自由あそび　ごっこあそび」以下は、月曜日から土曜日に分けて記入するようになっている。「音楽」には「きく」「歌う」「ひく」「リズム遊び」が、「お話」には「話し合い」「童話」が記入されていて、「保育要領」の「楽しい幼児の経験」の12項目を踏襲したものであることがわかる。この時の単元は「雪にまけずに遊びましょう」で「主

になる経験」は「花を作りましょう」である。「製作」で梅やカーネーション、チューリップ、椿等を作る予定になっていて、これにかかわる目標や展開、評価が記入されている。

日案としては、資料編にあげた上広川幼児園の2月の研究発表会当日のものしか残されていない。当日の目標は「お店やさんごつこをすることによつて品物の並べ方　品物　お金の種類　品物の価についての観念を与へ　売る人買う人の　交際のしかたを理解させ　子供の無邪気な言語の中に　社会的な習慣態度を養ふ」「お客さまごつこ　に延長させ　訪問来客の際　正しい挨拶や礼儀が　実践出来る様にする」である。

この案では、午前10時の出席捺印、間食、休息の後、「お店やさん　お客さんごつこの話し合をする」とあり、お店を見学観察した時のことを発表させ、売り手と買い手を決め、挨拶の稽古をさせている。その後、「お店の準備」で品物を並べたり、値段を決めたりする。一方「お客さんごつこ」のためのお座敷もござを敷いて準備する。午前11時頃から「お店やさんごつこ」「お客さまごつこ」が始まり、お店に買物にでかけたり、お客をむかえてお茶やおかし、ご飯をだしたり、赤ちゃんの世話をしたりする。さらに、最後には「お店やさんで買つた品物を写生する」として、買ってきた品物を各グループで写生し、できあがった絵を観賞し合って、この日の活動を終了するという計画であった。

当日は、研究会のため、保育は午前中のみで、臨時のバスで園児全員降園となった。

第2節　幼稚園の事例から

ここでは、八幡市教育委員会の「八幡市立幼稚園保育カリキュラム（試案)」（昭和29年、以下「試案」とする）を中心に、これを作成するときの「原稿」、および「八幡市立幼稚園保育カリキュラム　昭和三十年度改訂」（以下「改訂」とする）との比較も交えながら、当時のカリキュラムの特徴を探る。資料は、

第4章／カリキュラム・指導計画

いずれも北九州市立小倉幼稚園に保管されているものである。なお、この八幡市のカリキュラムの一部は、『はばたき　北九州市立幼稚園百周年記念誌』[2]に紹介されている。

(1) カリキュラムの形式

　このカリキュラムは、月ごとに「保育カリキュラム」と「楽しい経験」がそれぞれB4の用紙1枚にまとめられている。資料編に、4月分を掲載したが、「保育カリキュラム」は、「日」「曜」「生活歴」「主題」「目標」「経験」「指導上の留意点」の欄に分けられていて、用紙の4分の3が当てられている。4分の1は「お話」と「音楽・リズム」が上下になっていて、それぞれ書名、曲名と出典が記されている。「楽しい経験」の方は、「見学　観察」「お話」「絵話　紙芝居　人形芝居　幻燈」「ごっこ遊び　劇遊び」「音楽　リズム」「絵画　製作」「自由遊び」「健康保育」「生活習慣」について、1～4週に分けて記されている。

　「楽しい経験」の項目は、昭和23（1948）年に出された「保育要領」の中の「楽しい幼児の経験」の12項目に近いものである。ただその括り方は、若干異なっている。また、「絵話」が入っているという違いもある。「保育要領」に出てくる「年中行事」は、「生活歴」のところに記されている。このカリキュラムが出された29年は、すでに「幼稚園教育要領」の検討が進められていて、「保育要領」から「幼稚園教育要領」への移行が見えていた時期である。「保育要領」の12項目を取り入れたカリキュラム、例えば『標準保育カリキュラム』[3]が出されたのは26年であったが、翌27年に内容はそのままで「保育要領」は「幼稚園教育要領」と呼び変えられた。この時期にも地域によってはまだ、12項目の影響が残っていたことがわかる。しかし、30年度の「改訂」では、6領域のカリキュラムにしていることから、31年に幼稚園教育要領が出されて6領域になる前に文部省が説明会を行っていたこともあって、6領域で考えることが広がっていたと言える。この改訂では、「健康教育」は「健康」となり、

一番上に書かれている。「社会」に「生活習慣」と「社会理解」を、「自然」に「見学」と「観察」を、「言語」に「お話」「紙芝居・絵話・人形芝居・幻灯」「ごっこ遊び　劇あそび」を入れている。「音楽　リズム」「絵画　製作」は、2行に分けて書かれていたのが、続けて1行になっている。「自由遊び」の欄はなくなっている。前年のカリキュラムでとりあげていた項目を、6領域にあてはめていたと思われる。

(2) 主題

　月ごとに1主題または2主題があげられているが、2主題の月の方が多い。「試案」と「改訂」でとりあげられている主題は、同じである。4月から順に「楽しい幼稚園」「仲よし　戸外遊び」「丈夫なからだ　室内あそび」「楽しい夏」で、8月は夏休みで計画がない。9月から順に「虫とり　月」「八百屋さんごっこ　遠足」「のりもの遊び　はっぱ遊び」「火の用心　もうすぐお正月」で、1月からは「楽しいお正月　冬の遊び」「お店ごっこ」「もうすぐ一年生」である。

　「試案」の前の「原稿」は、主題は10月からしか書かれていないが、漢字とひらがなの違い以外ほぼ同じである。違いは、11月に「勤労感謝　起業祭」が「原稿」には加えられ、4主題となっていることである。

　ここでとりあげられている主題は、季節に合わせたものであり、当時よくあげられていたものと重なる。『戦後保育の実際　名古屋市における昭和30年代はじめまでの幼稚園、保育所』[4]の中で記したように、秋に「八百屋さんごっこ」や「のりもの遊び」があるのは、『標準保育カリキュラム』や雑誌『幼児の教育』[5]に紹介された幼稚園の保育カリキュラムである。こうしたものを参考にしながら、作成していったと思われる。

(3) 目標、経験、指導上の留意点

　これらの欄で記述されていることは、「試案」「改訂」とも、若干の違いがあ

第4章／カリキュラム・指導計画

るのみで、ほぼ同じである。一番大きな違いは、「試案」の3月の「指導上の留意点」では「八幡市立〇〇幼稚園の第一回卒業生の自覚」と記されていたのが、「改訂」ではなくなっていることである。

　どのような目標が記されているのであろうか。4月には「幼稚園は楽しい所であるという安定感を持たせつゝ、家庭より次第に幼稚園の生活に導く」「春の自然に親しませる」の2点が、5月には「お友達と仲よく遊ぶことにより、共同生活の基礎を養う」「遊びを通じて共有物の取扱に関する態度を養う」「自然に親しませつゝ、充分に遊ばせ、健康増進をはかる」の3点があげられている。6月には「健康を保つことの大切さを感じさせ、健康生活の良習慣を養う」「梅雨における室内遊びの楽しさを味わせる」「自然農作物のうつりかわりを知らせる（観察させる）」で、7月には「夏の季節的遊びをとおして夏の楽しさを味わせ夏を元気に過させる」となっている。「主題」に合わせたことが記されていて、「春の自然」「自然農作物のうつりかわり」というように、その季節に合わせたことが加えられている月もある。以後も同様で、9月には「虫に興味を持たせ」ることと「宇宙について興味を持たせ」ること、10月には「みのりの喜び…売買に対する関心」（…は中略、以下同様）「秋の自然…協力して行動…遠足の喜び」があげられている。11月には「交通機関の種類…正しいきまりを知らせ、これらを守らせる」「自然の美に触れ…変化に興味」のほか、「親戚の人への親近感を育てる　八幡市民として起業祭への関心を養う」「私どもの為に働いて下さる人々への感謝の念を養う」ことがあげられている。12月には「火に対する注意及び冬の衛生について指導」「新年を迎える喜び…よい子になろうとする心構」「クリスマスの意義…喜び…かねて誕生を祝う」である。1月には「新年を迎え、小学校入学への希望…楽しいお正月遊びを満喫」「冬の天然現象の観察…寒さに負けず元気に遊ぶ」とある。2月にはお店ごっこで「生産と物の売買…工夫創作の念…文字並びに数に対する興味」、3月には「冬から春への移り変りに関心と喜び…小学校入学への希望と抱負…残る幼稚園生活を充実」があげられている。目標によっては、さらに細

179

かい説明が付けられている。たとえば9月の「虫に興味を持たせ」では、「自然に親しませ観察的興味を助長する」「動物飼育の経験を持たせる」「小動物を愛する心情を養う」の3点が、「宇宙」では、「月をとおして宇宙の神秘を知らせ情緒を豊かにする」「宇宙に関心を持たせる」の2点が記されている。

　年間を通して目標としてあげられていることは、季節の植物を中心に、虫や気象のような自然にかかわることが多い。それに、友達に関すること、社会生活に関すること、行事に関することが取り入れられている。

　「経験」の欄には、「主題」や「目標」に関わることが記されているのはもちろんのことであるが、4月には「身体検査」「誕生祝」があげられ、5月には「子供の日」「母の日」「おべんとう」というように、その月の「生活歴」に記されている行事に関わることも記入されている。

　「指導上の留意点」には、最も少ない2月で7点、最も多い4月で22点あげられている。4月には、「自分のことは自分でする」ことから、「持物の始末」「挨拶」「清潔」「並び方歩き方」「き丶方、み方」や、草花や小鳥を「可愛がる」こと等、多様なことが記されている。静かに聞いたりよくみたりすることや、仲よく遊ぶこと等は、その後にも出てくる。

⑷ お話、音楽リズム

　「お話」では、『幼稚園お話集』[6]や『上澤謙二　三百六十五日』[7]からのものが多く、『キンダーブック』[8]や『夢のおくに』[8]、講談社の絵本やグリム童話のほか、創作や自作もあった。それには作った幼稚園の園名が記入されているものもあった。そのほか、昔話や偉人伝、クリスマスには聖書の物語からのものもあげられていた。「改訂」では、『幼稚園お話集』から多くの話がとりあげられ、『チャイルドブック』『保育ノート』もあげられている。

　3月が「ブレーメンの音楽師」だけであるほかは4〜11の話があげられている。冊数が多いのは、6月と9月である。10月も10話あげられているので、梅雨時と読書の秋に多いと言えそうである。「改訂」では、ひと月に9〜15の話

第4章／カリキュラム・指導計画

がとりあげられていて、「試案」より多くなっている。

　具体的には、どのような話があげられているのであろうか。4月には「七匹の子山羊」「おむすびころりん」「うさぎとかめ」「動物の遠足」等、9月には「ガリバー旅行記」「浦島太郎」「かぐや姫」「小人の靴屋さん」等、よく知られている話のほか、7月には「キヤンデーとミーちゃん」（創作）、10月には「雁の親子」（自作）というように、季節に合わせて作った話もあげられている。

　「音楽・リズム」では、9月は6曲、3月は3曲であるほかは、10曲以上あげられ、6月と11月は13曲と多い。出典は「文部省」と「西南」[9]とが同じくらい多くて、合わせると9割近くを占めている。これ以外には、「フレーベルの愛歌集」「子供の讃美歌」があげられ、堺市幼稚園研究部会の「幼児のための音楽」からもとりあげられている。「改訂」では7〜17曲あげられ、「試案」より多くなっている。「文部省」と「西南」が多いのは同様であるが、『保育ノート』や「うたとリズム」からもとりあげられている。曲は半数近くが「試案」と同じである。

　具体的には、4月に「靴が鳴る」「チューリップ」「結んでひらいて」「春が来た」「ひよこ」「歯をみがきましょう」「かごめ」「日の丸の旗」等、5月に「鯉のぼり」「金太郎」「ぶらんこ」「子供の日のうた」「お母さんお母さん」「遠足」等、季節や行事に合わせたものが大部分である。「風見の矢」のようなフレーベルの『母の歌と愛撫の歌』[10]に出てくる曲や「うるわしき朝」のような讃美歌もあげられている。

(5) 楽しい経験

　月ごとの「楽しい経験」は、先の「カリキュラムの形式」でふれたように、9項目に分けた「経験」として週毎に記述されている。ここでは、内容の記述が多い「見学　観察」と「お話」、「音楽・リズム」を中心にみていくこととする。

　まず「見学　観察」であるが、4月には「園舎内外」「桜」「春の野、小川遊

181

び」「測定用具」「チューリップ」「国旗」「おたまじゃくし」があげられ、「おたまじゃくし」は5月に継続になっている。5月には「鯉幟」「若葉」「種子播」等、9月には「虫の飼育」や「お月様」（10月に継続）、「運動会」等がとりあげられている。12月には「防寒衣」「ストーブ」「みかん」「霜」「大売出し」「暮の街」「クリスマスツリー」「餅つき」等、最も多い15題目があげられている。

　年間を通してみると、季節の自然にかかわることが中心になっていることがわかる。同月の4週のうち、3週でとりあげられている題目や、月を超えて継続的にあげられている題目もみられる。「水栽培」のように11月から2月まで継続しているものもある。七夕やお月見、お正月やお雛様のような行事に関わることも、とりあげられている。年度末の3月には、「新入園児の迎えの会」や「小学校」もあげられている。

　次に「お話」であるが、先述の「お話」で書名があげられていたものに加えて、多くの題が記されている。9月から2月までは、各月ともその数は20を超え、12月は30にもなる。いわゆる物語の題名だけでなく、季節や行事に関する話や、「日曜日のこと」というような、今でいえば生活発表に当たることも毎週のように記されている。

　「お話」であげられていた書名と「日曜日のこと」以外にどのようなことがとりあげられていたのか具体的にみていくと、4月は「幼稚園に来るまで」「よい子の一日」「天長節」「赤ずきんちゃん」である。5月は「中食について」「憲法発布について」「子供の日」「母の日」「遠足について」「交通について」「三匹の蝶々」「桃太郎」「七匹の子山羊」「印度のお化」「金の指環」で、その月の行事に関わることのほか、「お話」に書名があがっていなかった物語もとりあげられていたことがわかる。

　「音楽・リズム」は、「うた」「リズム」「楽隊」「きく」に分けて、曲名が記されている。最も多くの曲があげられているのは「うた」で、10〜16曲記されている月が多い。同じ曲を2週に渡ってとりあげている場合もある。12月や3

月には、「既習のおさらい」という記述もなされている。「うた」であげられている曲は、先の「音楽・リズム」と同じ曲が大部分で、若干の変更や付け加えることが行われている。たとえば、4月では「きれいですか」がとりあげられていない。4月では「鳩」「たんぽゝ」等、5月では「若葉のうた」「しゃぼん玉」「蛙」が加えられている。9月や2月のように、6～7曲加えられている月もある。

「リズム」であげられている曲は、「うた」の3分の1ほどであるが、同じ曲が何回か登場する。3回以上記されているのは、「可愛き子供」「出してひっこめて」「動物行進曲」「お早うスキップ」「人参大根蕪」「スケート」「ぴょんぴょん虫」「おじぎ」「おしくらまんじゅう」である。「可愛き子供」や「出してひっこめて」のように季節に関係なくとりあげられている曲もあれば、7月に「ボート」、11月に「もみじ」、2月に「凧」というように、季節に合わせた曲もある。スキップは「お早うスキップ」のほか、「二人スキップ」もあげられていた。

「楽隊」で記述されていた曲は、「リズム」の半数以下で、さらに少ない。「汽車ぽっぽ」「結んでひらいて」「海」のような「うた」でもとりあげられていた曲が多く、8割を占めている。「楽隊」独自の曲としては、「おもちゃのマーチ」が4回登場する。

「きく」で曲名が記されていた回数は、「楽隊」よりは多いが「リズム」の3分の2ほどである。「きく」では、「かつこうワルツ」が10回、「森のかじや」「トロイメライ」「アベマリア」が7回以上あげられているので、曲数としては20曲に満たない。

「音楽・リズム」を通してみると、「うた」であげられている曲数は、3月は少ないが、多い月には15曲を超える。その大部分を占めているのは、季節や行事に関わる曲である。讃美歌もあげられているところには、保育者養成が西南学院で行われていて、そこを卒業した人たちが教師になっていた影響がうかがわれる。

戦後保育はいかに構築されたか

これ以外の項目について、特徴的なことを若干あげてみる。

「絵画　製作」の記述は、多くない。５月に「鯉幟」「かぶと（折紙）」、母の日のプレゼントの「手提げ」、７月に「七夕飾り」、９月に折紙で「蝉」「ばった」、10月の「八百屋さん」の野菜、果物、お金や財布、「木の実遊び」、11月の乗物作り、12月の「クリスマスツリー」、１月の「羽子板」や「凧」、２月の「鬼と福の面」、３月の「おひなさま」のように、行事に関わる製作が多い。遠足の後に絵を描くことや自由画のこともある。粘土もとりあげられている。

「ごっこ遊び　劇遊び」では、毎週のように「人数かぞえ」があげられている。「かごめかごめ」「椅子とり」、第一恩物を用いた「玉かくし」、「猫と鼠」「ろんどん橋」「おすもう」等が、複数の月でとりあげられている。そのほか、「八百屋ごっこ」のようなごっこ遊びや「七匹の子山羊」「桃太郎」のような劇遊びがあげられている。「花一匁」「ことろ」や、英語での「人数かぞえ」も記入されていた。

「絵話　紙芝居　人形芝居　幻燈」の欄は記入が少ないが、「紙芝居」だけは11月以降には、２～５題目あげられている。「白雪姫」や「みにくいあひるの子」等のほか、「子供の紙芝居（よめる子供にさせる）」という記述もなされている。紙芝居の題目は、「改訂」の方が多くあげられている。「人形芝居」では、「舌切雀」「桃太郎」「赤ずきん」があげられている。「絵話」では「のりもの」が１回記入されているだけである。

「幻燈」は「試案」では登場しない。「改訂」には「あひるのブーチャン（幻）」「赤づきんちゃん（人形、幻）」という記述と共に「私のつくった紙芝居（幻）」という記入がみられた。「幻燈」に関しては、後述の小倉幼稚園の日誌には、昭和28年度から記されていた。昔話やおとぎ話からの題名も記入されていて、この頃から入手しやすくなってきたと思われるが、まだ広がってはいなかったことがうかがわれる。

「自由遊」には、ブランコや滑り台、ジャングルジムや太鼓橋のような遊具を使った遊びや、さまざまなごっこ遊び、砂場があげられている。この欄に、

木工や粘土、自由画が記されていることもある。

1　昭和28年度と思われる「保育週案」と29年度の「保育カリキュラム」も残されている。「週案」の方は横書で「保育要領」の12項目を参考にしたのではないかと思われる枠組で、「カリキュラム」の方は縦書で雑誌『月刊保育カリキュラム』に28年4月から連載されたカリキュラムの「望ましい経験の内容」とほぼ同じ枠組になっている。新たに取り組んでいる研究過程で入手した資料のため、今回は分析対象にはできなかった。

2　『はばたき　北九州市立幼稚園百周年記念誌』、北九州市教育委員会、1990年、14頁。

3　全国保育連合会中央カリキュラム委員会『標準保育カリキュラム』昭和出版、1951年。

4　清原みさ子・豊田和子・原友美・井深淳子『戦後保育の実際　昭和30年代はじめまでの名古屋市の幼稚園・保育所』、新読書社、2003年。

5　日本幼稚園協会『幼児の教育』には、1952年9月から1年間、幼稚園と保育所のカリキュラムが掲載されている。

6　日本幼稚園協会編『幼稚園お話集』、フレーベル館、1947年。

7　これは、上澤謙二『新幼児ばなし三百六十五日』（厚生閣書店、1949年）だと思われる。

8　月刊絵本『キンダーブック』フレーベル館

9　これは、湘南学園幼稚園編『夢のおくにへ』（妙義出版社、昭和27年）だと思われる。

10　西南学院短大児童教育科『幼稚園・保育所のための子供のうた（四月－七月）』が昭和26年5月に出されている（杵築市の白百合幼稚園所蔵）。残されていたのは4～7月の分のみであったが、他の季節のものも出され、これらを参考にしたのではないかと思われる。

11　『母の歌と愛撫の歌』（『フレーベル全集第五巻』）では「塔の風見」となっているが、『母とおさなごの歌』（津川圭一訳編、日本基督教団出版部、昭和23年）では「風見の矢」となっている。

戦後保育はいかに構築されたか

第5章　保育記録にみる保育の実際

第1節　保育所の事例から―木屋瀬保育園、御幸保育園

⑴ 木屋瀬保育園

　木屋瀬保育園は、第2章でも述べたように、木屋瀬町で昭和16（1941）年から託児所を始めていた。敗戦の日は夏休み中であったが、20年9月17日には保育を再開した。

　戦後の記録としては、昭和20（1945）年度（9月17日以降）、22年度（12月20日まで）、23年度（6月14日まで）、24年度（1年分）の「保育日誌」がある。ここでは、主として、保育内容に関する記述の多かった、20、22、24年度についてまとめるが、23年度は行事のところのみとりあげる。日誌の形式は、20、23、24年度が罫線の入った用紙を上下二段に分割し、2日分を記述している。一番右の行に年月日、曜日、天気を記入、その他は自由に記述している。22年度は1日1ページで、大きく三段に分割されており、上段は日付及び天気が右端で、上に「観察」、「唱歌及ビ遊戯」「談話」「手技」「其ノ他」と書かれた欄がある。中段は「反省」と出欠席入退所の欄、下段は「備考」欄である。

　日誌は、20年度は園長が出征中で不在のため、4人の保育者が一週間ごとに交代で記述している。22、24年度は、特に期間を定めず、保育者が記入したり園長が記入したりしている。

186

第5章／保育記録にみる保育の実際

1）行事について

　昭和20年度は、「遠足」（9月29日）、「運動会」（11月3日）、「出征家族慰安会」（12月25日）、「紀元節の式」（2月11日）、「遊戯会」（3月17日）、「終了式」（3月20日）が行われている。

　「遠足」は、「徒歩で、『兵隊さん』のいる『陣地』へ」と記されていた。「運動会」は、「天神様」で開催された。運動会の内容に関する当日の記述はないが、練習の記述から、「輪抜け」、「ハシゴくぐり」、「玉入れ」、「綱引き」、「兎と亀」等が、笛や太鼓、オルガンの伴奏、合図によって行われたことがうかがわれる。

　「出征家族慰安会」は国民学校で開催され、園児が遊戯をしたと記録されていた。

　「紀元節の式」の日は、10時少し前に始めて11時頃に子どもたちを帰したとの記述があり、式の内容としては「鷲峰先生から神様のお話」とあった。

　「遊戯会」は、園児の保護者ばかりでなく「国民学校生徒中等学校生徒父兄押しかけて」、遊戯会の途中で「大音を立て、本堂前床二間ばかり」「くづれ落ち」るほどであった。「一人の負傷者もなく幸いだつた」「小雨の中に大した人気だつたことは大成功と考へられる」との感想が記されていた。

　終了式は、「正面は机　保育證　賞状　賞品　記念品を飾り、園旗をたて、子供の腰掛を並べ、定刻（十時）終了生と在園生を別に式場に入場せしめ父兄は正面右側のゴザに座つて貰ふ。本日の終了生は四十二名。列席のお母様は在園生も合せて七八十名」と記述されていた。式次第は、「一同敬礼　終了生呼名　保育證、賞状、賞品授与　訓辞　町長・後援会長祝辞　保護者挨拶　終了生の言葉（＊男児と女児一名ずつ）在園生の言葉　お別れの歌　一同敬礼」であった。

　また、年間行事として予定されたものではなかったが、2学期最終日に子どもたちに重箱に詰めたお弁当のお土産を持ち帰らせている。そ日の前日に「新米がとれたので子供たちに何かしてやりたい」という園長代理の提案から「父

187

兄にあり合わせの野菜を持って来る様に」回覧板を回して材料を集め、前日から準備を進め、当日は保育者と3人の母親で、おいもや小麦粉、カボチャ、ごぼうなどを料理して、重箱に詰めて並べて「子供達を呼び入れ、お米、いね刈り、おべんとうのお唱歌を歌ってフタを取らせる。ハーホーの歓声がそこここから上が」ったと、嬉しそうな子どもたちの様子が記述されていた。

昭和22年度は、「入園式」（4月18日）、「七夕祭」（7月7日）、小学校と合同の「秋季運動会」（9月28日）があり、中学校の運動会へ参加（10月12日）していた。遠足は、5月3日に予定されていたが、雨天の為中止となった。

「入園式」の式次第は、「集会一同敬礼　開式ノ辞　君ヶ代　園長挨拶、保姆紹介　町長挨拶　来賓　後援会長、保護者挨拶　新入園児氏名呼名　諸注意及名札、オハツ　一同敬礼　閉式解散」とあった。新入園児は46名で在園児は35名参加していた。町長の挨拶は、代理で助役が行った。

「七夕祭」の様子は、「朝の行事を終へ、七夕様の前に全員坐らせ、七夕様のお供物の観察及び談話が済み、七夕様のお唱歌を歌ふ。男女別に円を作り笹を中に置き　五、六人づつ笹に付けさせる。笑つて付ける子、人のまで付けてやる子、付けてもらふ子はなかつた。付けて了つた笹を前に立てる。本当に園児にとっては嬉しい半日であつた」と記されていた。

運動会については、園児がどのような遊戯や競技を行ったのか具体的な記述は記されていなかった。中学校の運動会については、「お遊戯」と「競争遊戯」とだけ記されていた。

昭和23年度は、「入園式」（4月10日）、「英霊出迎へ」（4月17日）、「天長節」（4月29日）、「児童福祉週間の旗行列」（5月11・12日）の記録があった。

「入園式」の式次第は記されていなかった。「お母さんの背におんぶされての新入園児」は34名、「在園生を合せて」121名（「在籍全部」）が参加した「盛大な入園式であった」。

「英霊出迎へ」は、地名と思われるものが記されているだけである。

4月29日には、「形ばかりの天長節の喜び」をしたこと、「家の父母同様国の

父である。お父さんお母さんを喜ばせる事が国の父を喜ばせることである。皆んなよいこになってお父さんお母さんを喜ばせませう」という話をしていた。

「児童福祉週間」については、最後の2日間に、旗行列をしたことが記されていた。11日は、小雨の為、中途で帰園した。12日には、「町内行進中の状態、昨日より上等にて愉快なり」との記述があった。

昭和24年度は、「入園式」（4月11日）、「遠足」（4月23日、3月11日）、「天皇誕生日」（4月29日）、「お誕生会」（記述があるのは、5、7、2、3月）、「児童福祉週間」（5月4日から11日まで）、「新園舎落成式」（5月29日）、「園舎落成謝恩お茶の会」（6月20日）、「七夕」（7月7日）、「運動会」（10月17日）、引揚者や帰還兵のお迎え（9月2・6日、10月26日）、「共同募金感謝運動の催し」（10月31日）、「共同募金感謝大会」（1月19・20・21・22日）、「修了式」「お遊戯会」「展覧会」（3月26日）と、多くの行事が行われた。

「入園式」の式次第は、「おはしまりの言葉　集合敬礼　朝の御挨拶　おなまへ呼　先生紹介　園長おはなし　来賓おはなし　諸注意　御菓子　おしまひの歌」とあった。新入園児の数は記されていなかったが、入園式当日の朝の9時から「新入園の申し込みが多数あつて開始の時間に手間どつた」とあり、在籍数は106名で当日の出席が84名であったこと、母親の出席が約50名であったことが書かれており、「今日の園児の数をみてほつと安心した」。

「遠足」は、4月は、前日に天満宮まで「整列して歩く練習」をしたということが書かれていたが、当日にどこへ出かけたかは書かれていなかった。3月の遠足も徒歩で出かけたことは記されていたが、行き先についての記述はなかった。

「天皇誕生日」は、「小学校生徒の休日の故か皆んなお兄ちやんお姉ちやんを連れて登園なしてゐた。社会性の薄い幼児達も今日は本当に楽しそうに又天皇のお生れになった日、お目出度い日だと言ふ事を知つて帰ることができた。又ほう美に笛を与」えていた。

「児童福祉週間」については、多くの記述があった。子どもの日は「旗行列

リヤカに鯉のぼりと風車をわらぼてにさしてにぎやかに子供の心を浮き立たせた。小学校の子供も交へて幼い手に旗を振りながら歩く子供の行列の長いこと、家の前に走り出て眺める大人も子供皆、嬉しそうだつた新池町より成田町の端まで行くうちにリヤカの鯉のぼりも風車もだんだん減つて最後にお祇園様にお参りして助役様の指揮のもとに子供の日の萬歳を三唱し帰園お八つのあめを貰って楽しく帰つて行つた」と、その様子が記述されている。事前の準備については、「本週四日目から児童福祉週間である。それまでの準備の第一日である。始めに園長より福祉週間についての話あり続いておけいこに入る」（5月2日）という記述があった。7日には「福祉週間中の一行事として小遠足のつもりと明日の花まつりの花御堂の花つみ」に園外保育に出かけている。10日は、翌日の「母と子供の会」の準備をしたようだが「思ふ様に出来ずいらいらする」との記述があった。11日は「母と子供の会」であった。内容は、園長の挨拶、諸先生のことば（週間中の感想）、園児と先生とお母さんの芸能会、昼食等であった。

　新園舎完成に関する行事としては、「新園舎落成式」と「園舎落成謝恩お茶の会」があった。園舎は「未完成のまま」落成式が挙行され、園児は参加せず、園外に出て旗行列をしていた。「帰園して式の途中であつたので、室内で紙芝居」との記述があった。式の「来賓者は案内の六割」の50名ほどであった。「お茶の会」は、「何もかも手落ちばかりで、お集りのお母様方にほんとに申し訳ないことであった」との記述から、保護者を招いたものであることがわかった。

　「七夕」については「お庭に立つた笹に短冊を子供達の手で面白くつるした時は皆んな喜びの顔が溢れていた。又お星さままつりの楽しい今日、床の間に供へられたうり、とまと　なす　ほゝずき　自然の中に観察もなす事が出来た」という記述があり、翌日には「遠賀川の橋の上迄笹流しに」行った。

　「運動会」は、9月30日（金）の予定が、10月9日（日）に延期するも、雨天のため更に延期され、17日（月）に実施されている。当日の日誌には「プロ

グラムは何のよどみもなしにどしどし進んだ」とある。運動会前の日誌には「競争遊戯」として、「三人で棒を握つて走らせた」（9月30日）、「棒の先に帽子をつけて走る」「玉じやくしの中にまりをいれて運ぶ」（10月3日）と書かれていた。また、10月8日には、会場の準備として「幼児福祉門（入場門）」が出来上がったこと、9日の朝には「福祉門を造つた」こと、「園児席、来賓席、母の会席、一般席、諸道具置き場、観覧席の机、腰掛は全部運ばれ、道具の一部も運ばれた。いつでも運動会のできる」ように会場を準備したことが記述されていた。

9月の初めから10月末にかけては、引揚者や帰還兵の「お迎へ」をしたという記述が3回みられた。9月2日には、「シベリア引揚者のお迎へ」に行っている。「日の丸を持った園児達の言葉、『小父さん御苦労様でした』は本当によく出た言葉でした」とその様子が記述されていた。9月6日には「有田清兵衛氏帰還につき」「中島橋まで出迎」え、10月26日には園児の父親が「帰還なされるので園児と一所に中島橋の所迄手に手に旗を持つて」迎えに行っていた。

5月に落成記念の行事が行われた新園舎は、共同募金からの配分により建設されたものであったが、この共同募金に関しては10月に「あわただしいうちに共同募金の感謝運動の催しを終つた。配分を頂いたお礼の発表である」という記述があり、続けて「園児と共に心の底から感謝の催しを一回催たいとつくづく想ふ」と記されていた。1月には、19日に直方、20日に田川、21日に飯塚、22日に中間で共同募金感謝大会が開催され、保育園を休園にして参加している。この行事の準備に関しては、1月10日からほぼ毎日記述があった。1月10日には「コンクール出場児の組分け」をしたという記述があるので、この大会はコンクール形式で行われたことがわかる。11日には「折角のお遊ぎも充分の美しさ楽しさも表現されない悩みがある。それに男子向の材料の少ないのに困り果てた」と遊戯の題目選びに悩んでいる様子が綴られ、12日には「昨日定めて練習した『魚屋さん』を今日は取り止めて色々又材料を選択し『證城寺の狸ばやし』にした」と、13日には「他の保育園からの出場に一休さん角べえじし

等大物があるらしいので、当園も何か人の知らない珍しいものを出したい慾が湧いて来た。京人形の夢、ねんねのお里を新しく思い立つた」とあり、14日には、「毎日はつきりした態度が取れず何時も組替をした事は最もいけないことであった。こんな事はくりかへさないやうにきをつけねばならぬ」との反省が記述されていた。土曜日の午後も日曜日も、平日の夜も練習し、17日には「先生方もとまり込みではりきつてゐらつしやる」と保育者の熱が入っている様子がうかがわれる記述があった。この行事が全部終了した翌日には、「昨日まで四日間先生も子供も疲れた精か出席が少ない。どうしたものか桜組女子は三名しかゐない。男子は全員出席。先生お二人もお休み」（23日）と書かれていた。

　3月26日の修了式には、お遊戯会と展覧会を同時開催しており、この準備に関しても「ほんとに時間のほしい毎日である」（3月14日）、「修了式、展覧会お遊戯に沙二無三に進める保育。職員、園児ただ時間に追いまくられている」（3月20日）、お彼岸の中日である21日には「一日お休みとしたい処であったが、展覧会の作品に追はれ、園児と共に作品に一勝懸命である」、修了式前日の25日には「修了式場と展覧会場の準備でみんな、くたくたになった。夜は二時過ぎまで展覧会場は明朝まで整理を持ち越した。明日一日だと思うからこその頑張りである」と、準備に明け暮れる様子が綴られていた。同じ日の記述に「明年からはこんなに切破つまらないように予ゆうを取つて計画したいものである」との反省の言葉も見られた。修了式当日の26日の日誌には「二十四年度の修了式。夢のやうに過して了つた一年。四十一名の修了生。元気に送答の辞を読む園児。一年間の保育の結果のよしあしが少しもわからない。丸い健康色に満たされた顔だけが目にしみる。子供はただ嬉しさだけの感情である。わかれをおしむ心は大人の心である」と園長が記していた。

　誕生会は、4回分の記述から、誕生日の園児の母親がごちそうを作りにきたり、プレゼントを持ってきたりしていたことがうかがえる。2月には、やはり母親たちが来園して食事の仕度をしていて、「いつも少いカマボコも今日はきれいに細工されたのを小皿いっぱいもられ美味しそうなお赤飯も松の型に握ら

れたのを中皿に高くもられ、お味噌汁にふかしいも二ツと小判型せんぺい二枚と園児の前の机に並べられた」と記述され、「あの子もこの子も嬉しそうな顔で今日のご馳走をジつと見つめてゐる」と園児達の嬉しそうな様子に続き、「やがて誕生日会が始つた。誕生日の唱歌に引続き、お祝の言葉を送る。その返礼が済み、戴きますの言葉もそこそこに皆一勢にお箸を持つて食べ始る。お母様も私達も一所に御馳走を戴いた。全園児のご馳走様が済み、お母様に御礼を云つてお母様のお唱歌を歌つた」（2月8日）とあった。

2）朝の会や昼食・週の主題等について

　昭和20（1945）年度は、「今日も体操も遥拝も上出来」（10月20日）、「十時に始め遥拝、体操をすまし」（12月19日）、「とても御行儀よく遥拝が出来る」（1月28日）と、敗戦から半年近く経っても戦争中と同様に「遥拝」を行なっていたことがうかがわれる記述がいくつか見られた。遥拝の時には、「回れ右」をし、「今日も仲良く元気で立派な日本人になります」と言わせていたが、出征中の園長の父親である園長代理から「注意」されて「回れ右」をやめ、「今日も仲良く元気でよい子供になります」と言わせるようにしたと21年1月30日の日誌に書かれていた。

　また、昼食については、再開前の母の会で「食糧の関係上中食は食べにかへつて午後再び登園する事に決定」している。

　一週間の目標については、2月11日に「清潔」、3月4日に「清潔整頓」と書かれており、子どもたちに徹底させたい生活習慣に関する目標を定めて保育していたことがうかがわれる。

　22年度は昼食に関する記述はなく、午前中で保育を終え、帰る時に乾パンや飴などのおやつを与えていたという記述がいくつかみられた。

　24年度は、6月13日から「午後保育」が始まり、園児が弁当を持参している。9月8日からはミルク給食が始まり、9日には「自分からもう一杯一杯とせがんで三杯位は半数の人が飲んだ」ということだった。12月には「おべんと

うののおかづも給食に与へる事」となり、「たつた一汁でも一人もすき嫌ひせ
ずに」食べた（15日）。「給食時の味噌汁は天ぷらが楽しみで配膳が済むと汁の
中の天ぷらの数で一花咲かせる」（12月22日）という記述もあった。

　一週間の「努力点」（11月７日）、「週題」（11月14日）は、「生活訓練に『言
葉を優しく』と言ふ事にする。又、僕、私をすらすら言へる様に」（７月４
日）という「生活訓練」に関わることばかりでなく、「本週は手技（たのしい
お仕事）と出席奨励に重点を置く」（７月11日）と保育項目に関わることや、
「本週の週題は日本のおとなり興亜日本の子供として隣国の様子を小さいなが
ら知らせ平和日本の文化を高めて近きより遠きに及ぼすの覚悟を持たせたい」
（11月14日）というものもあった。

３）紙芝居等について

　昭和20、22、24年度とも、紙芝居・お話・絵本等について多くの記述があっ
たが、ここでは紙芝居を中心にとりあげる。

　20年度の日誌に記述されていた紙芝居は、「おやまの隣組」「コザルの恩返
し」「三匹の子豚」「カミサマト白ウサギ」「チビ公物語」「ピョンチャンのお
使」「仔熊のぼうけん」「雀のお宿」「おさるのしくじり」であった。

　22年度は、「絵話」とされているものも含め「三匹の小豚」「小猿の恩返し」
「チビ公物語」であった。

　24年度は、「紙芝居二部なし放園」（７月５日）、「紙芝居」（９月９日）、「中
食後は紙芝居等をなし」（10月８日）、「好きな紙芝居」（１月24日）、「お話や紙
芝居を静かに聞く（梅、ばら組）」（２月６日）「（昨日のお約束を守ったごほう
びとして）紙芝居を望み通り澤山して」（２月17日）というように題名の書か
れていない日が多かった。２月17日のように「ごほうび」として読んでもらっ
ているという記述もあり、子どもたちに好まれていたことがわかる。「親切な
兄弟の紙芝居」が多く読まれており、別々な日に読まれている「人魚の出てく
る紙芝居」と「赤いローソクの紙芝居」は、「赤いろうそくと人魚」ではない

194

第5章／保育記録にみる保育の実際

かと思われる。「桃太郎」「雨の降る日」「子猫ちやんの絵日傘」「小熊の誕生日」「ウサギと虎とゴム鉄砲」「小リスの紙芝居」「お山の隣組」「三ちゃんの巻」「三匹の小豚」「春の動物園」「神武天皇」という題がみられた。

　3年間共通に読まれていたことがわかるのは「三匹の子豚」で、2年間共通なのは、「お山の隣組」「小猿の恩返し」「チビ公物語」であった。

4）唱歌について

　昭和20、22、24年度を通じて、多くの唱歌は遊戯を伴うものであったが、中には唱歌だけというものもあった。遊戯のあるものは、先に唱歌を教え、それから遊戯を教えている。24年度になると唱歌は教えるが、遊戯はレコードに合わせて踊るというものもいくつかみられた。ここでは「唱歌」として記述されているものをとりあげる。

　20年度に歌われていた唱歌は、「指の家族」「ネズミの隣組」「春の小川」「お猿とらっきょう」「お米の歌」「稲刈りの歌」「舌切雀」「ペタコ」「ヨイオヘンジハイ」「冬の歌」「お正月さん」「ナカヨシ」「お母さんのお使い」「結んでひらいて」「落葉の子供」「支那言葉の歌」「うぐいすの歌」「春のお使いの歌」「オコリン坊」「フタァツ」「カカシとカラスの歌」「サルカニ合戦」「アメリカ言葉・おやすみなさい」「お別れの歌」等である。どの歌も日数をかけて丁寧に教えられていた。例えば、「お正月さん」については、「来週の予告として」保育者が歌ってきかせ（12月15日）「一番だけ」教え（12月17日）、翌日は、それを「おけいこ」（復習）し（12月18日）、その翌日に「二番と三番」を教え（12月19日）ている。12月20日には「よく覚えてしまった」と記述されていた。

　22年度もほぼ毎日のように、2〜3曲が歌われている。「ご挨拶の歌」「お帰りの歌」「朝の道」「結んで開いて」「手をたたきませう」「何処にゐます」「鯉のぼり」「春の小川」「メダカ」「お荷物ナーニ」「ニコニコ保育園」「リンゴ」「時計の歌」「ユビキリゲンマン」「丸いお日様」「子供の朝」「七夕様」「お手々遊び」「アメアガリ」「蟹のオセンタク」「幼稚園行進曲」「朝の歌」「お砂場」

195

「目高の親子」「お米」「アヒルノオセンタク」「焚火」「ゲンマン」「オニゴッコ」「たぬきの踊り」「落葉の歌」「雀の歌」「お正月」が歌われていた。園長が保育者に「お唱歌の調子を今少しゆっくりやりたいと思ふ」（5月1日）、「はじめて、室外からオルガンの速さと園児の歌詞発音の速さを比較して聞いたが今少しオルガンをゆつくりして戴いたら理想と思ふ」（5月27日）、「早いオルガンに引きづられて行く様は子牛が道を引きづられて行くやうである。生まれて初めてあやつる言葉ばかりであるからどうしても調子が後れる。後れるのが自然である。子供は自然に自然である所に子供らしさがある。テンポの早いものは鋭さはあつても子供にはあまりふさわしくない。調子の自然なゆつたりした処に子供の美しさがある」（5月28日）と、もっとゆつくりしたテンポで子どもたちに歌わせるようにと要望している記述がみられた。

24年度も多くの曲が歌われている。「子供の朝」「朝の歌」「手をたたきませう」「指のお家族」「何処にゐます」「お砂場」「手を廻せ」「お手々つないで」「麦が伸びて」「鯉のぼり」「朝の道」「奈良の大仏様」「坊やのお馬」「良い子供」「時計の歌」「蛍の歌」「生活数へ歌」「兎のお目目」「雨上り」「だるまさん」「蟹の洗濯」「七夕」「笹舟」「でんでん虫」「赤い帽子、白い帽子」「明日もお天気」「雨ふり」「おはよう」「ニコニコ保育園」「子供行進曲」「赤い羽根」「落葉の子供」「焚火」「あの子はだあれのお唱歌」「仲良し小路」「お正月」「春」「節分」「誕生」「お母様」「烏の歌」等である。

歌についての保護者の思いも記されていた。「赤い羽根のお唱歌」を教えるに際して「歌詞はむつかしくて子供等に理解は出来ないと思ふがよく覚たやうだ。これも数多くの歌を常に練習したおかげだと思ふ」（11月10日）という述懐がみられた。また、「落葉の子供の歌」のような季節の歌では「落葉の子供の歌を唱ひながら落葉の観察をし、拾い集めた葉で蝶々をはらせて良い自然物の手技が出来た」（11月15日）と「自然の落葉と子供の唱がぴったり合」うことを楽しませて「よい思い出」にしたいとか、「良い歌を次々に覚えさせて大人になってのなつかしい思い出にしてやりたいものだ」（12月16日）という記

述もあった。

5）「手技」について

　昭和20年度は、「手技」の記述は多くない。

　「はり紙」として記述されているのは、「山にお月様」「花ショウブ」「ウサギ
とカメ」「梅の枯枝に花をちぎってはらせた」である。「おり紙」は「ふくら
雀」「舟」「フウセン」（「七才に」）「風車」（「六才に」）「カブト」（「五才に」）
「ウサギ」等である。「円座にして自分の好きなものを折らせる。ハカマ。ヤッ
コ。ウサギ。帆カケ舟。ニソウ舟。カブト、ボート。風車。フウセン。フクラ
雀等いろいろ中々上手に折ってゐる」（12月7日）という記述もあった。「自由
画」については、11月21日に「汽車、可愛らしい人形、動物。子供等は大芸術
家だ」という記述があった。その他、特に分類のないものとして、「お人形さ
ん」、「果物の皿盛」（「六、七才に」）「達磨ちゃん」（「小さい子供たちに」）「チ
ヨガミバコ」「紙くさり」「だるま」等があった。

　「山にお月様」が「出来上がって思はずまんまるお月様を歌い出す子が」い
た（9月25日）のように出来上がった手技に喜んでいる子どもたちの様子や、
「午後、いろいろの手技を先生達皆でお部屋飾りする」「可愛らしい雀と舟と提
灯のお部屋飾りが出来た」（10月8日）と手技を飾ったり、「（折紙の）舟をも
たせ春の小川を歌ふ。そしてくるくる円にまはると園児は皆うれしそうに元気
で」（10月3日）歌って遊んだりしている様子も記述されていた。

　22年度も「手技」は多くないが、古新聞や古絵本、ハガキ等を利用して工夫
しながら行なっていたことがうかがわれる記述が多かった。

　5月に「緋鯉」「笹舟」「船」「自由画」「張紙、タケノコ」「切紙（古絵本利
用）大根、人参」「張紙（古新聞利用）リンゴ」、6月に「船」「折紙ピヤノ」
7月「風船」「船」「色紙細工（クサリ）」、10月に「ウサギトカメ」「帆カケ船」
「トンガリ船（各自持参シタ洋紙ニ海ヲ塗セ帆カケ船トンガリ船ヲ貼ラセル）」
とある。11月に「風船（古本）」「風船（紙風船の折紙をした）（前風船を古本

197

でおったから今日は色紙で折らせる。復習ですから子供に順序を聞いて皆でおった。途中○チヤン（園児名、以下同様）が四枚同じ方向に折ったので皆にみせて違ってゐる所を見出させたら○チヤン一番に言った）」（11月22日）、「風車（ハガキで風車をつくる。○チヤンのお家から絵葉書を二百五十枚戴いた。その葉書に色を塗らせた）」「手技きれいな手さげを作って持って帰らせ休んでゐる子供にも持つて行かせる」、12月に「貼紙（月夜の踊　お月様と狸）」「貼紙（月夜の踊）」「紙クサリ」「首振り人形」、「お面（手技お面作る。目、鼻を自分で書かせる）」等の手技が行われた。

　24年度には、多くの手技が行われるようになった。記述の内容としては、「手技」とだけ書かれているもの、折紙・畳紙、製作、貼り絵、絵画、塗り絵等である。組別に書かれている日と、そうでない日がある。

　「手技」は、「あやめ」「腕時計」「兎小屋」というように季節に関するものもとりあげられている。5月27日には「手技　櫻組　汽車（十六角応用）立体物　梅組　おかごに果物（ビワ　イチゴ）」と記され、組別に手技が行われていた。「先生の蔭の努力大きく出来ばへは目立つて子供達も嬉しそうだつた」とあり、保育者達が事前の準備をしていることがうかがわれる。また、7月14日には、「兎小屋」について「毎度手技に手こずるが、ハサミの使用も大部なれて」「自分の力でなした喜びを感じる子供が多くなつた」と書かれている。

　折紙は「三宝」（櫻組）「風船」「鬼」（梅、ばら組）「お船」「蟹」「犬」「虎」等の記述がある。7月6日に「梅組　洗面器　ばら組　二双舟　櫻組　風船　組別に畳紙をなす　未だむずかしいと言つては紙を粗末にする子供がいた。しつかりと頭の中にしみ通させたい。すらすらと折れるように」と記されている。

　貼り絵は11月から12月にかけて、拾ったいちょうや紅葉の葉で行われている。3月には4日間かけて「おひな様」を製作しているが、これは、内裏雛、官女、五人囃子、櫻、橘、ぼんぼり、屏風などを段に飾った貼り絵であるようだ。

　製作は7月5日に「梅組　星　ばら組　紙くさり　櫻組　菱形くさり等七夕

様の用意の為製作なす」と書かれている。「共同製作」という記述もある。10月21日には、「今度の日曜日に当園で藤田先生のお遊戯の講習会があるので、室内装飾」にした。この他に、11月15日にも、「拾い集めた葉で蝶々をはらせて良い自然物の手技が出来た。出来上りは後の壁にはつていつまでもながめてよい思ひ出にしたい」と、出来上がった作品を室内の装飾にしていることがうかがわれる。また、「柳つりをつけて部屋かざりをなす」（12月23日、父母の会の前日）という記述もある。

　絵画は「雀」（ばら組）「子供の顔」「お人形」（梅、ばら組）、「ほいくえんの思い出帖」（櫻組）「チューリップの写生」「富士山の思想画」「自由画」等がある。

　塗り絵は主に櫻組で行われ、「ツバキ」（ツバキを観察しながら）、「金棒をしている塗絵」が、具体的な内容としてあげられている。11月17日には絵画製作の目的として「創意工夫の精神を養」い、形はまずくても「自身の手でなし得た喜びを味へば目的は達したものとして良い」と記されている。

　自由画の評価として、「面白がつて充分に思想を表現している」（2月23日）という記述や塗絵の評価として、「最新の注意で事物に接していることがうかがわれる」（2月6日）という記述があった。

6）観察

　昭和20（1945）年度には、観察についての記述は稲刈りの歌を練習しているので「天神様につれて行きいねかりを見せる積りだつたがどこもすんでゐて麦まきの見学になつた」（11月9日）や「梅の節句でうめの観察をする。ついでにツバキも」（2月12日）というように、その時の季節に関連した観察であった。

　22年度は、「麦」「そら豆、えんどう」等の季節に関連するものに加え、「鯉のぼり」や「七夕様の供物」等行事に関わるものの観察、「雀のお話、観察をして歌詞指導に移る」（12月17日）というように、その時に習っている歌等に

関連する観察がみられた。さらに「真直に伸びませう」という談話に関連して「まつすぐなもの、曲がつたもの」（5月29日）の観察、さらには、「立派な手技・破れ手技」（5月30日）と、子どもたち自身の作品を観察させている場合もあった。観察に関する保育者の心得として「目から入る新しい世界　目を丸くして見いつてゐる姿、求めることの旺盛な幼児期の心理を掴んで導くことは指導する者が常に心にとどめて先ず導く物がこれを常に物色して用意しておきたいものである」（5月13日）という記述もあった。

　24年度は、毎月観察の記述がある。大部分が季節に関するものである。「矢車草」「つつじ」「菊」等の花や「おたまじやくし」「兎」「うり、とまと、なす」「自然物」「みかんとりんご」「冬の野菜」「春」等の観察である。また、協同製作に関連して「柿の観察」、「落葉の子供」の歌を歌いながら「落葉の観察」、雛祭りの歌と遊戯をする前に「雛ダンの観察」など、他の活動とかかわらせながら観察を行っている記述があった。

　6月13日の日誌には「兎の観察を行ふ。動物を愛する子供達はどの子も小さい思ひやりを兎箱一杯に寄せて親しんでゐた。親兎一匹子兎三匹皆んな仲良くキャベツを食べてゐるところ等見せて何か心に響かせたいと念じた」と書かれている。

　「菊の花の観察」に際しては「大輪と小菊、どの花も美しい。子供達はどの花を見てもチユーリップと云ふ。日本特有の菊花の美を味あはせ御紋章としての花、御先祖の仏壇に美しく喜ばれ、子供達のままごと、くん章の花と印象を深めた」という記述があった（11月30日）。

　また、身近な果物や野菜の観察については、「近頃八百屋の店先でにぎ合ふものはみかんとりんごである。毎日見るみかんとりんご　今日特に観察することにより其の〇地や味や美しさを味ひながら楽しめることと思ふ」（12月7日）「冬の野菜、大根、人じん、おいも、ほうれん草等、毎日の食膳を賑はす野菜も一つ一つ視覚触覚を鋭くして色や形をよくよく見究め又その栄養価等の話して物嫌い等の矯正資料とした」（12月9日）という記述がみられる。

第5章／保育記録にみる保育の実際

「本週は観察の多い週間であつた。自然の観察と人生とくつつけて考へ合せたいものである」（12月3日）という記述や、「田圃で牛と人が精一ぱい働いてゐる。今の時季に麦種を黒い土に蒔いて数日中に青い小さな芽を出す。これが寒さとたゝかいながら伸びて伸びて春みのる。この状態を種まきの時から観察させてその生長を注意させたいものである。自然と戦ひ自然のめぐみを受けながら生物は成長して行く」（12月2日）というように、保護者の思いがあらわされることもあった。

7）自由遊び

昭和20年度の自由遊びの記述で一番多いのは積木であった。「すべり台の使用ができないので積木やママゴトで遊ぶ子供が多かつた」（10月19日）、「ブランコ、金棒等させず、ツミキばかりで遊んでゐるので一寸可哀想だつた」（11月14日）と、園庭の遊具の故障や雨天等で外遊びができない時の替わりの遊びというような記述がみられた。

保育者が関わって行う遊びとしては、「猫ねずみ」や「スキップ」等があった。「スキップ」は、「（朝子供達が）来るとすぐからスキップをひいてくれとの事。ひいてやると嬉しさうに飛び廻る」（2月15日）と園児たちの方から保育者にオルガンを弾くことを望んで遊んでいた。また、「中にはリレーをして遊んでゐる園児も」（10月1日）いたり、「自分で車座を作り三、四十人で順々に中にはいって歌やお遊戯に打ち興じてゐ」たり（11月22日）と、保育者が関わらなくとも子どもたち自身で保育の中で体験した遊びをしている姿も記録されていた。

22年度は、「自由遊び」と記入はしてあるが、具体的な内容が書かれていない場合が多かった。「福祉週間に添つて園児を喜ばす週間にした。自由遊び時間を特に一緒に遊んで喜ばしてやる事にした」（5月12日）という記述や「自由遊びの時間を永くできないのは自由遊びの工夫がたりないのであらう。子供が楽しく遊んでもらう研究と努力」（9月6日）という記述があり、自由遊び

201

の時間にも保育者が子どもたちとともに遊ぶことを大切にしている様子がうかがわれた。保育者が入っての遊びとしては「スキツプ」が複数回記述されているほか、「自由遊びのとき習つたお唱歌を歌つて面白く遊んだ」（11月27日）「昨日教へたオニごつこの歌を歌つて自由遊び」（11月28日）と習った歌を歌いながら遊んだり、「ハンカチ落とし、手荷物なーに」（11月29日）「ハンカチ落としや目くら鬼」（12月10日）等で遊んでいる様子が綴られていた。

24年度は、保育者が関わって行う遊びの様子が、22年度より更に多く記述されていた。園長による「室内自由遊びの指導が大ひに必要である。『止りスキツプ』や『川の流れ』等面白い遊びで子供がのみ込むまで指導して何時も面白く遊ばせたいものである」（6月22日）と「遊びの指導」をすることが大切であるとする記述がみられた。また、同じく園長による「お地ぞう様あそびも良いお遊びである。これも好んでするやうになつた」（11月16日）や「自由遊びのお時間お地蔵様や鳥と風等よいお遊びに興味を持つてするのはよいけいこうである」（12月3日）と、遊びを評価する記述もあった。「自由遊びもスキツプを好んでする。今の中にリズム感を養つてやらねばならぬ」（12月5日）と自由遊びの中にも幼児に身につけさせたい要素があることも述べられていた。保育者の記述にも、「○チヤン馴れたのか櫻々を皆と一緒になって面白そうに遊んでゐる。○チヤン一向に元気がなく何時見ても唯一人でしよんぼりしてゐる。大抵の園児は始はブランコが好で次第に他の遊びへと変化するのであるが、どんな遊びから馴れさせて行くかその道を考じて一日も早く楽しい、そして面白い園になる様努めよう」（2月7日）と、園児たち一人一人が園に馴染んでいくために遊びへの導き方を工夫していた。

8）保育者の研修・研究等

昭和20年度の日誌には、保育者の研修・研究に関する記述はなかった。

22年度にもなかったが、園長が折にふれて、保育者の記述を受けて日誌の「反省」「備考」の欄に保育者としてのあり方を説いていた。「毎日毎日の保育

日誌は書く者の反省向上の資であると共に読む人の反省向上の資料でなければ
ならない」（7月3日）という記述もあり、保育日誌を日々の研修・研究の場
としようとしていたことがうかがわれた。

　その他に、外部からの視察に関する記述があった。「民政部長の視察」（6月
21日）、「先生の見学」（9月4日）、「地方事務所始他町村の社会係」の見学
（11月26日）である。「社会係」の見学の際の様子は、「お始り十時。始の中は
至極よかつたがだんだん話が出た。絵話のときは静かに終り迄よく聞いた。お
唱歌を二ツ三ツ歌ふ。お遊戯も忘れないでよく揃つた。自由遊び。手技風車を
作る。今日は上手にぬつてる子が多かつた。出来上がつた頃役場の方が十人ば
かり見学に来られたが、行儀も大変よくご挨拶もよくしたしお唱歌も元気よく
歌つたので助役さんからほめられた」と記述されていた。

　24年度になると、様々な対外的な講習会に参加していた。

　「職員全員講習会受講」（8月9日）という記述や、「諸先生に講習会の御苦
労を謝しておきます」（8月29日）という記述から、この講習会には、保育者
全員が参加していたことがわかる。また、「早速講習会でのでんでん虫、『赤い
帽子、白い帽子』のお唱歌をお稽古した」（8月30日）との記述から、唱歌の
講習もある会であったことがわかる。

　「二日市の県連の総会」（6月1日）、「中間保育園の例会研究会」（7月9日）
や、田川無量寺保育園で開催された「遊戯講習会」（8月31日）に参加してい
る。10月23日には、「当園で藤田先生のお遊戯の講習会」が開催された。11月
に、木屋瀬、直方で久留島武彦を講師に迎えて開催された「童話研究講習会」
の時には園長が「会場の交渉に直方高校に行」ったり（10月28日）、「直方会場
の連絡、木屋瀬会場の連絡」（11月5日）を行ったりしていた。3月7日には
「カリキュラム講習会につき職員全員福岡へ出発。園児は休園にした」という
記述があった。

　このほかに、「三回に互る一ヶ月間の講習会もお蔭様で無事に終了して帰つ
て来ました。元気な園児の朝の御挨拶に迎えられ十日間の疲れも一時に忘れ元気

戦後保育はいかに構築されたか

を取戻し私は何だか力強さを感じました」（9月21日）という記述があり、保母資格のための講習を受講した保育者がいたことがわかる。

(2) 御幸保育園

御幸保育園は、寺院が母体となり戦前に農繁期託児所を開設していて、戦後は保育所となっている。先述したように、昭和26（1951）年度の福岡県のモデル保育所に指定されている。

昭和24年度の「保育園日記」（4月～1月11日、3月28日）と27年度の「第一学期保育日誌」が残されている。27年度は年長組にあたる「うめ」「ゆり」「もも」組と年少組にあたる「きく」組の4月から8月まで、1年保育と2年保育混合の「ばら」組は5月20日から8月までである。各組共通の内容もあれば、組により異なることもある。断わりがない場合は共通に記述されていたことで、特に行事は共通である。保育内容に関する記述が多い27年度を中心にみていく。

保育園ではあるが、地域から幼稚園を求める要望もあり、幼稚園と保育所の両方の役割を担っていた。そのため、7月は19日で終業して夏休みになり、7月25～27日、8月2～4日、10・11日、21～23日に夏期保育を行っている。まず、4～7月の4カ月弱の保育の状況をまとめた上で、夏期保育の様子をみていくこととする。

1) 行事について

「入園式」（4月10日）「町祝賀祭（会）、旗行列」（4月18日）「遠足」（5月10日）「花まつり（祭り）」（5月16日）「お節句」（5月28日）「時の記念日」（6月10日）「七夕祭り（祭、様）」（7月7日）「誕生会（祝）」（7月19日）が行われていた。昭和24年度には、9月以降「彼岸会」「運動会」「遠足」「誕生祝ひ」「終業式」「報恩講」「始業式」等が記入されていた。27年度の各行事の様子をみていきたい。

204

第5章／保育記録にみる保育の実際

「入園式」は、「来賓、園長、2年児の祝辞」（「うめ」）があり、式後、各組主任の紹介やお話や紙芝居が行われていた。紙芝居は、クラスにより異なっていた。

「町祝賀祭」は、前日に旗行列の練習をしてから参加している。綱をもって行進し、お土産にまんじゅうを貰って、各部落別に帰ったようである。「ゆり」には、「昨日失敗したのでなわに『しるし』をつけて間隔を取ってやる。おかげで今日はきれいにおならびして行進する」とある。

「遠足」は、加茂神社へ出かけているが、道の途中で雨になり、社務所（集会場）でボントン芝居を見て、お土産の風車とビスケットを貰って帰っている。「ゆり」には「十一時頃解散」とあり、「うめ」「もも」「きく」には昼食の記述がある。「何の楽しき遊びもする事出来ず」、保護者に傘を持ってきてもらい迷惑をかけ「申訳ないと思う」（「うめ」）とある。

「花まつり」は、御堂で園長から花祭りについての話を聞き、甘茶を掛けて組別に舞台に出て踊ったようである。

「お節句」「時の記念日」「七夕祭り」とも遊戯会で、いずれも御堂でちなんだ話を聞き、遊戯をしている。「七夕祭り」では、紙芝居「二つの星」を見せている。子どもが製作したものやキャラメル等のお土産を持って帰っている。

「誕生会」は御堂で行い、4月から8月生まれの子を前に出して祝っている。1学期の終業の日ということで、夏休み中の注意等を話して終わっている。

2）紙芝居、お話等

朝礼では、生活に関わる躾的なことが、しばしば話されていたが、ここでは、それ以外についてとりあげる。紙芝居は、御堂で全園児を対象に行われることもあれば、クラスでとりあげることもあった。

まず紙芝居であるが、どのような話がとりあげられていたのか、クラス別にみていく。「うめ」では、「オムスビコロリン」「ドノ子ガ良イ子」「御母さんどこへ」「二つの星」が記入されていた。「もも」では、多くの題が記入されてい

205

た。「みつちゅーとちゆう吉」「カラスのカンベー」「小リス」「親指ぼうけん」「兎と亀」「金太郎」「お母さんはどこへ」「小りすちゃん」「ツバメ」「カラスのカアキチ」「どんぶらこつこ」「汽車ごつこ」「親指姫」「二つの星」「小犬のペロチヤン」「み、ちゃんとオ、カミ」「がまん強い兵隊さん」等であった。ここでは「金太郎」は５月に２回出てくる。「ゆり」では、「神様と白兎」「ライオンと子ねずみ」「お友達」「どんぶらこつこ」「あめふり」「子猫のちろちやん」「ミッチーとチュウ吉」「金太郎」「おさるのふえ」「どの子が良い子」「つばめ」「二つの星」が、あげられていた。

「ばら」では、紙芝居の題は不明のことが多く、わかるのは「小犬のヘロちやん」「どんぶらこつこ」「二つの星」等である。

「きく」には多くの題が記入されている。「牛若丸」「千代ちやんのまり」「金太郎」「虎とゴムでつぽう」「みっちーの遠足」「お母さんどこへ」「かんべえ」「ペロちやん」「どの子がいい子」「手をふる機関車」「お猿のラッパ」「子熊の誕生日」「つばめ」「小りす」「汽車ごつこ」「おいもの兄弟」等があげられ、「金太郎」のように３回とりあげられているものもある。このほか、夏期保育の予定に記されていたのは、「ハンスの宝」「みみちゃんとおおかみ」「小犬と時計」「ミッチーとチュウ吉」である。

「金太郎」は、どの組でもよくとりあげられていたようである。「お母さんどこへ」や「二つの星」のように、母の日や七夕の行事に合わせたものも、よくとりあげられていた。「どの子が良い子」「ミッチーとチュウ吉」「どんぶらこっこ」等は３組で記入されていた。「汽車ごつこ」「みみちゃんとおおかみ」等、複数の組で記入されているものもあった。表記の仕方は異なるが同じと思われるものは１冊と数えて、30冊近い紙芝居があったことがわかる。

紙芝居の様子としては、「ゆり」で「金太郎」の時に「おゆうぎをしているせいか大変喜んでみた。十八枚もあるので少し長すぎるか？ とも思っていたが少なかったと言つて駄々をこねた子が二・三人」（５月６日）、「もも」では、10日ほど紙芝居の記述がなかった後に「久しぶりに紙芝居するので皆一生

第5章／保育記録にみる保育の実際

県命みて居る」（6月2日）と記されていた。紙芝居は、当時の子どもたちにとって楽しいものであったことがうかがわれる。

「お話」や「童話」では、「うめ」では「やなぎに飛ぶ蛙」「ラヂオ子供の時間」「はぐれ雲との御話」「とんぼの成長についての童話」があげられていた。「ゆり」では、「兎と亀」「交通整理」「鯉のぼりと雀」「ボウシの御散歩」「お節句」「イソップ童話」のほか、「チャイルドブックの四月号で入園以来今迄の事について絵を見ながら、反省して行き話し合った」ことも記されている。「もも」では「王様の馬の耳」「赤づきん」「おちゃわん」「時の記念日」「鬼ば、に追ひかけられた話」のほか、絵本を見せて短い話をすることもあった。「ばら」では、「時計」「兎と亀のかけくらべ」があげられていた。

「きく」には、「おきなさい」「おむすびころりん」「花とちょうちょ」「牛と草」「鯉のぼりと燕」「ヒバリの母さん」「八百屋さんのお店に何があるか」「時計屋さんのお店」「馬」「兎ト月」「雨の小人」「海の水がなぜからいか」「とんぼ」のほか、「絵話」として「こぶとり爺さん」や「子供の発言からヒントを得た童話」もあげられていた。

「幻燈」や「ボントン」も行われていた。「幻燈」では、「ゆり」で「蛙になった王様」「グリム童話（不思議な水）」「オッペルと象」、「もも」ではこの3つに加えて「白雪姫」等があげられていた。「うかればいおりん」の時には、「子供達は大喜び、こんなに喜ぶなら時々はしてもよいと思つ」（6月13日）と記されている。「ゆり」では、「白雪姫」「ボックリ坊や」「うかれバイオリン」があげられていたが、「ばら」は「不思議な水」のみ、「きく」は「グリムの幻燈」と記されているのみである。24年度には、「馬吉の角、ノンキナオハナサン、シンドバットの冒険」「しじみの龍宮行」「ぶんぶく茶釜」等があげられていた。

「ボントン」では、「もも」と「ばら」で「時計の話」、「もも」で「金魚の背くらべ」、「きく」で「鬼と狸」とあるが、題がわかるのはこれくらいである。「金魚の背くらべ」では、「たくさん出て来るので大変喜ぶ　何びき、出て来た

207

か、数等かぞへる」（5月22日）とある。「ゆり」では、「何故ひっつくとの？と、ストリーよりもその方へ気を取られていた様だった」（5月10日）「幻燈、ボントンと続くのでどうか？　と思ったが、お約束していたのでしてみた　金魚のひるねを始めたとたんに皆で歌ひ出した」（5月20日）という記述がされていた。そのほか、「人形芝居」で「お猿のお使ひ」（「もも」）や「影絵芝居」（「もも」）という記述がみられた。

3）歌、遊戯

　歌の曲名は、わずかしか記入されていない。モデル保育所の研究会の朝に、「しやぼん玉」を歌ったこと、「もも」で「お早う」、「ゆり」で「つばめ」「七夕」を歌ったことくらいである。

　遊戯は、朝礼の時に集団で行うこともあれば、2クラス合同で行うこともあった。クラス別でもよく行われていた。「お遊戯」とのみ記されていて曲名が不明の場合や、同じ曲名が繰り返しとりあげられていることもある。クラス別に、最初に出てきた順にあげてみる。遊戯の時の様子は、比較的よく記述されていたので、それも合わせてみていく。

　「うめ」では、「結んで開いて」「御胸をはりませう」「ま、ごとしませう」「金太郎」「鯉のぼり」「金魚の昼寝」「子供の日」「雨降り」「池の鯉」「猫とねずみ」「お玉じやくし」「でんでん虫」「御星様とんだ」のほか、予定のみであるが「あーしてこーして」「リーダは二年生」「つばめの母さん」があげられている。「結んで開いて頭に手をやる動作は面白くやる様である」（4月14日）「内陣にて丸るくなーれで中に入れ」「連手したま、手を上に再度の丸くなーれで後に三歩一、二、三で腰をかがめる此れ等想像もつかない位喜んで何回もさせた」（4月23日）「猫とねずみはもういやと云う程子供自身がかけ廻れるので非常なる喜び」（5月19日）「楽器に合せて行進」の時に「汽車にて円くなると云う事は本当にまとまつて良い様に思はれる」（6月21日）という様子が記されている。

第5章／保育記録にみる保育の実際

「ゆり」では、「お返事」「結んで開いて」「金魚のひるね」「鯉のぼり」「でんでん虫」「大きな時計小さな時計」「ほたるこい」「トマト」があげられている。「今日は案外よく出来た　しかしまだ外え出て行く子が二・三人いる　金魚をみせて、少し金魚のお話しをして、おゆうぎ（金魚のひるね）をした」（5月8日）「今日はじめてゆり組だけでして見たが私自身弾いていたので（声が出ず）思ふ様に行かず」（5月12日）「時計さんはきれいな姿正できれいな音がしますね　身体がゆがんだら時計さんはとまりますよと言ったので皆シヤンとして大喜びでした　お利口さんだつたごほうびに紙芝居をした」（6月2日）「二限目お部屋でリズム遊び　上り目下り目、あんな簡単な事なのに大喜びふしぎな位だった」（6月23日）というような様子が記されている。

「もも」では、「右手左手」「金太郎」「まゝごと」「動物の真似」「船こぎ」「子供の日」「猫と鼠」「池の鯉」「金魚」「魚屋さん」「オタマジヤクシ」「お池の雨」「でんでん虫」「お肩をタントン」「高い低い」「大きな時計小さな時計」「オケヤさん」「手にもつなーに」「お星様とんだ」等が記入されていた。

「ばら」では、よく行われていたが曲名は不明のことが多い。曲名がわかるのは、「ブランコ」「高い低い」「猫と鼠」「おぢいさんになる」「お星様とんだ」くらいである。「きく組と遊戯　ぶらんこ、高い低い等新しいことに女の子は大分興味を持つ」（6月2日）「低い高いをし大部分が聞きわけるようになった組がまとまつてきたせいか大変良く出来ました」（7月11日）とある。

「きく」では、「手をあげよ」「おならびしませう」「二つ何でせう」「こぶとり爺さん」「金太郎」「子供の日」「ままごと」「お肩をたたきましょう」「池の鯉」「足ふみたんたん」「ブランコ」「高い低い」「青いぶどう」「お星様とんだ」等があげられていた。「朝会の後みんな大きな輪になつて子供の日の歌をしました初めてのこころみではあつたがどうにか踊つてはゐました　もつと各組でしつかりとまとめる事だと思つた」（5月2日）「こぶとり爺さん　高い低いは割合みんな熱心にしてゐました。ブランコを新しくはじめて見る出来る子は喜んでしてゐた」（6月2日）という記述がみられた。

209

戦後保育はいかに構築されたか

よくとりあげられていたのは、「金太郎」「池の鯉」「金魚の昼寝」「猫と鼠」
「お星様とんだ」等である。

このほか、スキップが行われ、楽器を用いた二拍子、三拍子もとりあげられ
ていたが、その様子はわからない。

4）製作と絵

ここでは、比較的多くの題目が記されている「折紙」「貼紙・切紙」「製作」
「塗り絵」「絵」に分けてみていく。

「折紙」は、「うめ」では「御山」「家」「オザブトン」「チュリップ」「洗面
器」「植木鉢」（予定のみ）「鯉のぼり」「御母サンノ顔」「あやめ」「真鯉緋鯉」
「かぶと」「かぶと（新聞紙）」「りんごかご」（ただし、予定のみで、時計店見
学に変更されている）「六角」「時計」「兎」「かめ」「舟」で、「一学期の中で一
番好きなもの」を最後に折っている。

「もも」では、「お山」「鯉のぼり」「お母さんの面」「カブト」「ほたる」「八
角」「うさぎ」「かめ」「金魚」「お舟」「あやめ」があげられている。

「ゆり」では、「お山」「チュウリップ」「鯉」「かぶと」「六角」「うさぎ」
「亀」「金魚」「舟」が記入されていた。「かぶと」では、「初めて大きいものを
するのでどうだらうか？　と案じていたが、普通の色紙で折るよりも大きくて
わかりやすかったのか？　きれいに出来た」（5月27日）とある。

「ばら」では、「鯉」「金魚」「ざぶとん」「六角時計」「兎」「亀」「ほかけ舟」
があげられていた。「兎の折形は、かんたんのようだが思ったようには出来ず」
「泣く子供さへあつた。おみやげに持って行くおよろこび」（6月13日）であっ
たこと、「兎の折紙の紙芝居をしてやり折ったので自分達もまけないようにと
思って一生けんめいでやる」（6月19日）ことや折紙の「金魚、はさみの入れ
方」「まだ理解力がうすい」が「二年保育はやはりはつきり出来るわざと折紙
を四ッ切りにして小さい金魚」（6月24日）にしていることが記されている。

「きく」では、「お山」「鯉」「ざぶとん」「緋鯉」「真鯉」「時計の台紙」「鬼」

210

第5章／保育記録にみる保育の実際

「兎」「亀」「かぶと」「金魚」がとりあげられている。

「折紙」で、全クラスでとりあげられていたのは「兎」と「亀」である。5月20日からしか残されていない「ばら」以外では、「かぶと」もとりあげられていた。節句に関わる「鯉」もとりあげられている。簡単な「お山」は「もも」「ゆり」「きく」で、同様の「ざぶとん」は「うめ」「ばら」「きく」で記されていた。年少の「きく」では、両方記されていた。

「貼紙」は、「うめ」では「時計」のみ（糊を使うことは他でも行われている）で、「切紙」として「りんご」「文字盤」、「切紙・貼紙」として「ほかけ舟のほ」があげられている。「切紙」の最初には、「鋏だけにて少し動きのおけいこ」（6月2日）をしている。「折り方は或る程度正しく出来る様になつて来たが今だにのりを多く使う子が居る。伸ばして使う様に注意」（7月3日）している。

「もも」では、塗り絵の「リンゴ」を切らせたことのみである。「貼紙」となっていなくても糊を使うことは行われていて、「折るのは上手に折つてものり付けが悪いもんだからゆがんだのなんかある」（6月5日）という状況であった。

「ゆり」でも、「切紙」で「天の川」をして「星」を貼っているのみである。「ばら」でも「ゆり」と同じことと、「切紙」で「リンゴと角」「てるてるぼうず」があげられていた。

「きく」では、「貼紙」で「さくら」「りんご、桜んぼ」「あやめ」「かぶと」「文字盤」「風車」があげられている。「りんごのぬりえを切らせて見る。はじめてではあるし危んでゐたらやつぱり半分位しか使へる子がゐなかつた」（6月11日）とあり、鋏を使うのは難しかったことがわかる。

「製作」では、「輪つなぎ」「鯉のぼり」「時計」「つばめ」が共通に行われていたようである。七夕の飾りの短冊作りも共通である。ちぎり紙や粘土も行われていた。「もも」では「お母さんへの贈物　花」という記述や、「麦ワラ細工」という記述もなされていた。「ゆり」でも「お母さんへのおくりもの」で

211

花作りをしている。「製作」は、出来たものを持って帰るので、子どもたちは喜んでしていたことが多いようである。

「お母さんへの贈物」では、「あらあら花が出来たーと以外にも花が出来た事に大喜び」「『母ちゃんにやらんなわがはめち帰ろ』」「胸につけてとくいになっている」（5月12日「ゆり」）とあるが、「きく」では難しかったようで、「せめて花弁丈は作つておいてやる可きだつた　きく組では大ていの準備はしてやつてよいと思ふ」（5月12日）と反省している。

「つばめ」では、「皆嬉々として早く完成させたいと云ふ欲望から次を早く早くとねだり出して少々困つた」が、「目玉つけ、羽根迄すべて子供の手で仕上げる」「木の上につばめを止まらせておくと、本当のつばめが来て、けんかをすると云う」「子供の手で完成したのに自信が有るものかと驚きの目で顔で子供の笑顔を見る」とあった（6月16・18日「うめ」）。「胴が出来羽が出来だんだん形が出来てくるたびに皆嬉しそう。まだ未完成のものを飛ばして騒しかつた」（6月13日「ゆり」）、「飛ぶと云つたので大喜び」「頭も付けてないのにとばしたりする」「持つて帰ると云ふ子が多かつたけど時間がたりないので明日上げる事を約束」（6月13日「もも」）という記述や、「案外喜んで先を急ぎ羽までつけて終わつた顔も貼り度かつたがのり不足で中止」（6月13日「きく」）という記述があった。

「もも」では「麦ワラ細工」もあり、「色紙は赤・黄・みどり使用。赤と黄は花を切り、みどりは葉にし、麦ワラと交後にとほし、のこつた先の方を結ぶ。頭にかぶつたり、手に持つたりして喜ぶ」（6月11日）とある。「ちぎり紙」もあり、アジサイの花で「少しひまがか、つたけどおもしろく」（6月24日）できたと記されていた。

「ぬりえ」は題が書かれていない場合もあり、わかるのは「うめ」では「りんご」、「もも」では「三角形」「りんご」、「ゆり」では「日の丸」「野菜」、「ばら」では「夏の野菜」のみで、「なすび、きゆりを見せてぬりゑ」「色もよくでてきれいに出来ました」（7月10日）と、実物を見せて塗るようにしている。

第5章／保育記録にみる保育の実際

　「きく」では、「クレヨンの持ち方」から始まり、「旗、切符」「りんご」「りんご、柿」「野菜」がとりあげられていた。「旗、切符」の時には、「もつと喜ぶかと思つたのに余り喜ばず案外でしたが、おけいこは大体手を貸す子どもは三四人でめいめいでよくぬつてゐました」（4月30日）とある。

　「絵」は、「うめ」では「自由画」で「御母様」、「かぶとをかぶつた私（自分）」「指導画（時計）」があげられていた。「昨日かぶとをかぶつた私（自分）を画いてみる」「画の面白い事」「外のものを画いた様な子の居なかつた事今迄無かつた大きな喜びで有つた」「少しづつ導入しなくては画かなかつた子」「完成の喜び」（5月29日）とある。「出席後の注意として車等に出合つた時の事を話していた為に、乗物と大体きめてみる」「本当にこんなに沢山の乗物が有るのだと我感する迄に沢山西洋紙一杯にかゝれて有つた事は嬉しく思う」（7月8日）とある。

　「もも」では「お母さんの顔」「池」「川」があげられ、最初は「○○さん、指のお家をして手うつし（クレヨンの下をにぎり、手を開き、動かさぬ事）」をしていて、「始めにしては良い題材」（4月21日）と記述されている。「ほたる（折紙）を張つた所へ自由画」（6月4日）「川を書かせる。それに舟をうかべる」（6月28日）とある。「ゆり」では「自由画」で「あめふり」「短冊」「川」があげられていた。

　「ばら」では、「山をしやせい」「あめふり」「ぎおんまつり」等がとりあげられていた。「ゆり」でも「ぎおん山笠又店やさん」を描く子が多かった。

　「きく」では、「お母さん」「時計」「うさぎのお目、風車の柄」以外は「自由画」であった。「目をつむらせお母さんをしばし思出させて書かせる仲仲良い絵をかいてゐる　出来た子供から母への贈物をつけてやつてお外でおあそびします」（5月15日）、「指定画の時計書ける子がゐて、外の子の刺激になりそれぞれクレヨンを運んでゐた」（6月4日）とある。「自由画」で「先生を書いてみましようと云つたのに仲仲書けないらしい」（6月26日）状況であったが、翌日に「絵の批評をします　その中に色の調和美しさをのみこませてゆく　み

213

んなおとなしく絵を見てゐる」とあり、批評しながら絵をみせることも行われていたことがわかる。

「自由画」という記述が多いが、題が決まっている場合もあったことがわかる。

このほかに、「粘土」に関する記述もみられる。「もも」では「何を作つても良いと云つたら大分面白いものが出来た」「キュースがとてもよく出来てゐた」「女の子はお茶わん御だんごが多い。男の子はひこうき、おはか、自動車、だんご」「三角を作つて居た。みんな喜んでした様に思ふ」（6月16日）、「野菜の絵本をみせて作り始める。ねんど細工は皆すきでおとなしくする」（7月12日）とある。

5）「見学」「観察」

どのクラスの日誌にも記述されていた。「うめ」では、「時計店」「苗代」のほか、散歩に出かけてその付近の観察も行われている。自由遊びの時にも、「園庭の観察」が行われていて、「菜の花　ピーピ草を取つてならして遊ぶ」（4月15日）とある。「箱庭作りについて朝顔の種をまく事に決定」し「楽しいもので有るらしい。時間の事も忘れて一生懸命土いぢりをする姿」「何かもつと土に親しむ事をしなくてはと思う」（5月14日）と記述されている。観察に関して、「一定の場所においてそこら附近の観察を少し続けてみる様にしてみてもと思うが又、一定した場所では」「楽しみが少ない」（5月17日）と記述され、保育者が考えながら保育にあたっている様子がうかがえる。

「ゆり」でも「時計店」「苗代」、「もも」でも散歩で「苗代」を観察している。「もも」では、「あじさいの観察」をして茎のことを話し合ってから、製作している（6月25日）。

「ばら」では「つばめ」を観察している。「きく」では「鯉」「金魚」「園庭の木」「時計屋」「野外観察」「園のまわり」のほか、「絵本（たべもの）観察」という記述もみられる。「きく」には、「うめゆり組も一緒に十時頃出発途中、ま

ごつきもなく目的地につきアヒル時計の面白さにみんな喜ぶ。列を整理しながら高倉の長い長い掛時計を珍らしく見て帰途につく」（6月3日）と記録されている。

　時の記念日の前に時計屋を見学したり、近隣の田んぼの苗代を観察したりすることは、共通して行われていたと思われる。

6）自由遊び

　この時の各クラスの様子を探ってみたい。

　「うめ」では、「花一文目」で「横に並ぶと云ふのはむつかしい様」であるが「ピーピ笛をふき乍らさ、舟を流す様は何と子供らしさで有らう」（4月22日）、「誰云うとなくグループになつて」「ボス的にある子」「今の所ない様で先ず安心する」（6月11日）、暑さのせいか「室内にて遊んでいた子最近にない位多い」（6月13日）という記述がみられる。

　「もも」では「お山のユウ便屋さん、グットバイ、ごめんなさい等、強制しないでする。女の子はよくおどる」（5月22日）とあり、自由遊びの時にも遊戯が行われていたことがわかる。

　「ばら」では、「毎日のように天気が悪いので　雨が降っていてもびしようぬれでぶらんこにのつて遊ぶ」（7月2日）こともあった。

　「きく」では、「お外で切符を使つて」乗り物ごっこをしていて、「みんな切符を買つて喜んでそれぞれ好きな乗り物に乗つて喜んでゐた　メリーランドに乗つた千鶴子ちゃんがキヤツキヤツ喜びの笑声には意外でした今度この手でお友達を作つてあげませう」（4月28日）、「みんなの気持ちもなれ合って面白く遊びましたつぎつぎに長いトンネルをつくつてくぐるのは楽しかつた」（7月2日）と、集団で遊んでいることが記されていた。自由遊びで、「今日はお砂場に男の子は集つて大きなトンネルにつゞいて汽車達がグルグルに廻つて一寸面白いと思つた」「汽車のとり合ひでけんかになりました」（6月24日）という記述もある。

215

戦後保育はいかに構築されたか

7) 話し合いや発表

「うめ」では、「家に帰ってからの遊び等を発表させる」（4月28日）ことや「昨日の母の日についての御話し合い、どんな事をしたら喜んで頂けるか、又喜んで頂いたか」（5月12日）、昨日の主なことを話しあい「人の話しも聞く様指導」「発表の時は一人づゝ」（6月2日）、「どんな事をして遊んだか又どんな御手伝いをしたか」（6月16日）というように、発表や話し合いも行われていた。月曜日に前日のことを話し合うのは、「ゆり」「もも」「きく」でも行われていた。「ゆり」では、土曜日の週の反省をしていて、「当番の反省！　最近のお約束はきちんと守れているかどうか皆で話し合った」（6月21日）とある。「きく」では「あしたのお手伝ひ」について話す予定もあった（6月7日）。

農村地帯ということもあり、田植の頃にはその話し合いも行われ、「家ん母ちゃんな僕がねちよる中に田に行く」「帰ったっちやだれも家に居らん」（「ゆり」6月24日）と家族が忙しい様子がよく伝わってくる話もされていた。

しつけに関わる話は、保母が聞かせるだけでなく、自分たちで反省する様な方法も取り入れられていた。「ゆり」では「も、組から来た人達と一緒に話し合つた」「自分達でしたい事等発表させて皆で守るべき事等お約束」（5月14日）と記述されている。

8) 保育者の保育に関する思い

保育への思いや反省とも言える記述もみられる。「うめ」では、「たとへ小さきわづかなものでも、人のものと、自分のものとの区別もつかない」「大きな悪と取つてきびしく注意している中に知らず知らずに涙が出て来て、自分の毎日が悪い結果こんなになつたのに子供をせめるなんてと思はれ」（5月29日）「依頼心の非常に強いのではないかと思はれて困る子が有るが」「どうする事も出来ない自分」（6月7日）という記述がみられ、子どもへの思いと自らの力量のなさに向き合う真摯な姿がうかがわれた。

「ばら」では、「お並びが注意してもまだまだ良くない」（5月22日）、「雨が

216

激しくなろうとの事で一時間にて子供を帰した（十時半頃）」（5月23日）とい
うこともあった。

「きく」でも保育を反省する記述がなされている。「何かしなければと思い
絵本を見せてやりましたがこの時オルガン弾いて一緒にお唱うたつた方がよか
つたかもしれないと思いました」（4月12日）「ずっと御部屋の中ばかりでおあ
そびおけいこでは子供達がどんなにか窮屈と思ふもの、せまい室内では輪投げ
積木」「何んとかしてやりたいと思い乍ら行届かなかった事と思ふ」（4月25
日）「幼児にむづかし過ぎたかもしれないもつとお外で自然に遊んでよかつた
のかもしれないと思ふものがあつたので今日は是非お外にお遊びにゆき度いと
思つた」（5月30日）「朝の検診を怠つた事は悪かつた」し、虫歯予防デーも
「思い乍らふれもせずいけなかつたと思ふ」（6月4日）「時計に対する時間と
かすべてが子供達（きく組）によくのみこめなかった事と思ふ私の勉強不足の
ため」（6月10日）とある。

「きく」では、保育をしながら感じたことも記されていた。カリキュラムに
したことが最低限のつもりなのに、初めはその通りにならないが、翌週の月曜
日には「今日は大体予定通り運んでうれしかつた」（4月14日）とある。「ラヂ
オ体操がもつと手早やくスムースに出来るといいかなあーと思ふ人手の問題で
ある　レコードを待つ間にポロポロ逃げる子がゐる」（6月2日）という記述
もみられた。

9）研究・研修

昭和24年度には、他の保育所へ見学に行ったり、「リズム遊戯」「体育リズ
ム」等の講習会に参加したりしていた。福岡市で行われた保母資格のための講
習会に出かけていた。「筑後保姆例会」や「保育例会」にも、出席していた。

昭和27年には、モデル保育所の研究会に参加したことと、モデル保育所とし
て研究会を行ったことが記されている。前述のように、福岡県では26年度に、
保育の質の向上を目指して地域別に11ヵ所のモデル保育所が指定されて、公開

保育と研究会が順次行われた。御幸保育園は、その最後として、昭和27年6月に公開保育を行っていた。

その前の5月24日には、福間の大善寺賢志保育園で行われた研究会へ、休園にして出かけている。その時の感想が2クラスで記されている。

「きく」では、「お砂場の上の日かげが良いと思つた」「年少組が参考になる事が多かつた」「部屋の装飾」「共同製作」「折紙を汽車にのせて運ぶ」「思いつきも良いと思ふ」「ペープサートのお話も」「上手とは云へないがその熱意はにじみ出て見てゐてほゝえましいものがありました　四時頃おいとましてかへる」と記されている。

「ばら」では、「やはり他の所を見なくちやわからぬと思つた。壁絵にしても、うす暗い部屋を」「一段と明るくした所」「良かつたと思う。又車にて登園」「感心」「欠席が余りない」とある。

6月30日の研究会の開催については、県民生部長名の通知が6月18日に出されている（27児435号）。出席者は「施設長、主任保母但し出来るだけ多数出席が望ましい」とされ、「午前中保育の実際を視察し、午後一時より研究発表をする予定」と書かれている。この時の来園者名簿を見ると、地元の浮羽郡はもとより、隣接の朝倉郡、八女郡、三井郡からの参加者が多かったが、福岡市や柳川市、戸畑市、宗像郡、糸島郡などからの参加者もあった。60を超える保育所から、130名余りの保育者が参加していた。

当日は、資料の「本日の保育内容」に、「幼少」の「きく組」は「粘土　おだんご作り」、「年少」の「ばら組」は「ごつこ遊び。初歩のまゝごと」、「年長」の「うめ組」は「しやぽん玉」、「ゆり組」は「麦わら遊び」、「もも組」は「協同製作。池の鯉」と記されている。

「ばら組」以外の日誌には記述されているので、その概要を述べる。

「年長」は、並んで朝礼、遊戯、各組で検診後、「本日の保育内容」に書かれていることを一限目に行い、二限目は影絵であった。「うめ組」は、導入の後、「御堂前の石段に並んでしやぽん玉」の歌から始めるが、「時間も何時より

少なかつた為か、みだれる事なかつた事嬉しく思う」と記されている。「ゆり組」は、袋から出すまで何だろうかと、早く出したがる子がいて、導入の間に「とつととさきに一人でしてしまつて困った」「出来ない子は出来た子が加勢してやつた」と記述されている。「もも組」は、「金魚、アヤメ、かめを折紙、葉つぱは切紙、鯉をぬりゑして切らせる。台紙をぬる人、六つに分けて製作」し、「折紙が出来たらのりを付けさせて自分の良い所にはらせる。鯉は時間がたりなくはりつける事は出来なかつた」が「明日仕上するつもり」と書かれている。影絵は初めてなので、どの組も喜んでよくみていた。

「きく組」では、「晴れ空になり粘土の準備」をし、「おならびも上手に元気よく出来て」いるが、一人の子が怒つてついて来てくれず、「人の手前怒つてもゐられないしといつて放つてもゐられないし」という状況で、午後から言われることを覚悟していたのに「大した保育の実際の討論は出なかつた」とある。

郡内からは朝早くから見学に来ていて、多くの参加者に驚いたのか朝より皆とてもおとなしかつたようである。翌日は、子どもも疲れている様子が書かれていた。

モデル保育所の研究会以外にも、「一昨日からの講習で習つた生き生ききびきびを思出して子供達に接する」（４月21日「きく」）という記述があり、ここから、研修の機会があったことがわかる。

第２節　幼稚園の事例から─市立小倉幼稚園

昭和20年代の記録としては、20（1945）年度「事蹟留」（ここでは戦後から扱う）、21年度「事蹟綴」、22年度「事績留」、23年度「週番日誌」、24年度「記録」、25年度「週番日誌（一）」「週番日誌（二）」、26・27・28・29年度の「週番日誌」が残されている。このうち、22年度が３月５日まで、26年度が４月から９月末までである以外は、一年分記述されている。その用紙はＢ５で、様式は20〜23、27〜29年度は、１枚の裏表に１週間分記入するようになっている。

219

24年度は一日1枚で、「気象」「保姆」「園児」「雑録」の欄からなる。25・26年度も1枚に一日記入するようになっているが、「天候」「保育予定並ニ準備」「記事」「備考」となっていて、表紙に「保育日誌」「東京都保育連合会御撰定」とあり、フレーベル館が出していた。そこに「週番日誌」と書き加えられている。

記入されている内容は、保育内容に関すること、保護者（父兄という用語が使用されている）の後援会等に関すること、教師の研究や研修等に関することに大別することができるので、以下この三点に分けてみていくこととする。

(1) 保育内容に関すること

保育内容に関する記述の量は、年度により異なっているが、具体的な内容がわかる記述は多くはない。どの年度でも比較的よく記述されているのは行事に関することであるので、まず行事からみていくこととする。

1）行われていた行事とその様子

昭和20（1945）年度は9月1日に第2学期の始園式を行っている。「運動場に体育会」（9月25日）「妙見神社迄遠足会」（10月16日）をしている。「神嘗祭に付休園」している。10月30日には「教育勅語奉戴日」の奉読式を行っている。11月は3日に「明治節拝賀式」、15日に「七五三お祭」をしている。終園式は12月25日であった。2月11日には「紀元節　式後音楽会出演の為め堺町校へ行く」とある。卒業式の稽古は2月20日から始め、式は3月20日であった。その前に「感謝会遊戯稽古」をして「送別会及謝恩会」を行っていた。

昭和21年度には、春と秋の遠足、運動会、雛祭り、送別会、卒業式が行われていた。学期毎の終園式も行われていたと思われる。記録が抜けている週があるため、始園式に関しては確認できない。春の「遠足会」は「妙見」で、「十時二十分着すぐお弁当　後雨になって残念」（4月20日）と記述されている。秋は「到津遊園」（10月16日）へ出かけている。大きな行事であったのは運動

会で、練習を積み重ねていた。10月7日に「遊戯室にて集会　お話と唱歌」「運動会練習」とあり、運動会の練習を始めたことがわかる。その後も、「女児、遊戯室にて運動会遊戯練習」（10月12日）、「運動場にて運動会お稽古」（11月1日）とある。「桃組」で「二人三脚を試して大変面白がった」（10月15日）という記述から、運動会の競技に取り入れていたであろうことがうかがわれる。11月6日以降は毎日のように、「運動会練習」「遊戯及競技」が行われていて、11月15日に運動会が開催されている。

　雛祭りは、全園児が弁当を持ってきて、「遊戯室於全園児椅子にて雛祭式とお話」「雛祭の土置配布」があった。送別会に関しては、3月5日から8日に、男女別で弁当を持ってきて午後から、男児は唱歌、女児は遊戯と唱歌の練習と発表を行っている。3月10日に「送別会稽古」をしている。14日に「午前九時より全園児及父兄にて感謝会を兼ねて」開かれている。プログラムをみると、「敬礼　君が代　園長挨拶に次で」「会長父兄に挨拶及び記念品料（十円単位）に付御礼及職員に感謝の辞」で始まり、組別の出し物を行っている。「桃組　三羽雀　あの子は誰」「紅葉組　自動車　春」「梅組　ひばり　くるくるまはる」「きく組　ごもんの前」「桜組　雀のお宿」「園長先生　さくら作間」「桜組　おひな様」「てんてんてんまり」のほか、「大洋劇団飛入数種」等もあった。当日は「大変盛会」で、「閉会の後随意お弁当を戴いて解散す」と記述されていた。

　卒業式は3月20日であったが、2月15日に「卒式稽古」を始め、その後2月から3月13日にかけて10日間稽古をしている。

　昭和22年度には、入園式、始園式や終園式、春と秋の遠足、運動会、雛祭り送別会のほか、時の記念日が記入されていた。春の「遠足会」は「到津遊園地」（4月23日）で、秋は「妙見まで」（10月16日）であった。この年度の運動会も11月15日で、「運動会式遊ギ」（9月30日）「運動会稽古」（10月6日）「運動場にて運動会稽古」（10月18日）というように、運動会の練習に取り組んでいたことがわかる。この時の運動会プログラムを整理すると、次の通りである。

戦後保育はいかに構築されたか

1、お集り　2、おあいさつ　3、会のはじめの言葉　4、開始遊戯　5、全園児遊戯
ヤッカイモッカイ　赤イ紅葉　6、紅葉・菊組　遊戯　秋の野　こぶとり　7、綱引
桃・梅組　8、山越野越谷こえ　桜組　9、山の友達　虹のはし　桃・梅組　10、仲好く
参りましょう　菊・紅葉組　11、くるくるまわる　青い風　桜組　12、宝さがし　父兄
13、からす　雨降りお月様　姉母有志　14、群雀　15、変装　16、遊戯　全園児　17、お
しまいの言葉　18、終のうた　19、お土産配布　20、稚児行列　解散　バザー

　この日は「銭高組寄贈のアーチ及出入門もことさら晴れたる空に華やかにバンドに合せて足もかるく幸を祈る親垣の中に繰り展げらる」と記述されている。

　この年度は3月5日までしかないので、卒業式の状況はわからないが、2月19日に「広いお部屋にて壇に上るおけいこ」という記述がなされていた。この頃から、式に向けての練習をしていたことがうかがえる。

　この年度には、「憲法（新）祝賀式」が行われている。

　昭和23年度には、入園式、始園式、終園式、遠足、運動会、雛祭り、卒業式のほか、節分が行われていた。「遠足会」は4月に到津遊園であったが、雨のため延期されている。この年度の秋季大運動会は10月8日で、「運動場にて運動会稽古」が9月22日にあり、その後も「運動会のおけいこ」をしている。雛祭りは音楽会で、その練習（1月27日）もあった。卒業式は、3月15日で、「年長組卒式のおうたの稽古」（2月12日）「卒業式のおけいこ」（3月14日）が行われていた。

　昭和24年度は、8月までは保育に関する記述が少ない。入園式、始園式、9月以降に、月見会、運動会、遠足、終園式、卒業式が行われていた。運動会は10月8日で、その前の9月29日に小運動会が行われている。卒業式は前年と同じ3月15日で、1月31日から「卒式稽古」をしていた。

　昭和25年度は、入園式、始園式、終園式、遠足、卒業式のほか、七夕が記入されている。「節分の豆まき行事」という記述もみられる。この年度は、創立60周年の記念式典（10月14日、園児休み）を行っている。「遠足会」は、4月24日に「清水観音様」であったが、雨が降り途中で引き返している。秋は到津遊園へ出かけている。「お供へして七夕のお祝」（7月6日）を行い、翌7日に

第5章／保育記録にみる保育の実際

「子供達全部お供へ物の福引」とあり、福引をして分け、お供えを持って帰ったことがわかる。卒業式の前には、2月末から連日のように「卒式稽古」が行われ、13日が卒業式であった。このほか「慰霊祭」（10月16日）や図書館へ絵本の展示会を見に行く（11月4日）ことも行われていた。また、ラジオ放送への出演のため、全員ではないが練習していた。

昭和26年度は残されている日誌が9月末までなので、行われていたことがわかるのは、始園式、入園式、遠足、七夕、終園式、運動会である。運動会は10月6日の予定で、1ヵ月近く前から稽古している。2週間前から、保護者が組別に準備を手伝っていて、花や日の丸、装飾を製作している。保護者の出し物の練習も行っていた。この年度には、「父兄参観日」が組まれていた。

昭和27年度には、入園式、始園式、終園式、遠足、運動会、卒業式のほか、時の記念日、七夕、節分や「野外保育」「映写会」が行われていた。春の遠足は到津遊園で、雨天で延期されて5月12日に現地10時集合であった。七夕祭りは7月5日に飾り付けをして、当日は「各めいめいがお供えをもちより、きれいにお飾りをして写真をうつ」し「くじ引をしてとまと、きうり」等を「大よろこびでもってかえる」ことが行われていた。運動会は、9月11日に「運動会の体列の練習」があり、12日にも「全園児運動場に於て、体列と各組、円陣体形の練習」をしていて、その後も午後から組別の練習がなされている。10月3日は「小運動会」で「プログラムの通りにおけいこ」をしている。「女児のみ遊戯のおけいこ」という日が4日間あり、その間に全体の「運動会練習」もあった。9日は「中運動会」で、その後「女児のみ遊戯のけいこ」をし、10日が「大運動会」になっている。10月に入り、組別に「父兄奉仕日」があり、「お花と日の丸かき」「お花作り、日の丸ぬり」「色つけ　花つくり　三角旗つくり」等が行われている。9日には「全組父兄奉仕日　運動会準備」となっていて、幼児たちは練習を重ね、保護者は準備を手伝っていることがわかる。この年度は、「始園式」の日に「子供と共にはりきって運動会の目標へ」（9月3日）と記されていて、運動会への意気込みがうかがわれる。

223

戦後保育はいかに構築されたか

卒業式は3月19日で、「卒業式の稽古」は3月11日から18日の間に5日間行われていた。この年度は、式の後「音楽会」が開催された。

昭和27年度から記述がみられた「野外保育」は、「九時半全園児よろこんで幼稚園出発」し、行先は「三萩野野球グラウンド」で「自由に虫や草を取る」こと（11月4日）をしている。

この年度には、「憲法発布記念式」（5月3日）、男女別に「打合会　参観日」（5月20日、21日）、「皇太子立太子式　成人式祝典を挙ぐ」（11月10日）、「七・五・三のお祝日」という記述もなされていた。

昭和28年度には、入園式、始園式、終園式、遠足、運動会、雛祭り、卒業式を初め、時の記念日、七夕、節分のほか、「見学」や「野外保育」「スケッチ大会」が行われていた。遠足は「到津遊園　現地十時集合」（4月23日）で、前日に教師は「遠足のおみやげ準備」をしている。当日は、「演舞場にてお遊戯・お唱歌」「広場にて競争」「動物見学」等が行われていた。七夕は7月7日に「全園児にて盛大に七夕祭」で、「遊戯場に各組製作の笹竹を飾り、七夕のお話し、紙芝居、お供物の抽せん」を行っている。運動会は、「全園児運動会練習」（9月7日）「全園児運動場にて運動会の練習」（9月25日）をして、10月1日には「小運動会」で「服装着用」と記されていた。その後も練習を行い、10月8日が「秋季大運動会」であった。

節分は、2月2日に「節分用意　面製作」を行い、翌3日に「豆いれかご製作」をして「豆まき」をし、「お土産くばり」が行われていた。

雛祭りは「おひな様の遊戯・歌」で「おひな様壁かけ　おみやげくばり」であった。卒業式は、3月8日から18日の間に6日間練習が行われ、19日には「遊戯室にて卒業式最後の仕上げ　十一時おかへり」と記述されている。3月20日が卒業式で、329名が卒業している。

この年度から記述がみられた「見学」は、時の記念日にちなんだ時計屋の見学や「井筒屋」（小倉にあるデパート）見学であった。「野外保育」は前年同様虫取りであった。

224

第5章／保育記録にみる保育の実際

　昭和28年度には、NHK主催の子ども大会に有志の子どもが出演して「歌（楽隊）と踊り」（5月5日）を行ったり、井筒屋でのカラーテレビジョン上演に7名出演（9月16日）したりしている。また、10月には「英語の歌」（9日）がとりあげられ、「アメリカンスクールのお友達を迎える為に、歌や、お遊戯の練習」（13日）をして「準備」（14日）し、15日に「運動場で菊組、竹組、松組、アメリカのお友達仲よく玉入れ、菊組のお遊戯等」と記されていた。30日には、園児20名が「アメリカの幼稚園訪問」をして、休園になっている。小倉には米軍が進駐していたので、その幼稚園との交換が行われていた。

　昭和29年度には、入園式、始園式、終園式、遠足、七夕、運動会、雛祭り、お別れ音楽会、卒業式のほか、時の記念日、七五三の祝い、節分が行われていた。「野外保育」「園外保育」や「交換保育」も行われていた。春の「遠足会」は5月10日に「到津遊園地」で、10時に幼稚園を出発し、「チヤイルドブックのうれしいおみやげ」を持って帰っている。七夕は7月2日に準備を始め、竹に飾りつけて、7日に「七夕祭」を行っている。この年度の運動会は、10月7日の予定が雨天で中止になり、翌8日に延期され、9時から12時まで行われた。これに先立ち、「運動会々場作りの練習」（9月18日）「外で運動会のおけいこ」（9月27日）をして、「小運動会」を9月30日の9時から11時に行っていて、「運動服をつけてはりきって致しました」とある。その後、10月2～4日にも練習をしていて、5日には「中運動会」を行い、「母姉遊戯」もあった。この年度にも「父兄奉仕日」の記述があり、9月25日から10月6日にかけて、「お花つくり」や「旗作り」を保護者が行っている。

　雛祭りは「お雛様かざりつけ」（2月28日）をして、「お雛様手技準備」を教師が行い（3月1日）、「おひな様作り」（3月2日）をしたうえで、3日に行っている。

　卒業式は3月19日で、3月14、16、18日に卒業式の練習を行っている。3月17、18日に「父兄の奉仕日」とあり、卒業式に向けての準備を保護者が手伝っていることがわかる。

225

戦後保育はいかに構築されたか

「野外保育」は「虫採りに行く（埋たて地）」（10月18日）と「田川旅館に」「見学」（10月30日）で、「園外保育」は「野菜・果実・鮮魚市場見学」（11月4日）であった。「交歓保育」の「アメリカ幼稚園招待」は、12月6日の10時から12時に行われている。この日のために、迎える稽古もなされていた。これに先立ち、10月には園児20名がハローウィンに招待されている。

　この年度には「桜、梅、竹、百合組　父兄の保育参観」「他の組お休み」（7月15日）という記述があり、保育参観が行われていたことがわかる。

　昭和20年代を通して、「運動会」が大きな行事であったことがわかる。幼児たちは、その日のために練習を重ね、保護者は特に後半は準備を手伝って、盛り上げていた。昭和21、22、26、27、28年度は、約1ヵ月も前から練習を始めていた。

　卒業式の練習も行われていた。昭和20年代前半は、1ヵ月も前から卒業式の練習を始めていたが、20年代後半になると年度により違いはあるものの、練習は1～2週間前からになっている。

　時の記念日や七夕、節分は、長期間かけて準備をするような行事ではなく、その日を楽しむ傾向が強かったということがわかる。雛祭りは、音楽会を兼ねていた昭和23年度を除き、当日を楽しむ傾向が強い行事であったと思われる。

　小学校とのつながりも考えられていて、「堺町小学校の運動会見学」（昭和23年10月1日）が行われている。28年には「四月入学の園児のみ学校参観見学の為堺町小学校へ」（3月3日）へ行き、「校長先生をはじめみなさんから大歓迎を受け一、二年生の授業を参観、広い広い校内を見学の後、お兄さんお姉さん（一、二年）方の熱演する劇やお遊戯にたのしい半日」を過ごしている。その後も、「堺町小学校に一日一年生」（昭和29年3月9日）「堺町小一日入学」（30年3月8日）が行われていた。

　昭和22年度から「発育調査」が、27年度からは「予防注射、予防接種」が、記述されていた。

第5章／保育記録にみる保育の実際

2）日々の保育

　日々の保育内容に関する具体的な記述は少ない。題目が比較的多く記載され
ていた紙芝居等と手技については、後でまとめて述べることとする。

　昭和20年度には「遊戯」「ラヂオ体操」「おはなし・お話」「自由画（指導）」
「おしづかなる時間」「全園児集会」「共同遊戯」「集会」「談話」「行進」「名前
書」「朝礼」「体操」「スキップ」「唱歌」「ローマ字指導」「歩行訓練」「お歌」
等が行われていた。「自由画」や「遊戯」では、「おけいこ」という言葉が使わ
れていた。

　昭和21年度には、「歩行練習及遊戯」「行進練習」「えがきかた帳」「自由画」
「お絵かき」「お話と唱歌」「談話」等が行われていた。戦前にも用いられてい
た「立案保育」という記述がみられ、計画に基づいた保育がなされていたと思
われるが、その内容はわからない。

　昭和22年度には、「唱歌及歩行練習」「遊戯」「躾方」「自由画」「日光浴」「談
話」「おえかき帳」「行進及ラヂオ体操」等が行われていた。

　昭和23年度には、「共同遊戯」「おゑかき」「日光浴」「歩行稽古」「自由画」
「お歌」等のほか、「分団保育」も行われていた。この年度は「おえ（ゑ）か
き」が60回以上記入されていて、よく行われる活動であったことがわかる。

　昭和24年度には、「おうた」「唱歌」や「おゑかき」「自由画」、「紙芝居」が
多く記入されていた。この年度には「名前かき」「名前のけいこ」もしばしば
行われていた。「遊技」や「お話」も、時々記入されていた。「日光浴」「競技」
「行進」「スキップ」という記述もみられた。「分団保育」も行われていた。

　昭和25年度には、「お歌の練習」「おえかき」「自由画」「リクレーション遊
戯」「お遊戯及唱歌発表」「日光浴」「ぬりえ」「スキップ及話」「リズム遊び」
「お仕事」等が行われていた。「名前かき」もとりあげられていた。この年度も
「おえかき」はよく行われていて、「自由画」を合わせると、60回を超える。
「観察保育とおゑかき」（2月1日）と記入されていることもあった。「お話」
では、「ピノチオのお話」（11月7日）や「七・五・三のお話」（11月15日）、

227

「おとぎ話」（3月10日）がとりあげられていた。1月に「カリキュラムによる目標保育」（12日）と記されていて、この年度にはカリキュラムという言葉が使われていたことがわかる。

　昭和26年度には、「行進及遊技」「スキップ」「お話」「おうた」「おゑかき」「ヌリエ」「おどり」「劇」「競争」「日光浴」「共同遊技」等のほか、「ラジオ体操」もとりあげられていた。「よきかんとくの下に始遊ギ後運動具使用砂場遊び方法友交につき指導（社会指導）」（6月18日）や、「ヌリエ、自由画帳を丁寧に使用する稽古」（7月11日）も行われていた。この年度にも、「カリキュラムによる保育」という記述がみられる。

　昭和27年度には、「スキップ」「おえかき」「遊戯　お話」「自由画」「おしごと」「健康診断」「歌とお話」「唱歌」「日光浴」等が行われていた。この年度以降、「知能テスト」が行われるようになる。「ストーブでおべん当をあた丶める おいしいこと」（12月4日）と記述され、皆が持ってきたお弁当を温めて食べるようになったことがわかる。この年度には、「立案保育」という言葉とともに、「カリキュラムによる保育」という記述がみられる。

　昭和28年度には、「自由遊び」「リズム遊び」「ボール投げ」「自然観察」「知能テスト」「自由保育」「体育館開放」「遊戯」「英語の歌」「アルバム入り写真撮り」「歌」「踊り」「お話」「なわ飛び」「幼児体操」等が行われていた。5月には、「新しいゴムボールに子供達は大喜び、運動場で元気にボール投げ」（26日）と、様子が記述されていた。

　昭和29年度には、「自由遊び」「写真」「黒んぼ大会」「展覧会準備」「うた」「遊戯」「玉入れ」「リレー」「雪投げあそび」「自由保育」等が行われていた。

　以上のことのほか、文字に関することが昭和21〜26年度にみられた。名前を書くことが行われていて、23年度には「ひらがな帳のおけいこ」も行われていた。24年度には、内容の記述がみられる9月以降、「名前かき」がしばしばとりあげられていた。20年代後半には栽培がとりあげられるようになり、28年度に「金時豆・あさがおの種まき」（5月14日）が、29年度に「朝顔の種子を鉢

第5章／保育記録にみる保育の実際

にまく」（5月11日）「朝顔・山東菜、豆の種子を播く」（5月12日）が記述されている。

　昭和20年代前半に用いられていた「練習」や「けいこ」は、記入される回数は減るが26年度までみられる。その後は、運動会等の行事の練習という用い方はされているが、日常保育の中ではみられなくなってくる。「自由画」「お絵かき」という記述は、20年代前半にはしばしばなされていたが、その後は減って、28、29年度にはみられない。「自由遊び」「自由保育」という記述が、28、29年度にはなされていた。

3）紙芝居や幻燈等

　紙芝居は、どの年度にも記されていたが、とりあげられる頻度は年度により異なる。多かったのは昭和24年度後半と25年度であった。月別では、24年度の11月が6回、2月が8回、25年度には5月と6月に6回ずつ記されていた。ただし、「紙芝居」とのみ記述されていて、題名はわからない。わかるのは25年の7月8日で、「三匹の小豚」を見せていて「今日は特別小供達は大嬉でした」とある。26年度には、「紙芝居図書かんの分」（6月27日）とあり、図書館から借りてきて、見せていることがうかがわれる。27年度には「クリスマスカロル」が、29年度には「水玉ぼうやのたび」「ひょうたん童子」「うさぎ」「彦一ばなし」等がとりあげられていた。

　昭和28年度からは、「幻燈」と「スライド」が行われるようになっている。

　「幻燈」では、昭和28年度に「ぶんぶくちゃがま」「孫悟空」「月から来たお姫様」「鬼のけんか」「アラジーンの魔法のランプ」が、29年度には「ぶんぶくちゃがま」「とんぼ」「いそげヘリコプター」「はまぐり姫」「シンデレラ姫」「孫悟空」があげられている。「ぶんぶくちゃがま」や「孫悟空」のように、28年度に続いて29年度もとりあげられているものもある。

　「スライド」では、昭和28年度は「小ざるの失敗」「なんにも仙人」が、29年度には「シンデレラ姫」「きつねのさいばん」「お月様の国」「カチカチ山」「運

動会のスケッチ」があげられている。あげられている題は、紙芝居や絵本と同様のお話であると思われるが、「運動会のスケッチ」だけは、10月8日が運動会で10月27日にスライドを見せていることから、運動会の様子を記録したものだと推察される。

上記以外に、昭和23年度には矢野洋三による「人形芝居」の記述がみられ、「お猿の三ちゃん」が行われていた。25年度には、ひかりのくに社の人から「お話及人形芝居」を見せてもらっていた（7月5日）。

4）手技・製作

何を作ったかをはじめ具体的な記述がどれだけあるかは、年度により異なる。昭和20年度には、多くの題目があげられていた。第2学期の始園式の日に、「第二集会」でお土産作りをして、「風車を作って大よろびでお帰り」とある。「カバンのお土産」「ヒヨコ」「虫かご」「タコ」「わつなぎ」「連繋花」「古葉書マンヂュシャゲ」「果物籠」「輪つなぎ」「菊花」「キクノハナ」「猿」「提灯」「摺紙　鬼」「お土産（節分）」「年長組人形袋作」「年少花かご作り」「オ花袋」「はさみ仕事」等があげられていた。作ったものはわからないが、「お土産製作」は何回も出てくる。

昭和21年度は少なくて、「ワツナギ」「風車」「置時計」「提灯」「菊の花」「タコ」「チュウリップ袋角ブクロ」である。「摺紙」も行われていたが、何を折ったのかはわからない。

昭和22年度には、「わつなぎ」「イチゴ」「時計」「三角袋」「おはな」「貿易船」「家」を作っていた。

昭和23年度には、「輪ツナギ」「お舟」「てんとう虫」「野菜籠」「菊花」「たこ」「クリスマスツリー」「節分のおめん」が記されている。このほか、「立体手技」という日もあったが、作ったものはわからない。「クレオン模様書」（4月26日）もなされていた。

昭和24年度には、9月以降、「菊の花」「お花」「日の丸」「箱」「果物かご」

第5章／保育記録にみる保育の実際

「鯛籠」「たこ」「わつなぎ」「ツリー」「スワン」「おひな様」等がとりあげられていた。「たのしいおしごと（ふらふら人形）」（1月28日）という記述も見られ、戦前の『幼児の教育』に及川ふみが紹介したものが、戦後も製作されていたことがわかる。このほか、葉書や紙箱を使った製作、粘土製作も行われていた。

昭和25年度には、「チユウリップ袋」「鯉のぼり」「てんとう虫」「時計」「わつなぎ」「チョウチン」「おはな」「ボート」「たこ」「虫籠」「お月様」「ヨット」「創作手技菊の花」「人参大根」「梅」「椿袋」等、多くの題目が記述されていた。このほか「おり紙」や「共同製作」も取り組まれていた。「チユウリップ袋」は、2回とりあげられていた。「虫籠」を製作した時には、「ギースギースと口で鳴きながらたのしくお仕事」（9月22日）と記述されている。「はちまきのはなを各組別につくり皆大喜びておかへり」（10月19日）することもあった。「登園の子供からお土産手技製作　一つでもたくさんお土産を持たせる努力」（12月22日）という記述からは、家に持って帰れるように製作に力を入れていたことがうかがわれる。

昭和26年度は、「輪つなぎ」「風車」「お花」「ほたるかご」「カタツムリ」「七夕飾」「提灯」「朝顔」「御盆提灯」「お月さま」「日の丸」等がとりあげられていた。

昭和27年度は、「風車」「力士」「水鳥」「蛍かご」「かたつむり　てんとう虫」「七夕祭かざり」「提灯」「舟　お家」「スイレン」「たこ」「コマ」があげられていた。この年度にも、「立体手技」が行われていた。製作に関わる様子として、「風車のお土産作りみな大よろこび」（4月19日）、「力士さん作製　皆たのしそうに持って帰った」（5月24日）という記述から、作ったものを家へ持って帰っていたことがわかる。「スイレン」の時は、「曽田氏お宅にお庭のすいれんを拝見に一組づゝ行く」とあり、実物を見に行って、帰って来てから製作していた（7月16日）。

昭和28年度には、「鯉のぼり」「新聞紙でカブト」「風車」「弥次郎平」「時計」

231

戦後保育はいかに構築されたか

「睡蓮」「クリスマス手技」「たこ」節分の「面」「豆いれかご」「おひなさま」「モール細工眼鏡」が記入されていた。新聞紙の「カブト」を作った時には、「みんな頭にかぶって大喜び」（5月7日）していた。

昭和29年度には、「鯉のぼり」「かざぐるま」「ひよこ」「てんとう虫」「かたつむり」「ほたるカゴ」「時計」「狸ばやし」「クリスマスプレゼントお家」「おひな様」「モール材工　お花」を作っていた。

昭和20年代の前半、後半ともとりあげられていたのは、「風車」「提灯」「たこ（タコ）」「てんとう虫」「時計」「節分のお面」等である。「チユウリップ袋」をはじめ「三角袋」等の袋を作ることや「輪つなぎ（ワツナギ、わつなぎ）」は26年度まではとりあげられていたが、27年度以降には記述されていない。特に「わつなぎ」は、22年度には10回、26年度は9月までで5回もとりあげられ、26年度には「各組わつなき　すて、置いても出来る手技」（6月26日）とあり、子どもに任せっぱなしで簡単にできるものととらえられていたことがわかる。他の年度でも複数回とりあげられていたが、27年度以降にはみられなくなっている。この「わつなぎ」は、戦前の手技でもしばしばとりあげられていたもので、今でも室内装飾や七夕の飾りでとりあげられることがあるものである。「菊の花」は前半のみである。「かたつむり」は26年度以降、「スイレン」は27年度以降に記述されていた。

昭和20年代を通して、紙製作は季節に合わせた題材で、しばしば行われていたと思われる。28、29年度には、「モール細工」が登場し、作るものは異なるが、新しい細工としてとりあげられていることがわかる。

昭和20年代にも、戦前から行われていた土曜日に「お土産製作」をして、家に持って帰ることが行われていた。

(2) 後援会等について

「後援会」や「父兄会」があり、運動会のところでふれたように、保護者が様々な手伝いをしていた。

232

第5章／保育記録にみる保育の実際

　昭和20（1945）年度には、幹事会が行われていて、2月には「送別会の件」
と並んで「幼稚園の神殿神棚廃止ノ件」がとりあげられていた（8日）。

　昭和21年度には、「盗難のオルガン」が「父兄」の「御世話にて幼稚園にか
へる」（10月2日）ことがあった。

　昭和22年度には、「蒲団つくり奉仕」（10月8日）「紅葉組父兄奉仕日　三角
袋　七五三旗」（11月7日、桃組は12日）とある。

　昭和23年度には、4月に後援会の総会が開かれている。「ランカスター先生
講演」があり、その後「鯉のぼり製作」を行っている（4月19日）。5月に
は、「アメリカ学校の幼稚園部を見学」に職員と監事有志20名が出かけている
（14日）。10月には後援会幹事会で、「運動会打合せの後お遊戯のけいこ」をし
ている（2日）。

　昭和24年度には、「役員会」や「後援会」のほか、「講演会　婦人と新憲法」
（9月9日）や「秋の父兄母姉総会」「ランカスター先生お話」（11月3日）が
記述されている。運動会前に奉仕で準備を手伝うことや、年度の終わりに謝恩
会を行うことも記されていた。

　昭和25年度には「一時より遊戯室に於幹事会」（4月25日）、「父兄奉仕日
前庭の清掃、中庭へ草花の植かへ」（6月23日）、「父兄講演会」と「保育用品
売り」（7月3日）等が行われていた。

　昭和26年度には、「後援会総会」で「学大光安先生講習」（4月19日）、「力武
先生のお話はまことに有益で真剣におはなしをきいた」（5月2日）と記され
ている。6月に「市立病院産婦人科部長片瀬先生の婦人衛生につき講演」（13
日）、9月に「父兄会　丸橋会長講演会」（20日）もあり、毎月のように講演会
が開かれていた。幹事会や役員会も行われていた。5月に組別、男女別での
「父兄参観日」があり、6月に「紅葉組父兄会（男子）」（16日）という記述も
見られる。

　昭和27年度には、4月の後援会総会で大和勝栄の「現代教育と母性愛」とい
う講演があり、「ほとんどオール出席」であった（22日）。5月にも後援会総会

233

があり、講師は市立病院小児科の「力武先生」であった（3日）。6月には「福日支局長相原氏」の講演会があり、「多数出席者あり」であった（5日）。10月には、先に述べたように、運動会準備のための「父兄奉仕日」が組ごとにあった。2月に「後援会例会」（11日）、3月に「幹事送別会」（11日）が行われていた。

　昭和28年度には、4月に「後援会総会」（17日）、5月に「後援会幹事会」（20日）と「後援会総会」（23日）があり、力武先生の「夏と子供」の講演が行われていた。6月に「後援会例会」があり、講師は教育委員浜田咲枝で、「幼児教育諸問題」について話された（24日）。7月の総会は11日に開催されていた。9月の総会では、朝日新聞論説委員の講演が行われた（15日）。10月は7日に幹事会で「運動会の打合せ」があり、20日に例会で、学芸大学教授山本三郎による「心理学方面より子供の見方」の講演があった。2月には、「耳の新聞班金津先生『家庭童話』　足立小学校永山先生、童話」とある（5日）。3月には、5日に幹事会が行われている。

　昭和29年度には、5月に「後援会総会」が開かれ、鹿児島大学教育学部教授の講演が行われた（25日）。6月に「今年度初の後援会の役員会」が開かれている（18日）。この月には「後援会例会」も開催され、丸橋静子の「家事裁判所の窓口から見た婦人」の講演が行われていた（28日）。9月に「役員会」（9日）があり、他の年度にもあった運動会前の「父兄奉仕日」で「お花つくり」「旗作り」を行っていた。11月の例会では、長崎大学心理学の松岡教授による「幼児のよい習慣づけ」についての講演が行われていた（15日）。3月には「幹事会」（7日）があり、卒業式の前には「父兄の奉仕日」（17、18日）があり、保護者が準備を手伝っていたことがうかがわれる。

　昭和20年代を通して、「父兄奉仕日」があり、行事の準備が行われていた。また、講演会も、年度により開催回数に違いはあるが、熱心に行われていたことがうかがえる。昭和25年度には、保護者が環境整備も手伝っていたことがわかる。

第5章／保育記録にみる保育の実際

(3) 教師の研究会、研修会

　昭和20年（1945）度には、「小倉市保育会役員協議会」（10月10日）、「長谷川視学講演会」（12月13日）があった。「堺町校ニテ手塚教授講演」には全員出席していた（２月26日）。このほか、朝日新聞記者の時局談の講演もあった。園長が「杵築町幼稚園視察」（１月16日）をしたり、「筑紫の宇城先生へ講習のお願ひ」（１月25日）をしたりしている。11月に「文化会婦人部発会結成」があり、その打合せや相談会、「進駐軍病院附看護婦」を招待して「園児の遊戯及お茶の会」を行っている（12月５日）。文化会の記述は21年度にもみられるが、直接保育に関係した研究・研修ではなかった。

　昭和21年度には、「リトミック講習会」（５月16日）、「堺町校」「保育講習会」（８月３日）、「師範附属小学校研究会発表会」（10月19日）が記述されていた。

　昭和22年度には、「幼稚園　向上講演会」が下関市立幼稚園で開催され、「職員全部出席」で、園児は休園とある（10月21、22日）。

　昭和23年度には、７月26日に園長を含め３名が奈良へ出張している。その内容は記されていないが、これは、第２回の全国保育大会への参加である。８月に園長を含めて２名が熊本の講習会に出張している（24日）。９月にも、講習会に出席して、園児は休園であった（６、７日）。10月に香春口幼稚園の運動会に、午前より園長と２名の教師が行っている（20日）。

　「北九州幼稚園部会」が11月５日に結成されている。「午前九時より来会者十四名久方ぶり」「幼稚園部会結成」を「満場一致」で決め、「時間の都合（下り汽車）もあって散会（十二時半頃）後黒崎、八幡の済世軍欠席であったけれど引続き北九州幼稚園部会すゝめ来る廿五日（木）県庁を訪問して部会の進み方を定むる事につき協議す」と記載されていた。12月に、この部会で「アメリカ幼稚園見学の代りに部会を当園にて開催人形芝居をも見学」とある（21日）。翌月の３日には、「幼稚園部会結成の為」「黒崎幼稚園長」が来園している。１月に「附属主事先生の講話」の後、幼稚園部会が開かれている（26

235

戦後保育はいかに構築されたか

日）。この部会は、3月18日にも開かれている。

　2月に「午後一時より戸畑市天使園にて北九州保育会」が行われ、「附属の大園先生より『新学制による理論と実際』」の講演があり、「大変有益であった」（9日）という。24日（金）から翌週月曜日にかけて3日間、勝本先生から「踊りのおけいこ」と記されていて、園独自の活動も行われていたと思われる。教師がアメリカンスクールを見学することもあった（2月4日）。

　昭和24年度には、「遊ギ講習会」（1月20日）や「免許法解説講習会」（2月9～11日）、「再教育講習会」（2月19～21、26～28日）が行われていた。「再教育講習会」の前半では「保育要領」がとりあげられ、「福永保育専攻学校長」と記されている。

　昭和25年度には、5月に「午後八幡市乳山幼稚園にカリキュラム研究会」（10日）、「御遊戯の講習」（28日）があった。6月に戸畑市で開催される「ワークシップ」に出張（15日）、続く5日間の「五市連合研究会」「ワークシップ」に園長を含め2名が出席という記述がみられる。この時には、「松田は東京行黒木大阪行ずみ」なので遠藤に当番（週番）が回ってきたが交代する旨記されている。7月に「全園の先生方福岡へ出張（保育大会）」（27日）とある。8月には「幼稚園部会理事会」が小倉幼稚園で開かれ、「鳥居明泉寺幼稚園々長」はじめ5名の園長が出席している（27日）。1月には講習会や講演会が4回記されている。

　この年には、免許状の講習会が開かれた。4月18日に北九州地区免許状講習が10時から西高等学校で開催され、園長を含む2名が出席していた。免許状研究会も行われた（26日）。8月には「各幼稚園認定講習会修了書」と記載があり（4日）、6日に「香春口幼稚園より講習証を持参された」という記述もみられる。

　昭和26年度にも認定講習が行われている。「認定講習哲学レポート作成」（7月25日）という記述から、小倉幼稚園にも受講者がいたことがわかる。7月26日から29日まで、小倉幼稚園を会場に、大阪児童美術研究所長の石原正徳によ

236

る図画の講習が行われている。その後もリズムや音楽の講習があり、「音楽講習会もいよいよ、本日限り　まがりなりにも作曲が出来る様になり喜びの中に、レポートだけは少々気にならざるを得ない」（8月30日）と記述されていた。このほかに、「保育講習」（9月2、3日）「運動会用遊戯の講習」（9月16日）も行われていて、「会員多数にて有意義な一日だった」という記述がなされていた。

　昭和27年度には、5月に「北九州保育連合会研究日」「桜組保育室」（2日）、「北九保育連盟」で「北方学大で粘土の講習」（16日）、「松江に於て保育大会に出席」（26日）という記述がなされている。7月に「北九州幼稚園部会」で久留島武彦の講演会を開催し、「各園より多数参加」したという（19日）。8月に北九州幼稚園会の講習会で内山憲尚を呼んで「幼児童話の取扱と話方」が行われている（27日）。9月に「米町校に於て遊戯の講習会」に「全先生出席」で休園している（8日）。学大の「野中先生の画の講演」もあり、「併せて北九州幼稚園連盟各園からもちよりの展覧会当日の画の審査」を行っている（27日）。

　第1回の九州幼稚園連合大会が10月16日に熊本で開催され、園長を含め2名が出席している。12月に「北九州保育会」で「講師（音楽）井上先生（附属）」（13日）と記されている。翌年1月に「北九幼連新年会」（8日）、「山野創作舞踊研究所」の山野先生による「ステーヂ舞踊講習会」（25日）が行われている。3月に講師を迎えて「北九幼連研究会」が開かれている（7日）。

　昭和28年度には、4月に「北九州幼稚園連盟」の総会が小倉幼稚園で開催されている（27日）。6月に「学大附小研究発表会」があり、そのために休園にしている（11日）。7月に「教育防衛大会」（15日）、「月例研究会」（16日）があり、後者は「保育連盟主催」で、長田新の「『幼児教育の根本問題』について講演」が行われていた。8月に認定講習の合間を縫って「朝日話方文化講座」（1日）、戸畑市の中学校で「遊戯の講習」（17日）、小倉幼稚園で「手技の講習」（21日）が行われ、参加していた。9月に「平和子供おどり」の講習に

戦後保育はいかに構築されたか

教師が出かけたり（15日）、「北九州幼稚園連盟総会」が小倉幼稚園で開かれたり（19日）した。

　11月に「九州幼稚園大会」が鹿児島で開かれ休園している（24日）。12月に「北九州幼稚園連盟月例研究会」で「鹿児島大学教育学教諭黒木先生」を呼んでの講演（3日）や、八幡市熊西幼稚園で「福岡県公立幼稚園協会発会式」が行われ（11日）、「幼年教育振興会」が開かれている（16日）。1月に「北九州幼稚園連盟結成記念式及新年会」が、「永照寺」で行われていた（9日）。「舞踏講習会」（15日）へ4名出席したり、園長が「道徳教育研究会」（22、23日）に出席したりしている。2月に「幼稚園教育研究会（公立）」（12日）があり、休園になっている。「北九幼連、月例研究会」では、九大の三隅により「グループダイナミックについて」話された（13日）。「ワークショップ幼年教育研究班」が熊本であり、園長が出かけている（20日）。

　昭和29年度には、4月に「北九州幼連幹事会」（2日）が開かれている。5月に園長ともう一人が「ワークショップ」で長崎へ（1日）、園長が「スライド研究会」に参加している（11日）。「北九州幼稚園連盟」の総会では、長崎大学の松岡重博を呼んでいる（22日）。翌日の日曜日に、下関の豊浦小学校で開かれた「舞踊講習会」に5名の教師が出席している。この月には園長が岡山に、教師1名が北海道に出張している。6月に「北九幼連、月例講習会」（26日）、7月に小倉幼稚園で「福岡県公立幼稚園長会」が開かれている（1日）。「園内研修」が行われ、「長崎大学松岡重博先生の指導を受け」て「カリキュラムの展開」について学んでいる（14日）。

　8月に、認定講習第3週の終了後に、「安藤寿美江、渡辺茂」による「音楽リズム講習」（8、9日）、「学大後藤先生」による「音楽講習」（18、19日）があり、西南短大で行われた講習（30日）も、小倉幼稚園から3名受講していた。9月に「北九幼連」の「遊戯講習会」が学大の先生により行われた（6日）。「視聴覚教育研究会」（20日）に出席したり、小倉幼稚園で「ペープサート講習」が行われたりしていた（25日）。10月に「視聴覚教育研究会」で「日

238

曜日とふりかえて休園」（1日）、「研究会出席のため園児お休み」（15日）、「国公立園長会」（27日）等の記述がみられる。11月には、園内研究会で、学大小倉分校の野中助教授を呼んで「幼児画指導につき」とりあげている（6日）。安部能成の講演が堺町小学校であった（8日）。「北九幼連研究会」が「宮武先生の幼児画についての講習会」（19日）として行われた。「福岡県教育研究大会」が八幡市で行われた時は、「屋根ふきかえ作業中」で休園であった（22日）。「北九州幼稚園連盟集会」で「利島先生の手技、遊戯の講習会」があり、途中で園長会も行っている（27日）。

「福岡県公立幼稚園協会総会結成記念日」が12月10日に挙行された。9時から10時半までが実際保育の参観で、その後12時までが総会、午後1時から3時が長崎大学の松岡による「保育内容について」の記念講演、その後5時まで座談会であった。この月の「北九幼連研究会」は「免許法について」であった（11日）。園内研修が18、20日と組まれていて、保育を他の組の先生たちが見ることが行われていたようで、その間「他の組自由遊び」となっていた。年末には、「山野先生の遊戯講習会」（29日）もあった。

年明けの1月に「北九州幼稚園連盟記念日」「表彰式」「新年宴会」（8日）、「幼児画研究会の為（北九幼連主催）園児休園」（25日）とある。2月に認定講習の中2日と重なる日程の園内研修で、「功刀先生より保育指導」（7、8日）を受けている。15日から、「北九幼連」主催の「幼児画展」が小倉の井筒屋で始まる。前日に小倉市内の幼稚園長が集合して、準備をしている。この年は2月に小倉幼稚園で、3月に学大で認定講習が4日間ずつ行われていた。

認定講習という記述は、昭和25年度からみられる。27年度は夏季に4週、冬季に1週、28年度は夏季に4週、冬季に2週、29年度は夏季に3週と先述のように2月と3月に行われている。27・28年度には、校長認定講習も、夏季、冬季に行われ、園長が出席していた。

昭和27年度以降の記録には、日教組の組合活動にも参加し、教育研究大会等にも出張していることが、記されていた。

戦後保育はいかに構築されたか

　北九州では、序章で述べたように、戦前には幼稚園と保育所・託児所等が一
緒に「北九州保育会」を結成して活動していたが、昭和23年11月には「幼稚園
部会」が結成されている。だが、その後も「北九州保育会」は23年度まで、
「北九州保育連盟」は27年度まで、記述がみられる。27年度には、「北九州幼稚
園連盟」という記述がみられるようになり、28年には「福岡県公立幼稚園協
会」が発足している。昭和24年には教育職員免許法も制定され、免許法認定講
習も行われるようになる中で、幼稚園と保育所等ははっきりと分けられて行く
ようになったと思われる。

　福岡県保育連盟、保育協会の記述は、見られなかった。

第6章　福岡県の保育の特徴

　第2次世界大戦末期の昭和20（1945）年に入ると福岡県下でも各地で大空襲を受け、家屋や家族を失う人々が多くでた。また、敗戦後は外地からの引揚者の多くが博多港へ悲惨な姿で戻ってきた（全国の約30％）。このような戦争被害者たちは着の身着のままの状態で幼子を連れて住宅難・食糧難と闘いながら、戦後の生活復帰の努力をした。中でも多くの孤児や栄養失調の幼子たちは日々が命がけの生活であった。そのような社会状況において、福岡県では全国に先駆けて保育施設の設置と拡充に力を注ぎ、行政、民間ともに力を合わせて乳幼児の保育・教育のための公的な施設の確保と生活・発達保障の機会を積極的に構築してきたのである。このような福岡県の戦後期（占領期を中心に昭和20年代）の特性に注目して、乳幼児の保護と教育を保障する体制を築いてきた福岡県の保育の実態について、当時の新聞記事資料や、実際に園を訪問して聞き取りや現存の資料収集による調査方法によって、明らかになったことを述べてきた。ここでは、私たちの以前の研究で明らかにした名古屋市との比較を交えて、福岡県の特徴について考察したい。

第1節　共同募金等の支援が果たした役割について

　福岡県は全国的にみて共同募金の配分が多い県である（全国第6位）とともに、他府県と比較して保育所への配分が多いという特徴があった。昭和23（1948）年度までの総額4,041万円のうち、40％が児童福祉事業に配分され、

884万円が63保育所に配分された。翌24年度には、県内保育所177のうち約60%に相当する108施設が配分を受けている。その受給傾向について考察すると、次のような特徴を見出すことができた。①まずは、戦前から保育所事業を手掛けていた園・所に配分が優先的になされたという事実である。つまり、戦前、戦中の保育実績が評価され、戦後の保育構築への期待がかけられたと言える。②さらに、モデル保育所に指定された御幸保育園や木屋瀬保育園が積極的に嘆願書などを県に提出する運動をしていることから、モデル保育所に指定された園・所では、児童福祉施設最低基準に達しない自園・所の施設や条件を改善するために、先頭に立って声を上げたという実態が明らかになった。③戦後の新設園に対しても、公私を問わず配分を行ったという事実である。地元有志による新設保育所、町立保育所などが次々と配分要求を提出し、保育所新設のための設備や備品等を整えるために共同募金からの援助を受けた。福岡県では昭和29年までに設立された419施設のうち約75%の保育所が補助を受けていた。1施設当たりの平均額は、多かった24年度には17万円、少なかった29年度には53,000円であった。

　名古屋市で行った聞き取り調査の中では、共同募金の配分に関する話は、出てこなかった。名古屋市の保育所への配分はどのようであったのかは、前研究では触れなかったので、今回改めて調べて見た。共同募金の年報から愛知県で保育所への配分状況がわかる年度を見ると、昭和23年度末には配分額の9.3%が児童福祉事業に配分され、その71%が「保育」に配分されている。25年度末では、児童福祉事業に16.9%が配分され、そのうちの19.8%が保育所に配分されている。26年度末では、配分総額の16.0%が児童福祉事業に当てられ、そのうちの20.2%が保育所に配分されている。次の年度には18.9%が児童福祉事業に当てられ、そのうちの16.1%が保育所への配分であった。愛知県では初めの23年度末は「保育」への配分率は高かったが、福岡県と比べると児童福祉事業への配分率そのものが低かった。それ以外の年度も保育所への配分が少ないことがわかる。ただし、名古屋市の保育所で前研究の対象となった園は、毎年の

ように共同募金の配分を受けていた。年度により異なるが、名古屋市の保育所の60〜70％ほどが、補助を受けている。幼稚園でも補助を受けたところもある。しかし、各保育所への1回当たりの額は少なく、2〜3万円のことが多かった。それが聞き取り調査で、共同募金の話が出てこなかったことにつながっていると思われる。

このように福岡県では共同募金会からの支援を積極的に保育事業に配分したことから、占領期における保育所の施設・設備が整備され、それが保育所拡充の大きな基盤となった点は、福岡県独自の取組として評価できるものである。保育の充実には、それを支える財政的援助が不可欠であることがわかる。

また、ユニセフやララなど国際的な支援も受けていることが明らかとなった。昭和23年〜26年までの3年間では、その支援物資は、小麦粉が最も多く、次に大豆、続いて幼児用缶詰などが多かった。それに、砂糖や脱脂粉乳などが続くということがわかった。名古屋市でもララ物資の話は出てきたが、福岡県のこれらの物資支援の状況が、他府県と比較してその多少や特徴が見られたのかどうかに関する検討は課題として残されている。その他の支援団体として「恩賜財団慶福会」などから、成績優秀な事業者に贈られる助成を県下の複数の保育所が受けていることが明らかとなった。金額が判明したのは、1ヵ所だけで、昭和21年に500円の助成を受けたということである。

第2節　福岡県の保育団体について

福岡県の保育運動を支える基盤となった保育事業団体について、『育てつつ』と「九州保育新聞」を中心に、明らかになったことをまとめる。『育てつつ』は福岡県保育連盟の機関誌であり、「九州保育新聞」は、昭和21（1946）年9月に「学業院新聞」として発行され、翌22年7月に、紙名変更された。

①この新聞発行の中心であった岡田栄資は、戦前から福岡県における保育事業を推進してきた関係者たちに呼び掛け、県レベルで組織して発展させようと

した。「福岡県保育協会」「福岡県保育連盟」「九州保育連合会」という団体を結成して、保育事業を行政指導下の立場ではなく、保育に携わる立場から主体的に推進しようとした。戦前に結成された福岡市保育協会の中心であった福永津義もリーダーシップを発揮した。

②しかし、このような保育団体結成は容易ではなく、団体名の変更や役員等の選出を模索しながら、戦後の新しい保育観の一致や保育団体の必要性を認識していった。

③昭和23年には、福岡県保育連盟は全日本育連盟と共催しながら、著名な講師陣を招いての研修会を開催し、24年には九州保育大会でも著名な講師を招いて講習を行い、保育者の研修を保障し、保育の質的な向上に貢献した。

④こうした活動を背景としながら、東京、奈良、新潟に続いて、第4回全国保育大会を昭和25年に福岡市で開催している。

⑤保母養成に関して、戦前からの保育婦養成所、福岡保育専攻学校、戦後の県主催の「保母資格認定講習会」に加えて、九州保育研究所は、独自に保母養成所を開校し、質の高い保育者養成を手掛けようとした。この養成所は幼稚園、保育所を問わず「実力のある優秀な保母の養成を目的とし」て、2年制の本科と1年間の実習を課した養成課程として実施しようとしていた。

このように、福岡県では戦後いち早く保育事業の運営に携わる有志たちが、それぞれの知見と専門性を発揮しながら専門団体を結成し、行政からの受身的ではない、主体的な活動を展開することによって、より質の高い保育を支える保育者の研修や保育者養成を手掛けていたということが明らかとなった。

名古屋市では、保育会が戦前は大正7（1918）年から会費を集めて活動していた。名古屋市保育会は、京阪神連合保育会に吉備保育会と共に大正10年から参加している。この保育会は、昭和3（1928）年に関西連合保育会と名称を変える。戦後は早い時期から幼稚園と保育所は別々にカリキュラム作りに取り組んでいる。名古屋市幼児教育会は、公・私立の幼稚園関係者の組織で、戦後は昭和21年に活動を再開している。名古屋市保育協会が公・私立保育所関係者の

組織としてあり、戦後間もなくから参観保育や保育交流を行っている。21年4月にはいち早く名古屋市保母養成所が設置され、23年には名古屋市立保育専門学園が出来ている。その一方では、この地域唯一の戦前からあった柳城保姆養成所が、幼稚園教員を中心とした養成を担ってきていた。幼稚園と保育所が一緒に活動した様子は見られないので、戦前の昭和2年から幼稚園と保育所が一緒に活動してきた北九州や、戦後すぐの福岡県の状況とは、異なっている。

第3節　保育の実際について

保育所が合計31施設、そのうち当時の関係者から聞き取りができたのは19施設、資料のみは12施設である。幼稚園は合計17で、そのうち聞き取りができたのは7園、資料のみは10園であった。

保育の質にかかわる「沿革・保育理念」「保育内容・方法」「行事」「施設・設備等」「保育を実際に担う保育者の資格・待遇等」に分けて、検討する。ただし、聞き取り調査にも当時の資料によって裏付けられる内容と対象者の記憶に依拠している内容とがあり、また、入手できた現存資料にも限界があることを前提にしながら、占領期を中心に昭和20年代の福岡県の保育の実際を保育の質という観点から、名古屋市との比較を交えて、全体的な傾向や特徴について考察を加えることとする。

(1) 沿革・理念保育

対象となった保育所の沿革は、戦前（昭和10年代）に簡易保育所や季節託児所を含めて、保育を始めていたところが最も多く、15施設であった。それ以前に保育を始めていたところは4施設で、うち1ヵ所は幼稚園で始め、戦後に保育園になっている。12施設は、戦後に始めている。

今回の調査対象の保育所の設立者は、寺院、個人、市町村というように様々であった。戦前からあった保育所は寺院を母体とした施設が多い。終戦後、早

くに設立された保育所は、当時の劣悪な状況におかれた子どもや働く母親、行先を失った引揚家庭を支援したいという篤志家や町内会役員などの個人によるものも少なくない。

そのため、農村部でも都市部でも困っている家庭の乳幼児を保護し、働く母親を支援したいという保育理念のところが多かったが、小学校の中に開設されたり、就学前教育への熱意から始められたりしたところや、裕福な家庭の子どもたちが多かったところもある。

調査対象幼稚園は、歴史的にも古い園が多く、キリスト教の園が多いという特徴があった。明治時代に開設されたのが2園、大正時代が2園、昭和戦前期に開設されたのが8園、戦後に開設されたのが5園であった。キリスト教が12園、仏教が2園であった。

キリスト教の幼稚園の多くは教会に附設されていて、「カトリック精神に基づいた人間尊重の精神を基盤に明るく伸び伸びとした創造性豊かな人間に育つこと」に代表されるように、宗教教育を大切にしたキリスト教保育であった。仏教の幼稚園でも、幼児期からの宗教教育の必要性から開園されている。町内の教育委員や資産家による寄付金で出発したところもある。

名古屋市では、対象となった11保育所のうち仏教が7、キリスト教が1で、戦前に設立されたのは3施設のみである。戦後の混乱の中で、子どもたちのことを思って始めたところが多い。幼稚園は、キリスト教が3、仏教が7であり、13園中9園が戦前に設立されている。今回対象となった対象となった保育所、幼稚園のみの比較であるが、福岡県では、戦前に設立された保育所が多く、キリスト教の幼稚園が多かった。

(2) 保育内容・方法

保育内容に関しては、聞き取りや写真などからわかったことを中心に述べることとする。

第6章／福岡県の保育の特徴

1）保育時間と一日の流れ

　保育所の保育時間は、朝8時〜8時半に登園してきて、15〜16時に降園のところが多かった。朝早いところでは7時半、遅いところでは8〜9時の間に登園していた。帰りは、早いと14〜15時、遅いと17時であった。一日の保育時間は7時間くらいのところが多く、今と比べると保育時間は短かった。一応決まった時間はあるものの、早く来た子は園庭で遊んでいたり、迎えが遅い子は園長が自宅で預かったりしていた。必要とあれば早朝から夜まで園長や保母が面倒を見たという園もある。生活が安定しない家庭の状況に配慮して、子どもの保護・養育を支援していたことがわかる。

　登園後は、園児の健康状態の把握などを行ってからは自由な遊びが主で、その後に、歌や製作やリズムなど一斉の設定活動であった。11時半〜12時に昼食、食後は、年齢の低い子や寝たい子だけ午睡があったり、夏場は午睡があったりした。大半の園では自由な遊び、おやつの後、降園していた。

　幼稚園の保育時間や一日の流れはほとんどわからなかったが、9時頃登園というところが2園あった。降園時間がわかったのはキリスト教の1園のみで、13時30分〜14時であった。朝のお祈り・礼拝があり、その後、自由遊びや、決まった活動をして昼食になる。昼食はお弁当のところが多かったが、園でおかずだけ作っていたところもあった。

　名古屋市では、幼稚園の登園時間は8時30分〜9時、降園時間は1時30分〜2時で、3時という園もあった。保育所は、9時頃〜3時頃までというところが多かった。幼稚園、保育所とも「会集」「モーニングトーク」等といった朝の集まりが行われていた。この時間に、季節や行事にちなんだ話や歌、時には生活習慣やしつけに関する話も行われていた。キリスト教の園では、礼拝や聖話がなされていた。幼稚園と保育所の差が少なかったが、福岡県は幼稚園の事例が少なかったので、比較はできない。

247

2）狭義の保育内容

聞き取り調査から、登園や食事、排せつなどの生活部分を除いた狭義の保育内容＝教育的内容に関してみると、保育所では歌や遊戯、紙芝居や絵本、製作や絵等がとりあげられていたことがわかった。

歌では、「どんぐりころころ」「ハトポッポ」「ヒバリの赤ちゃん」「春が来た」「靴が鳴る」などの童謡や季節の歌がうたわれていた。おはようやさようならのあいさつの歌を英語で歌ったところもあった。踊りやリズム遊び、スキップがなされていた。

紙芝居では「長靴をはいた猫」「鴨とり権兵衛」「赤ずきんちゃん」や手作りのもの、絵本はキンダーブックであった。

折紙、画用紙や色紙、空き箱を使った製作、粘土も取り入れられていた。糊は小麦粉を練って作っているところもあった。折紙は色の薄いものだったり、広告紙やわら半紙だったりした。クレヨンを使って絵を描いたが、紙は黒っぽいものであったところもある。

このほか、砂遊びや草遊びなどをしているところもあった。「自然観察」のような保育内容もあった。

仏教の園では、お経の正信偈を園児が暗記したりというように、宗教的な内容が積極的に取り入れられていた。

幼稚園では、絵や歌や自由遊びをしたり、ピアノによるリズム遊びや絵具を使った絵、空き箱で製作したりしていた。全園児対象ではないが、バレエやバイオリンを教えた幼稚園もある。キリスト教の園では、礼拝、讃美歌や園長の聖話もあった。仏教の園では、仏様の曲が歌われていた。

名古屋市では、「歌」「遊戯」（ないし「音楽リズム」）「お話」が多く、20年代の前半には「手技」も多かった。園によっては植物の観察も行われていた。ここでは大きな違いは見られない。名古屋市では、「自由遊び」とともに、「自由保育」ということばが使われ、幼稚園では、20年代後半に関西を視察し、実

践しているところもあった。福岡県では、「自由保育」がどう取り入れられていたのかは解明できていない。

3）行事について

　保育所の場合、聞き取りおよび写真を含めた資料から、行事が何もわからなかった施設もある。わかった行事以外にも行われていたと思われるところも多い。最も多かった運動会が18施設、次いで遠足が15、雛祭りが12施設であげられていた。遊戯会は11施設であったが、七夕やクリスマス、雛祭りで遊戯会をしていたところもあったので、実際には遊戯会は多くのところで行われていたと思われる。入園式や卒園式も行われていた。夏祭りや、社会見学、誕生会も複数のところであげられていた。仏教の園では花祭りが行われ、報恩講を行っているところもあった。そのほかの行事として、節分や餅搗きもあげられていた。

　それぞれの行事の内容の詳しいことはわからないが、運動会ではリレーや綱引き、遊戯が行われ、かけっこや玉入れ、鈴割が行われているところもあった。保護者の踊りや障害物競争等も行われていた。職員の踊りや親子の踊りをしているところもあった。園の運動会だけでなく、小学校の運動会に旗取りや遊戯で参加しているところもあった。遊戯会では、遊戯や踊り、歌や合奏、劇等が行われていたようである。衣装をつけて派手であったという話もなされた。遊戯会にも保護者が踊りで参加していた。日々の生活に明け暮れる当時の家庭にとっては、保育所の行事が親子ともども楽しみをもたらす活動として取り組まれていたと思われる。

　聞き取りと写真等の資料から、幼稚園での行事で最も多く行われていたのが運動会で、13園ある。次いでクリスマスが11園、遠足が7園でとりあげられていた。雛祭りは5園で、遊戯会と七夕と七五三は2園で行われていた。雛祭りが遊戯会だったところもある。このほか、発表会、作品展、誕生会、音楽会、芋掘りを行っている園もあった。仏教の園では、花祭りや報恩講も行われてい

た。

　行事に関しては、保育所、幼稚園ともに最もよく行われていたのは運動会で
あった。幼稚園では、次いでクリスマスが多かったが、これはキリスト教の幼
稚園が対象として多かったことによる。遠足や雛祭りが比較的よく行われてい
たことも、保育所、幼稚園共通である。

　行事の内容に関しては、運動会でのかけっこや遊戯および玉入れ等は保育
所、幼稚園どちらでも行われていたが、リボンダンスはキリスト教の幼稚園の
みであった。遠足では、どちらでも到津遊園や大宰府があげられていて、母
親、保護者も一緒のところが多かった。博多へ行った園もある。遊戯会では、
キリスト教の園では聖劇や聖歌等が多かった。バイオリンの発表会もあった。

　名古屋市では、入園式、卒園式、遠足、七夕、運動会、クリスマス、誕生
会、雛祭りは、幼稚園、保育所どちらでもよく行われていた。幼稚園では遊戯
会もよく行われていた。キリスト教の園では、イースターや感謝祭、仏教の園
では、花祭りや報恩講も行われていた。行事そのものは、福岡県と名古屋市で
特に違いはない。名古屋市では区単位の連合（合同）運動会が行われていた。

(3) 施設・設備等について

　まず保育所の施設については、寺の本堂で保育をしていた園の多くでは、共
同募金からの配分によって増改築が行われた。仏教以外のところでも、共同募
金による改修や増築がなされていた。共同募金の配分がないところでも、園児
数の増加による定員変更に伴う拡張が行われていた。

　歴史の古い幼稚園では、戦後も戦前からの施設をそのまま活用していたが、
空襲を受けて焼け残った園舎で保育を再開したところもあった。戦後開設した
園では、寺の本堂の一部を保育室にしたり、教会に園舎を附設したりしてい
た。対象とした園の3分の1ほどは、施設・設備が不明であった。

　戸外遊具の設置状況がわかった保育所は19施設である。最も多かったのは滑
り台で15施設である。次いでブランコで、14施設で設置されていたが、木の間

第6章／福岡県の保育の特徴

にロープを下げたものや木枠にロープで座板をつるしたものもあれば、箱型の
6人乗りのものなどもあった。ジャングルジム（枠登を含む）が10施設であげ
られている。砂場が9施設、鉄棒が9施設、シーソーが6施設で設置されてい
た。このほか、太鼓橋や遊動円木が設置されているところもあった。こうした
固定遊具のほかに、三輪車や竹馬があったところや、園庭に鳥小屋や動物小屋
があって、飼育していたところもある。幼稚園の設備で屋外にあるものでは、
滑り台が最も多く11園、次いでジャングルジムが9園、雲梯・太鼓橋が7園、
ブランコと砂場が6園、鉄棒が4園であった。シーソーや遊動円木、回転イス
があったところもある。中には体育館に大型シーソー、滑り台、ブランコを備
えている園もみられた。その順序には違いがあるが、多い4種類は同じであっ
た。

　保育所の室内には、オルガンがあったところが16施設で、ピアノは3施設の
みであった。その入手は容易ではなかったところもあったが、状況がわかった
ところには備えられていた。蓄音機があり、レコードをかけて遊戯をしていた
ことがうかがえる。大太鼓、小太鼓、タンバリン、鈴のような楽器も用いられ
ていた。アコーディオンのある施設もあった。積木、紙芝居、絵本もあげられ
ていた。積木は、大工さんにもらった木切れにペンキを塗って作ったところも
ある。黒板も複数のところであげられていた。「恩物」があったところや、ま
まごともみられた。クレヨンや折紙のような教材もあげられていた。ただし、
簡単に手に入ったわけではなくて、手作りや廃物利用、知り合いを頼んだりし
て、入手には努力が必要であった。戦後の物資不足の中で、施設設備の充実の
ための努力がなされていたことがわかる。

　幼稚園の室内備品がわかったのは5園のみで、ピアノが3園、オルガンが2
園にあった。紙芝居や絵本、積木、太鼓やカスタネットのような楽器のある園
もみられた。「恩物」があったところもある。教材として、折紙や絵具、粘土
もあげられていた。戦前からあり焼失しなかった園には、さまざまな遊具、教
材が準備されていたと思われるが、戦後に開設された園では、遊具や玩具等が

251

戦後保育はいかに構築されたか

全くない状況で始め、大変だったところもある。

名古屋市でも、仏教の保育所・幼稚園では、寺の本堂や書院を使って保育をしたところがあった。キリスト教の保育所で、かまぼこ型兵舎を贈られたところもある。増加する園児への対応で、保育室を増やしていた。屋外の設備で多かったのは、保育所はブランコ、滑り台、次いで砂場、鉄棒で、20年代後半にはジャングルジムがあった。幼稚園は、ブランコ、滑り台はどの園にもあり、砂場もあった。鉄棒、ジャングルジムもあった園が多い。室内備品では、幼稚園にはピアノ・オルガン、楽器類、積木、ままごと、紙芝居、絵本等があった。保育所では、20年代半ば以降には整えられていくが、保育者の手作り楽器や積木があるところもあった。

施設・設備に関しては、空襲を受けた都市として似た状況があったと思われる。ただし、保育所に関しては、福岡県ではモデル保育所をはじめ、共同募金で増改築がなされたところが多いという特徴があった。

(4) 保育者の資格や待遇等について

保育所の場合は、保育者の資格や養成については、戦前に保姆養成所を修了した人がいる園と、小学校教員経験者がいる園が多かった。高等女学校卒業者や小学校教員をしていた人たちの中にも、戦後、保母資格のための講習を受講したという人たちがいた。無資格で働きながら県の実施する保母講習を受講し試験を受けて資格取得した人と、講習会のみで取得した人がいた。講習は、合計200時間という話も、2週間という話もあった。第1章でみてきたように、地区ごとの研修会・講習会も熱心に行われていて、本調査の対象となった園でも公開保育を開催するなど熱心に取り組んでいた。

次に保育者の人数は子どもが増えると増やしていて、4〜5名のところが多かった。また、待遇に関しては、わかったのは4施設のみであったが、昭和23年には月額2,000円が多く、3,000円という人がいるところもあった。昭和24年には4,000円前後が多く、主任は5,000円というところもあった。20年代後半の

待遇がわかったのは1施設のみであったが、昭和27年には6,000円から6,350円、見習いは5,000円であった。中には園長と主任は無報酬のところもあった。ここから、昭和20年代の半ばにはおおよそ月額4,000円前後であったことがわかった。

以上のことから、保育者の大半は無資格という訳ではなく、戦前の保姆養成所の卒業者、小学校教員経験者が多かった。また無資格者は保育所で働きながら保母講習を受けるなど、保育所保母の専門的知識や技術を身につけようとしていたことが明らかとなった。このことは、戦後の早い時期から保育者の資質向上がめざされていたものとして評価できよう。

幼稚園の場合は、教師は西南学院をはじめ、聖和女学院などキリスト教の大学出身者が多く、有資格者であった。キリスト教の幼稚園では、特に西南学院卒の人が多かった。福岡保育専攻学校や、京都、鎌倉、東京などの専修学校出身者も、有資格者であった。キリスト教の幼稚園では、牧師・神父等が園長を兼務したところが多い。各年度の教員数がわかる小倉幼稚園では、教諭と助教諭と両方いた。待遇がわかったのは1園のみで、昭和20年代の半ばに月額5,000円くらいであったという。

名古屋市の幼稚園では、戦前の保姆資格を持っている人が多く、次いで、小学校の教員免許を持った人が多かった。保育所では、戦前の保姆資格、小学校の教員免許、無資格の人がいた。福岡県と同様、働きながら資格取得を目指した人もいた。待遇は、幼稚園でわかったところを見ると、23年に月額2,000円、25年度の教諭4,500円、26年に3,000〜4,000円というようにばらばらであった。保育所も25年頃までの状況として、1,500〜2,000円、3,000円、5,000円と千差万別であった。

その他として、聞き取りから、幼稚園に通っていた子どもの家庭は、全体的にみて裕福な家庭あるいは当時の状況下では比較的安定した家庭が多かったことがわかった。地域の商店街の子どもが多かったところや、恵まれた教育熱心

な家庭の子ども、高級住宅地で大百貨店社長など裕福な子どもが多かったところもある。

受け入れ園児数は、卒園写真などから、最初は1クラスでスタートしたが翌年にはすぐに倍近くの園児数に増加していることが多くの園に共通した傾向であった。幼児教育に対する家庭からの期待が高まっていったことを反映して、年々増加していることがわかった。

占領期を中心にした昭和20年代には、保育所は文字通り子どもの命を守り、保護者が仕事をして生活していくことを支えていた。ただ単に預かればよいというのではなく、保育・教育を充実させる努力が、早い時期からなされていた。戦後に開設された園では、はじめのうちは園児募集に苦労したところもあったが、保育への需要は大きく、増築や保母の増員を含め、対応に努力を重ねていた。幼稚園でも、昭和20年代も後半になると、徐々に世の中も落ち着いてきて、子どもに就学前教育を受けさせたいと願う保護者も増え、第一次ベビーブームとも相まって、クラス増をして要望に応じる努力をした園が多かった。

関わる人々の個人的な努力や工夫で、保育の質の確保が図られていた。これは名古屋市でも同様であった。保育・幼児教育に携わるには、こうした熱意が基本にあるべきことを、改めて痛感させられた。

おわりに

　占領期を中心に、昭和20年代に福岡県でどのように保育が進められてきたのかを明らかにするために、聞き取りと資料収集による研究に取り組んできたが、その時点で既に戦後70年近くが経過し、資料収集はなかなか困難であった。限られた聞き取りと資料からではあるが、占領期を中心とした昭和20年代の福岡県の保育構築状況の一端は、明らかにできたと考える。

　指定されたモデル保育所による公開保育と研究会が行われる以前に、県内が5地区に分けられ、各地区での研究会が行われて、公開保育を行っていたところもあった。研究会や講習会は、特に昭和20年代半ばまでは、保育所と幼稚園両方の保育者を対象としていた。こうした戦後すぐからの熱心な取り組みが、モデル保育所を指定して県をあげて保育の質の向上に取り組むことにつながったと思われる。特に保育所は、モデル保育所に指定されたところをはじめ、園運営や保育内容の充実のために受け身的に努力したのではなく、自園の保育理念や地域の独自性を十分に踏まえながら、より積極的に新しい保育の創造に向けて努力をしていた。私たちが以前に研究対象とした名古屋市の保育では、公立と私立は一緒であったが、幼稚園と保育所は別であったことからすると、福岡県の特徴でないかと思われる。だが、福岡県の研究の後に科学研究費で取り組んだ「終戦前後の幼児教育・保育に関する実証的研究」の過程で収集した資料から、静岡県や神奈川県でも幼稚園と保育所が一緒に活動していたことがうかがわれるので、この点に関してはさらに比較検討したい。

　名古屋市で残されていた『幼稚園教育課程』や『保育計画』のようなまとまったカリキュラムは、20年代末の八幡市のものしか収集できなかった。モデル保育所であった、上広川幼児園や御幸保育園、木屋瀬保育園に残されていた断片的な資料から全体を推し量ることは難しいが、熱心に研究・研修に取り組んでいた福岡県で、カリキュラム作りが行われなかったのであろうか。これは課

題として、資料の収集も含め研究を進めたい。

　共同募金に関しては、保育所への補助に関する福岡県の特徴を明らかに出来たと考える。だが、ララ物資をはじめとする共同募金以外の補助に関する福岡県の特徴を明らかにすることは、課題として残された。

　今回とりあげられなかったが、「昭和廿八年一月福岡県幼児教育資料」として綴られた、福岡県教職員組合の教育研究大会時の資料と思われるものが、御幸保育園に残されていた。27年11月に福岡市で行われ、各郡市町支部から幼児教育・小学校教育関係者が集まり、「学齢前児童の生活実態とその教育」（第六分科会）について研究された。こうした研究大会も含め、20年代後半の研究・研修状況を明らかにしていくことも、残された課題である。

　最後になりましたが、本書のような資料の多い研究書の出版をお引き受け下さった新読書社の伊集院郁夫氏に感謝申し上げます。

おわりに

聞き取り調査、資料収集のご協力くださった保育所・幼稚園

昭和20年代の名称（　）内は現在
前身となる施設を含め、設立年順

保育所

(1) 聞き取りおよび資料から

初音保育園（民営化、はつねほいくえん）［北九州市］

和光保育園［豊前市］

（春吉幼稚園　閉園）［福岡市］

芦屋保育園［遠賀郡芦屋町］

御幸保育園（休園）［うきは市］

光沢寺保育園［北九州市］

三萩野保育園［北九州市］

木屋瀬保育園［北九州市］

上広川幼児園（上広川保育園）［八女郡広川町］

松月保育園［福岡市］

柳川保育園（柳川幼稚園）［柳川市］

大川保育園［大川市］

光耀保育園［築上郡築上町］

若竹保育園［春日市］

大濠こども園（大濠保育園）［福岡市］

光應寺保育園［福岡市］

あさひ保育園［飯塚市］

香春保育所［田川郡香春町］

明星保育園［飯塚市］

友枝保育所（町村合併により廃止）［築上郡大平村］

（2）資料から

　　善隣保育園（廃園）［築上郡築上町］

　　片野保育園［北九州市］

　　早緑子供の園［福岡市］

　　松原保育園［筑後市］

　　松翠保育園［福岡市］

　　大善寺賢志保育園（大善寺賢志幼稚園となり、その後廃園）［福津市］

　　三国保育所［小郡市］

　　愛の園保育園［北九州市］

　　津屋崎保育園［福津市］

　　南薫幼児園（久留米あかつき幼稚園）［久留米市］

　　小浜保育所［大牟田市］

幼稚園

（1）聞き取りおよび資料から

　　福岡幼稚園［福岡市］

　　栄美幼稚園［北九州市］

　　恵泉幼稚園［福岡市］

　　大濠聖母幼稚園［福岡市］

　　明泉寺幼稚園［北九州市］

　　めぐみ幼稚園［大牟田市］

　　神愛幼稚園［北九州市］

（2）資料から

　　小倉幼稚園［北九州市］

　　舞鶴幼稚園［福岡市］

おわりに

日善幼稚園［久留米市］

聖心幼稚園（久留米信愛幼稚園）［久留米市］

天使幼稚園［大牟田市］

戸畑天使園（戸畑天使園幼稚園）［北九州市］

聖母幼稚園［久留米市］

聖愛幼稚園［福津市］

光の子幼稚園［大牟田市］

愛光幼稚園［北九州市］

戦後保育はいかに構築されたか

資料編

1．保育所への補助

2．モデル保育所

3．保育の実際
   (1) 園舎・図面
   (2) 行事
      ① 卒園式・卒業式
      ② 入園式
      ③ 運動会
      ④ クリスマス
      ⑤ ひな祭・遊戯会等
   (3) 日常の遊び・保育
   (4) その他

4．カリキュラム・指導計画

5．保育記録

1. 保育所への補助

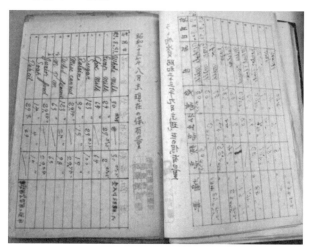

ララ物資受払簿　　　　　　　　　　（松翠保育園蔵）

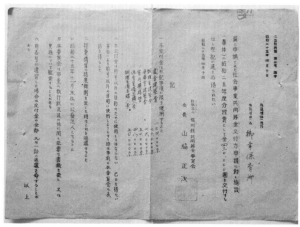

共同募金交付書　　　　　　　　　　（御幸保育園蔵）

2．モデル保育所（御幸保育園所蔵資料）

モデル保育所協議事項

モデル保育所器材所要調書

3．保育の実際

(1) 園舎・図面

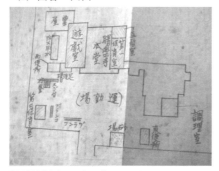

松翠保育園　昭和23年

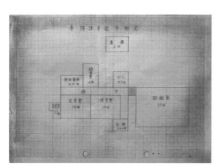

善隣保育園

あさひ保育園

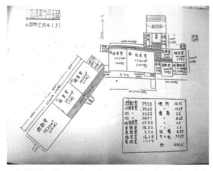

三国保育所　昭和31年3月増築（西側）時東側の保育室2室ほかが20年代

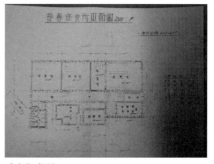

香春保育所

戦後保育はいかに構築されたか

(2) 行事
①卒園式・卒業式

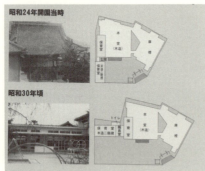

愛光幼稚園（『わーい　みんなであそぼう　愛光幼稚園50周年記念誌』より）

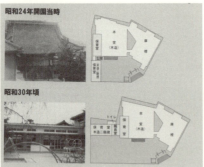

和光保育園　昭和24年

友枝保育所　右下が保育所の園舎と園庭　真中は小学校と校庭

柳川保育園　昭和24年

愛の園保育園　昭和24年

264

資料編

大濠聖母幼稚園　昭和24年

めぐみ幼稚園　昭和28年

福岡幼稚園　昭和25年度
中央は田中利雄（五代目園長）

大濠こども園　昭和28年

小浜保育所　昭和27年

②入園式

天使幼稚園　昭和23年（『創立50年の歩み』より）

戦後保育はいかに構築されたか

③運動会

明泉寺幼稚園　昭和23年（『明泉寺幼稚園創立70周年・第二明泉寺幼稚園創立35周年記念誌』より）

戸畑天使園　昭和26年

昭和28年若竹・岡本保育園合同運動会（『若竹保育園五十年史』より）

神愛幼稚園　昭和26年

友枝保育所　昭和20年代

資料編

天使幼稚園　昭和20年代（『創立50年のあゆみ』より）

日善幼稚園　昭和26年

津屋崎保育園

聖母幼稚園　昭和20年代

④クリスマス

戸畑天使園　昭和25年

聖愛幼稚園　昭和20年代と思われる

267

戦後保育はいかに構築されたか

恵泉幼稚園　昭和29年

恵泉幼稚園　「楽隊」　昭和29年

⑤ひな祭・遊戯会等

初音保育園　昭和27年

(3)　日常の遊び・保育

片野保育園　昭和26年　遊戯会

戸畑天使園　昭和26年度

268

資料編

戸畑天使園　昭和26年度

聖母幼稚園　昭和20年代

神愛幼稚園　昭和27年2月

上広川幼児園　昭和20年代

芦屋保育園　昭和20年代と思われる

早緑子供の園

戦後保育はいかに構築されたか

友枝保育所　20年代

松月保育園　昭和25年（『創立50周年記念誌』より）

友枝保育所　20年代

松原保育園　昭和23年

(4) その他

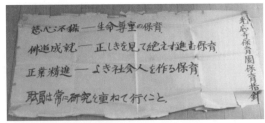

光應寺保育園　「保育指針」

4. カリキュラム・指導計画

御幸保育園　昭和25年9月

戦後保育はいかに構築されたか

御幸保育園　昭和27年10月

272

御幸保育園　昭和27年11月

上広川幼児園　２月の総合カリキュラム　　　　　　　　（御幸保育園蔵）

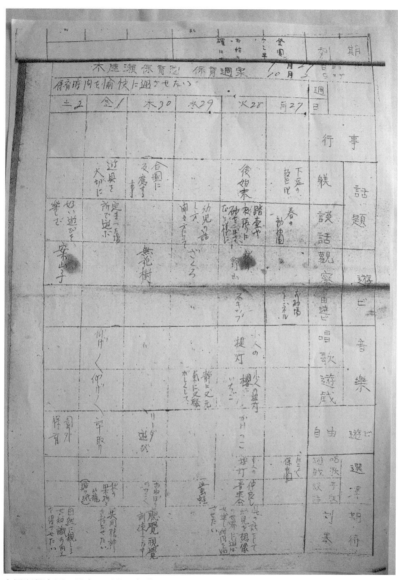

木屋瀬保育園　週案　昭和23年度

戦後保育はいかに構築されたか

木屋瀬保育園　保育週案　昭和24年度

南薫幼児園　昭和28年10月の「保育研究会会保育講習会要項」に綴じられていたもの（御幸保育園蔵）

上広川幼児園　本日の保育計画　昭和27年　　（御幸保育園蔵）

四月保育カリキュラム

「八幡市立幼稚園保育カリキュラム（試案）」昭和29年

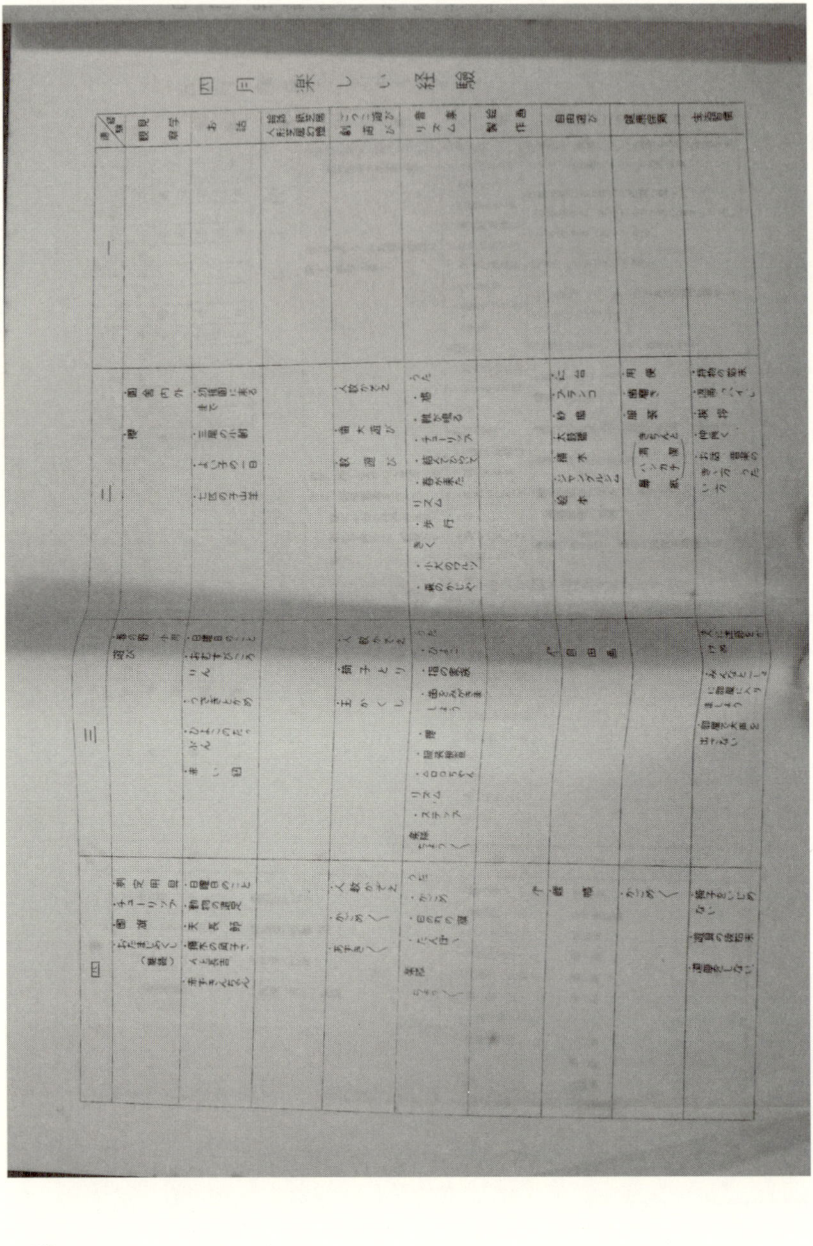

「八幡市立幼稚園保育カリキュラム（試案）」　昭和29年

5．保育記録

木屋瀬保育園　昭和24年度　保育日誌

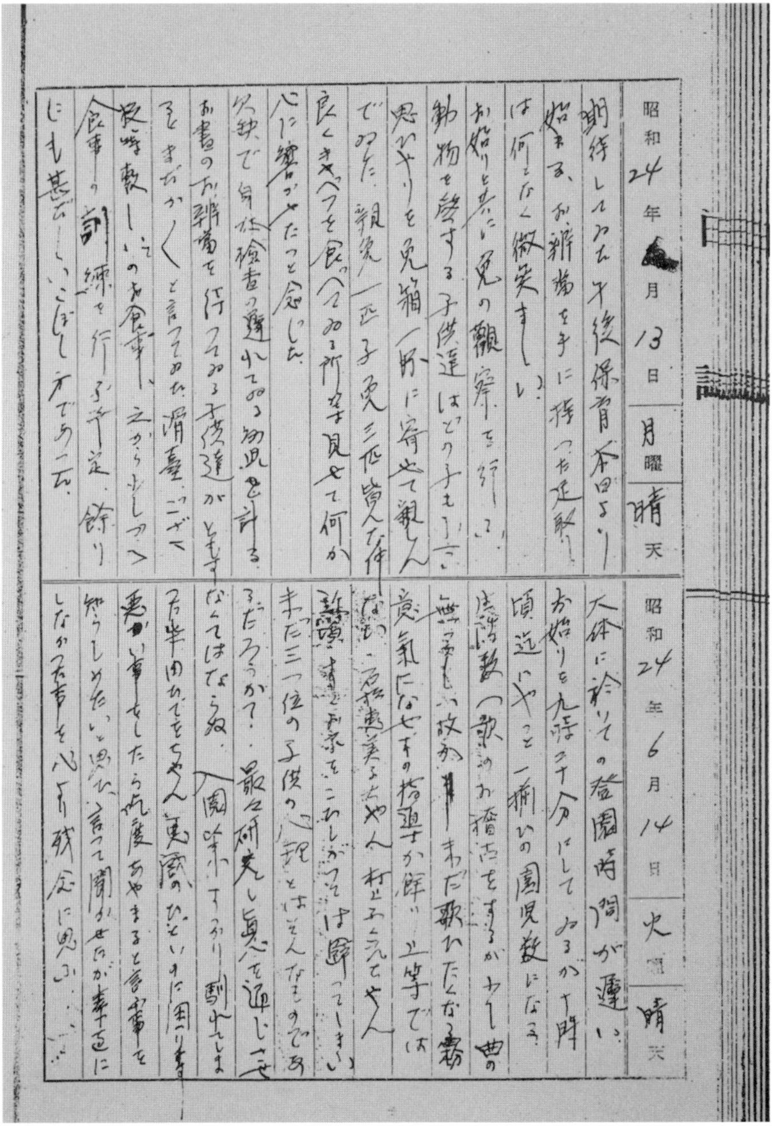

昭和24年6月13日　月曜　天晴

昭和24年6月14日　火曜　晴

御幸保育園　モデル保育所研究会当日の日誌　昭和27年度
ゆり組（年長）

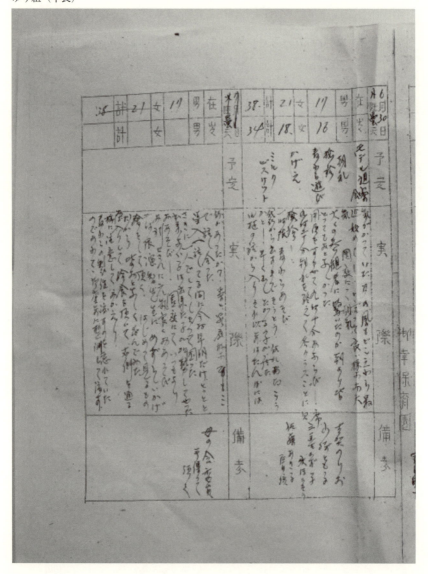

きく組（年少）

戦後保育はいかに構築されたか

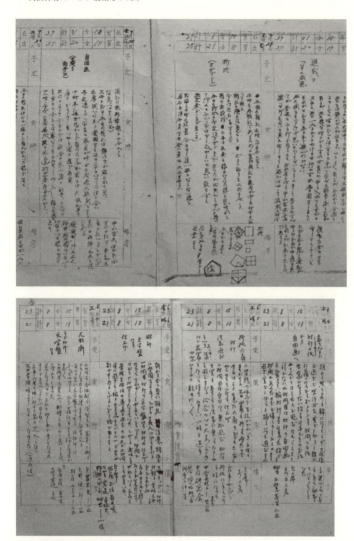

御幸保育園　昭和27年度

小倉幼稚園　昭和21年度

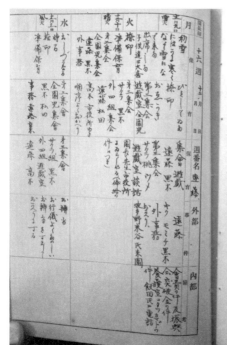

戦後保育はいかに構築されたか

小倉幼稚園　昭和26年度

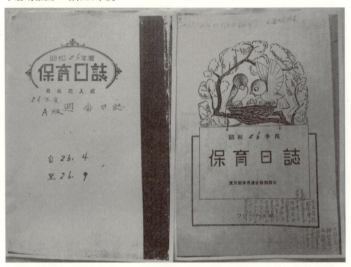

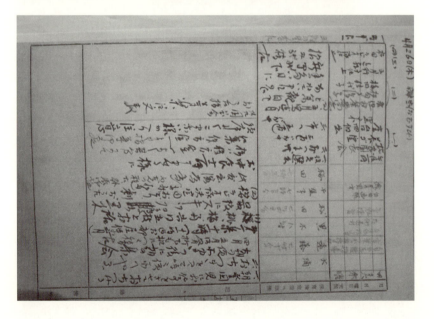

資料編

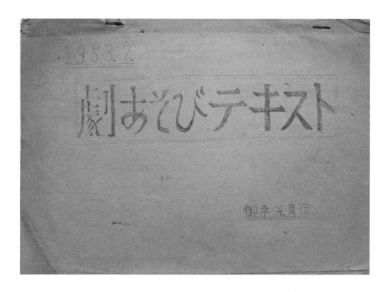

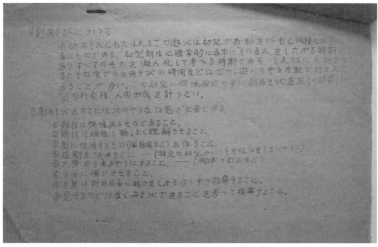

御幸保育園作成のテキスト

戦後保育はいかに構築されたか

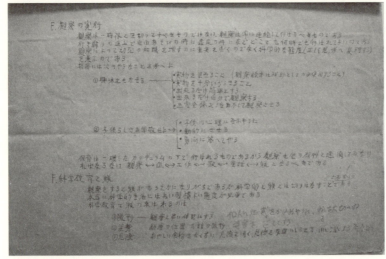

御幸保育園作成のテキスト

著者紹介

清原みさ子（きよはら　みさこ）

お茶の水女子大学大学院人文科学研究科修士課程修了

現在　愛知県立大学名誉教授

主な業績　『手技の歴史　フレーベルの「恩物」と「作業」の受容とその後の理論的、実践的展開』（新読書社、2014年）

『確かな感性と認識を育てる保育～自分の目で確かめ、みんなで考える～』（共著、新読書社、2011年）

豊田和子（とよだ　かずこ）

広島大学大学院教育学研究科修士課程修了

現在　名古屋芸術大学人間発達学部教授

主な業績　『実践を創造する保育内容総論』第2版（編著、みらい、2018年）

「幼小接続カリキュラムの視点から野村芳兵衛（1896-1982）を読み解く—「遊び」と「学習」を中心に—」（『名古屋芸術大学研究紀要』第38巻、2017年）

寺部直子（てらべ　なおこ）

お茶の水女子大学大学院人文科学研究科修士課程修了

現在　愛知学泉短期大学非常勤講師

主な業績　『実践を創造する保育原理』第2版（共著、みらい、2018年）

「昭和初年における愛知県碧海郡安城町の農繁期託児所の研究—その2」（『桜花学園大学保育学部研究紀要』第13号、2015年）

榊原菜々枝（さかきばら　ななえ）

桜花学園大学大学院　人間文化研究科人間科学専攻修士課程修了

現在　名古屋文化学園保育専門学校教員

主な業績　『実践を創造する保育内容総論』第2版（共著、みらい、2018年）

『はじめて学ぶ保育原理』北天路書房（共著、2017年）

執筆分担

序章　　清原みさ子

第1章　寺部直子

第2章　榊原菜々枝

第3章　豊田和子

第4章第1節　寺部直子・清原みさ子

　　　　第2節　清原みさ子

第5章第1節　寺部直子

　　　　第2節　清原みさ子

第6章　清原みさ子・豊田和子

戦後保育はいかに構築されたか
～福岡県における昭和20年代の保育所・幼稚園～

2019年6月21日　初版1刷

著　者　清原みさ子

　　　　豊田和子

　　　　寺部直子

　　　　榊原　菜々枝

発行者　伊集院　郁夫

発行所　㈱新読書社

東京都文京区本郷5-30-20

電話　03-3814-6791（代）

印刷　㈱Sun Fuerza

ISBN 978-4-7880-2142-6　C0037